高职高专"十四五"规划教材

物流管理基础

（第2版）

主　编　倪霓　夏阳
副主编　闫靖　邓竹　胡小容
主　审　周东

北京航空航天大学出版社

内容简介

本书是高职高专院校物流管理专业的基础教材，系统阐述了现代物流的基本理论知识。

全书共13个项目，分别为物流管理、物流的基本理论、运输、仓储管理与技术、装卸搬运、现代包装与包装技术、流通加工、配送与配送中心、供应链管理、物流组织与管理、第三方物流、物流信息管理、企业电子商务物流。

本书可作为高职高专院校物流管理专业及其他相关专业的教学用书，也可作为企业相关人员的业务自学参考用书。

图书在版编目(CIP)数据

物流管理基础 / 倪霓，夏阳主编. --2 版. -- 北京 ：北京航空航天大学出版社，2021.1

ISBN 978-7-5124-3383-0

Ⅰ.①物… Ⅱ.①倪… ②夏… Ⅲ.①物流管理—高等职业教育—教材 Ⅳ.①F252.1

中国版本图书馆 CIP 数据核字(2020)第 209808 号

物流管理基础(第 2 版)

主　编　倪霓　夏阳

副主编　闫靖　邓竹　胡小容

主　审　周东

策划编辑　周世婷　　责任编辑　金友泉

*

北京航空航天大学出版社出版发行

北京市海淀区学院路 37 号(邮编 100191)　http://www.buaapress.com.cn

发行部电话：(010)82317024　传真：(010)82328026

读者信箱：goodtextbook@126.com　　邮购电话：(010)82316936

北京九州迅驰传媒文化有限公司印装　各地书店经销

*

开本：787×1 092　1/16　印张：14　字数：358 千字

2021 年 4 月第 2 版　2023 年 7 月第 2 次印刷　印数：2 001～2 700 册

ISBN 978-7-5124-3383-0　定价：45.00 元

前　言

随着经济全球化的发展，现代物流发展呈现出综合性和多层次性的趋势。近年来随着“互联网＋”的相关政策出台，物流行业进一步蓬勃发展。本教材编写的宗旨是使一名高职院校的学生尽快了解和熟悉现代物流基础知识，把握物流岗位的工作特点，掌握相应的知识和技能，学会运用理论知识解决企业实际问题。

本教材第1版出版后，受到了广大读者的喜爱。本修订版在内容上注重结合当前物流行业发展的新情况，更加突出理论性与实践性、适用性相融合。同时本次参与修订审稿的老师具有丰富工作经验，为本教材提供了许多实践教学内容，可使学生能学到更多的贴近实际工作的知识和技能。

全书共13个项目，分别介绍物流管理概述、物流的基本理论、运输、仓储管理与技术、装卸搬运、现代包装与包装技术、流通加工、配送与配送中心、供应链管理、物流组织与管理、第三方物流、物流信息管理、企业电子商务物流等知识。

本书内容以专业的实践性、应用性和普及性为主，集实践与理论于一体，力避空洞理论，努力做到形象资料多、生动实例多，使学生能系统地掌握物流管理的思想、技术与方法，成为具有专业素质的物流人才。本书每个项目都有知识要求与技能要求、项目案例、实训、思考与练习等模块，有利于学生更好地掌握知识要点，并做到融会贯通。

本书由四川航天职业技术学院的倪霓、夏阳任主编，倪霓负责全书框架结构的设计及最后定稿，四川航天职业技术学院周东任主审，四川华新现代职业学院闫靖、四川文化传媒职业学院邓竹、四川航天职业技术学院胡小容任副主编。

在编写过程中，编者参阅了大量同行专家的相关著作、教材和案例，在此表示由衷的感谢。编者在编写本书过程中虽付出了艰辛的努力，但由于水平有限，难免出现疏漏和差错，恳请广大师生批评指正。

编　者

2021年1月

目　　录

项目 1　物流管理

【学习目标】

知识要求：

➢ 掌握物流、物流合理化的概念。

➢ 理解物流的分类。

➢ 了解物流的发展历程。

技能要求：

➢ 了解我国的物流发展的状况和趋势。

【项目案例】

美国的物流产业

美国是最早提出“物流”概念并将其付诸实践的国家之一。1901 年，J. F. Growell 在向美国政府报告“关于农产品的配送”时，第一次论述了对农产品配送成本产生影响的各种因素，揭开了人们认识物流的序幕。1927 年 R. Borsodi 在《流通时代》一文中首次用“Logistics”来称呼物流，为后来的物流概念奠定了基础。从实践发展的角度看，1941—1945 年第二次世界大战期间，美国军事后勤活动的组织为人们对物流的认识提供了重要的实证依据，推动了战后对物流活动的研究以及实业界对物流的重视。1946 年，美国正式成立了全美输送物流协会（American Society of Traffic Logistics），这是美国第一个对专业输送者进行考查和认证的组织。

20 世纪 60 年代，随着世界经济环境的变化，美国现代市场营销的观念逐步形成，顾客服务成为企业经营管理的核心要素，物流在为顾客提供服务上起到了重要的作用。物流，特别是配送，得到了快速的发展。1960 年，美国的 Raytheon 公司建立了最早的配送中心，结合航空运输系统为美国市场提供物流服务。1963 年，美国成立了国家实物配送管理委员会（National Council of Physical Distribution Management）。

进入 20 世纪 80 年代，美国物流管理的内容已由企业内部延伸到企业外部，其重点已经转移到对物流的战略研究上，企业开始突破现有的组织结构界限并注重外部关系，将供货商（提供成品或运输服务等）、分销商以及用户等纳入管理的范围，利用物流管理建立和发展与供货厂商及用户稳定、良好、双赢、互助的合作伙伴关系，物流管理意味着企业应用先进的技术，站在更高的层次上管理这些关系。电子数据交换（EDI）、准时制生产（JIT）、配送计划，以及其他物流技术的不断涌现和应用发展，为物流管理提供了强有力的技术支持和保障。

20 世纪 90 年代，电子商务在美国如火如荼地发展，促使现代物流上升到了前所未有的重要地位。目前的发展表明，电子商务交易额中的 80％是商家对商家（B2B）交易。据统计，1999 年美国物流电子商务的营业额达到了 80 亿美元以上。电子商务是在互联网开放环境下，一种基于网络的、在线电子支付的新型商业运营方式。电子商务带来的这种交易方式的变革，使物流向信息化，并进一步向网络化方向发展。此外，专家系统和决策支持系统的推广使美国的物流管理更加趋于智能化。

案例来源:http://www.wangxiao.cn/wl/99341563764.html

任务1.1 现代物流概述

物流理念不是现代才有的,在人类的发展史上,许多事件都与物流相关。如中国修建的长城、故宫,埃及的金字塔工程都包含物流管理的理念与物流系统工程的思想。近代,对于"物流"概念的理解,不同国家、不同行业、不同时期是不相同的。

物流(Logistics)一词从古希腊语的Logistik(计算)、Logistes(计算人员),到拉丁语的Logista,再到法语的Logistique,最后发展为英语的Logistics。

物流概念最早始于美国,1915年阿齐·萧在《市场流通中的若干问题》(*Some Problems in Marketing Distribution*)一书中研究了市场流通中存在的一些问题,明确地将企业的流通活动分为创造需求的活动和物流活动,并指出"创造需求与实物供给的各种活动之间的关系……说明存在平衡性和相互依赖性两个原则""物流(The Physical Flow of Goods)是与创造需求不同的一个问题……流通活动中的重大失误都是因为创造需求与物流之间缺乏协调造成的"。文中提到的"平衡性""相互依赖性""协调"等正是物流理论与实践的基础。

1918年,英国犹尼利弗的哈姆勋爵成立了"即时送货股份有限公司",从那时起到第二次世界大战,物流一直没有比较明确的概念。在第二次世界大战期间,美国在战时供应中首先采用了"物流管理"(Logistics Management)这一名词。战后,"物流"一词被美国人借用到企业管理中,被称为"企业物流"(Business Logistics)。日本于20世纪60年代正式引进"物流"概念,并将其解释为"物的流通""实物流动"。此后,物流概念在全世界得到了广泛的应用。

1.1.1 现代物流的发展过程

1. 初级阶段

20世纪初,在北美和西欧一些国家,随着工业化进程的加快以及大批量生产和销售的实现,人们开始意识到降低物资采购及产品销售成本的重要性。单元化技术的发展,为大批量配送提供了条件,同时也为人们认识物流提供了可能。

第二次世界大战期间的1941—1945年,美国军事后勤活动的组织为人们对物流的认识提供了重要的实证依据,推动了战后对物流活动的研究以及实业界对物流的重视。1946年,美国正式成立了全美输送物流协会。这一时期可以说是美国物流的萌芽和初始阶段。

日本物流观念的形成虽然比美国晚很多,但发展迅速。日本自1956年从美国引入物流概念以来,在对国内物流进行调研的基础上,将物流称为"物的流通"。至1965年,"物流"一词正式为理论界和实业界全面接受。日本在引入物流概念的过程中,把物流视为一种综合行为,即"各种活动的综合体"。"物的流通"一词包含了运输、配送、装卸、仓储、包装、流通加工和信息传递等各种活动。

2. 快速发展阶段

20世纪60年代以后,世界经济环境发生了深刻的变化,科学技术的发展,尤其是管理科学的进步,生产方式、组织规模化生产的改变,大大促进了物流的发展。物流逐渐为管理学界所重视,企业界也开始注意到物流在经济发展中的作用,将改进物流管理作为激发企业活力的重要手段。这一阶段是物流快速发展的重要时期。

在美国,由于现代市场营销观念的形成,使企业意识到顾客满意是实现企业利润的唯一手段,顾客服务成为经营管理的核心要素,物流在为顾客提供服务上起到了重要的作用。物流,特别是配送得到了快速的发展。

20世纪60年代中期至70年代初是日本经济高速增长、商品大量生产和大量销售的年代。随着这一时期生产技术向机械化、自动化方向发展以及销售体制的不断改善,物流已成为企业发展的制约因素。日本政府在1965年的《中期5年经济计划》中,强调了要实现物流的近代化。由此,日本政府开始在全国范围内进行高速道路网、港口设施、流通聚集地等基础设施的建设。这一时期是日本物流建设的大发展时期,原因在于社会各方面对物流的落后和物流对经济发展的制约性都有了共同的认识。

3. 合理化阶段

20世纪80年代至90年代初,物流管理的内容从企业内部延伸到企业外部,物流管理的重点已经转移到对物流的战略研究上。企业开始突破现有的组织机构界限并注重外部关系,将供货商(提供成品或运输服务等)、分销商以及用户等纳入管理的范围,利用物流管理建立和发展与供货厂商及用户稳定、良好、双赢、互助的合作伙伴关系,形成了一种联合影响力量,赢得竞争的优势。物流管理意味着企业应用先进的技术,站在更高的层次上管理这些关系。电子数据交换、准时制生产、配送计划以及其他物流技术的不断涌现和应用发展,为物流管理提供了强有力的技术支持和保障。

这一时期,欧洲的制造业已采用准时制生产,产品跟踪采用条形码扫描,欧洲第三方物流开始兴起。

在这一阶段,日本经济发展迅速,并进入了以消费为主导的时代。虽然物流量大大增加,但由于成本的增加,企业利润并没有得到期望的提高。因此,降低经营成本特别是降低物流成本成为经营战略中的重要目标,这一时代也称为物流合理化时代。

4. 信息化、智能化、网络化阶段

20世纪90年代之后,随着新经济和现代信息技术的迅速发展,现代物流的内容仍在不断地丰富和发展。信息技术的进步使人们更加认识到物流体系的重要,现代物流的发展被提上重要日程。同时,信息技术特别是网络技术的发展,也为物流发展提供了强有力的支撑,使物流向信息化、网络化、智能化方向发展。

1.1.2 物流概念

随着物流学科的发展,世界上许多国家的专业研究协会及物流研究专家对物流做出了各种定义。

德国物流协会认为,物流是“有计划地将原材料、半成品和产成品由生产地送至消费地的所有流通活动,其内容包括为用户服务、需求预测、情报信息联系、物料搬运、订单处理、选址、采购、包装、运输、装卸、废料处理及仓库管理等”。

日本通产省运输综合研究机构对物流的定义是“物流是从卖方到买方的全部转移过程。”

2001年,美国物流管理协会对物流的定义是“物流是供应链过程的一部分,是对商品、服务及相关信息从起源地到消费地之间有效率和有效益的正向和反向移动与存储进行的计划、执行与控制,其目的是满足客户要求。”

《中华人民共和国国家标准:物流术语》GB/T 18354—2006中的物流定义是:“物品从供应地向接收地的实体流动过程,根据实际需要,将运输、储存、装卸、搬运、包装、流通加工、配送、信息处理等基本功能有机结合,形成完整的供应链,为用户提供多功能、一体化的综合性服务。”

传统的物流概念是指物质体在空间和时间上的流动,我们长期以来称这种“流动”为“位移”。现代物流是相对于传统物流而言的,引入高科技手段,通过计算机进行信息联网,并对物流信息进行科学管理,从而加快物流速度,提高准确率,减少库存,降低成本,延伸并扩大传统物流的职能。今天我们所说的物流中的“物”是指一切可以进行物理位置移动的物质资料(如物资、物料、货物、商品、物品、废弃物等),而其中的“流”不仅指的是空间的移动,还有时间的转换。所以物流可以定义为物品从供给地向接收地的实体流动过程。而且根据实际需要,将运输、存储、装卸、搬运、包装、流通加工、配送、信息处理、增值服务等基本功能有机结合。物流的目的是满足消费者需要。其中增值服务是物流业发展的新领域和方向。还有一些专家给出了物流的7R定义,也准确地揭示了物流的本质。所谓的7R,就是以恰当数量(Right Quantity)和恰当质量(Right Quality)的恰当产品(Right Product),在恰当的时间(Right Time)和恰当的地点(Right Place),以恰当的成本(Right Cost)提供给恰当的消费者(Right Customer)。

无论人们对物流概念的具体理解有何差异,但其本质是一样的。现代物流的本质内涵包括流动(指原材料、半成品及产成品的运输)、储存(指原材料、半成品及产成品的储存)、信息流通(指相关信息的联网)、管理协调(指对物流活动进行计划、实施和有效控制的过程)等几个方面。即物流不仅包括原材料、成品等从生产者到消费者的实体物流过程,还包括伴随这一过程的信息流动。

任务1.2 物流的分类

物流活动在社会经济活动中是普遍存在的,许多产业和领域都有自己的物流活动。由于物流活动的目的、物流活动的对象、物流涉及的范围等不同,形成了不同类型的物流。

1.2.1 按物流对经济活动的影响来分类

1. 宏观物流

宏观物流是指社会再生产总体的物流活动,从社会再生产总体角度认识和研究物流活动。这种物流活动的参与者是构成社会总体的大产业、大集团,宏观物流也就是研究社会再生产总体,研究产业或集团的物流活动。

宏观物流还可以从空间范畴来理解,是大空间范畴的物流活动,从总体上看物流,而不是从物流的某一个环节来看物流。宏观物流研究的是物流的总体构成、物流与社会之间的关系及在社会中的地位、物流与经济发展的关系、社会物流与国民经济物流的建立与运作等。宏观物流研究的主要特点是综合性和全局性。

2. 微观物流

消费者、生产者企业所从事的实际的、具体的物流活动属于微观物流。在整个物流活动中的一个局部、一个环节的具体物流活动也属于微观物流。在一个小地域空间发生的物流活动也是微观物流。对某一种具体产品所进行的物流活动也属于微观物流。企业物流、生产物流、供应物流、销售物流、回收物流等均属于微观物流。微观物流研究的主要特点是具体性和局部性。

1.2.2 按物流范畴分类

物流所覆盖的范围可大至社会，小至单个的小企业，按物流的范畴可将物流划分为社会物流、行业物流、企业物流。

1. 社会物流

社会物流是指以全社会为范畴、超越一家一户的面向广大用户的物流。社会物流涉及在商品流通领域所发生的所有物流活动，是流通领域发生的物流，是全社会物流的整体，因此社会物流具有宏观性和广泛性，也称之为大物流或宏观物流。这种社会性很强的物流往往是由专门的物流承担人承担的。社会物流流通网络是国民经济的命脉，而流通网络的分布是否合理、渠道是否畅通是关键。

2. 行业物流

行业物流是指同一行业，为了本行业的整体利益或共同目标而形成的行业内部物流网络。在一般情况下，同一行业的各个企业在经营上往往是竞争对手，但为了共同的利益，为了某一行业的发展，同行内各企业在物流领域中却常常互相协作，共同促进物流系统的合理化。行业物流系统化能使参与其中的各物流企业都获得相应的经济利益，并为全社会节约人力、物力资源。同一行业内各企业既是竞争对手，又是合作者，会共同建立商品和零部件配送中心。

3. 企业物流

企业物流是指以盈利为目的，运用生产要素，为各类用户提供各种后勤保障活动，即流通和服务活动，依法自主经营、自负盈亏、自我发展，并具有独立法人资格的经济实体。企业物流从企业角度研究与之有关的物流活动，是具体的、微观的物流活动的典型领域。企业系统活动的基本结构是：投入→转换→产出，对于生产型企业来讲，是指原材料、燃料、人力、资本等的投入，经过制造或加工使之转换为产品或服务；对于服务型企业来讲，则是设备、人力、管理和运营上的投入，转换为对用户的服务。同时，物流活动也是伴随着企业的投入→转换→产出而发生的。

1.2.3 按物流的地域范围分类

从物流的地域范围来看，物流可以划分为地区物流、国内物流和国际物流三种大类。

1. 地区物流

地区物流是指在特定地区内进行的物流活动。对于地区，有不同的划分原则，可以按行政区域划分，如西南地区、华东地区、东北地区等；也可以按经济圈进行划分，如黑龙江边境贸易区、京津冀经济区；当然也可以按地理位置进行划分，如长三角地区、珠三角地区等。

2. 国内物流

国内物流是指生产和消费等所有的物流行为都在一个国家境内发生时所形成的物流活动。国内物流包含各种形式，如国内宏观物流、国内微观物流、国内企业物流等。在市场经济条件下，企业为了追求自身的经济目标，在组织物流活动时，在一定程度上缺乏理性。常常表现为，单个企业在物流活动中经常缺乏整体观念、全局观念，不愿意投资公共基础设施建设，没有能力制定和贯彻基础性的技术政策和行业标准。所以，作为国民经济重要组成部分的物流应该纳入国家的总体规划内容。在物流系统发展方面，应该从全局考虑，对于部门分割、地区分割所造成的物流障碍应该清除。在物流系统建设投资上也应该从全局考虑，使一些大型物流项目尽早完成。

国家整体物流系统化的推进,必须发挥政府的行政作用,具体包括:物流基础设施的建设,相关政策法规的制定,推进物流标准化,支持物流新技术的开发,引进和物流人才的培养等。

3. 国际物流

国际物流是指不同国家之间的物流,是国际贸易必不可少的组成部分。国际物流是现代物流系统中的一支新兴力量,也是当代物流研究的重要领域,在近20年来得到了迅速发展。随着国际贸易的发展和经济全球化,物流经营者越来越多地面临着"4D"壁垒,即距离(Distance)、需求(Demand)、多样化(Diversify)和单证(Document)等方面的挑战。国际物流的目的就是要让企业在获得全球化经营所带来好处的同时,尽量减少在物流领域发生的成本,尽量提高物流服务的质量。

1.2.4 按照作用分类

消费品首先以原料的形式从供应商输送到生产商,制成成品后运往分销中心,进入各地区仓库,后根据需要运送至商店,最终到达消费者手中,消费品消耗完毕后又会经历回收或者废弃阶段,完成一个消费品的"生命周期"。这一系列的供应链流程都会涉及物流,根据其在供应链中所起到的作用,将物流分为供应物流、生产物流、销售物流、回收物流和废弃物流。

1. 供应物流

供应物流是指包括原材料在内的一切生产物资的采购、进货运输、仓储、库存管理、用料管理和供应管理,也称为原材料采购物流。它是生产企业、流通企业或消费者在购入原材料、零部件或商品时,物品在提供者与需求者之间的实体流动过程,对企业进行正常、高效率的生产发挥着保障作用。

2. 生产物流

生产物流是指在生产过程中,原材料、在制品、半成品、产成品等在企业内部的实体流动。一般是指原材料、燃料、外购件投入生产后,经过下料、发料,运送到各加工点和存储点,以在制品的形态,从一个生产单位(仓库)流入另一个生产单位,按照规定的工艺过程进行加工、储存,借助一定的运输装置,在某个点内流转,又从某个点内流出,始终体现着物料实物形态的流转过程。

3. 销售物流

销售物流是指生产企业、流通企业出售产品或商品时,物品在供方与需方之间的实体流动。一般情况下,销售物流的起点是生产企业的产成品仓库,经过分销物流,完成长距离、干线的物流活动,再经过配送完成市内和区域范围的物流活动,到达企业、商业用户或最终消费者。

4. 回收物流

回收物流是指不合格物品的返修、退货以及周转使用的包装容器从需方返回到供方所形成的物品实体流动,即企业在生产、供应、销售的活动中总会产生各种边角余料和废料,这些东西的回收是需要伴随物流活动的。

5. 废弃物流

废弃物流是指将经济活动中失去原有使用价值的物品,根据实际需要进行收集、分类、加工、包装、搬运、储存,并分送到专门处理场所时所形成的物品实体流动。

1.2.5 按物流主体方的目的不同来分类

按物流主体方的目的不同可将物流分为第一方物流、第二方物流、第三方物流、第四方物流。

1. 第一方物流

第一方物流(First Party Logistics,简称1PL)是生产者或供应方组织的物流活动。这些组织的主要业务是生产和供应商品,但为了其自身生产和销售的需要,也要进行物流网络及设施设备的投资、经营与管理。供应方或厂商一般都需要建设仓库、购买运输车辆、投资月台甚至公路专用路线等物流基础设施。卖方为了正常进行生产而建设的物流设施称为生产物流设施,为了产品的销售而在销售网络中建设的这些物流设施称为销售物流设施。总的来说,第一方物流是指卖方,即由制造商或供应销售企业自己完成的物流活动。

2. 第二方物流

第二方物流(Second Party Logistics,简称2PL)是指用户企业从供应商市场购进各种物资而形成的物流,实际上就是需求方物流,或者说是购进物流。这些组织的核心业务是采购并销售商品,为了销售业务需要而投资建设物流网络、物流设施和设备,并进行具体的物流业务运作、组织和管理。严格地说,从事第二方物流的公司属于经销商。由供应链中游经销商承担的、自己采购商品的物流活动称为第二方物流。如批发商到工厂取货、送货到零售店或者客户、自建物流和配送网络、保有库存等都属第二方物流活动。总的来说,第二方物流是指买方,即销售者或流通企业组织的物流活动。

3. 第三方物流

第三方物流(Third Party Logistics,简称3PL或TPL)也称作“委外物流(Outsourcing Logistics)”或“合约物流(Contract Logistics)”。第三方物流一般不会拥有商品的所有权,只从事相关的物流活动,以契约的形式向用户提供“标准化、个性化、协同化、信息化”的全部或部分物流代理服务。

4. 第四方物流

第四方物流(Fourth Party Logistics,简称4PL)是一个供应链的集成商,是供需双方及第三方物流的专业知识与专业技术领导整合平台,它对公司内部和具有互补性的服务供应商所拥有的不同资源、能力和技术进行整合和管理,提供一整套供应链解决方案。第四方物流不是物流的利益方,而是通过信息技术、整合能力、物流网络平台进行相应的转换,以及通过其他资源提供一套完整的供应链解决方案,以此获取一定的利润。第四方物流也被人称为“物流业中的物流业”,其营运能力不在传统物流业的实体物流资产上发挥,如仓库、场站、设备、货车等,而是提供有效物流需求解决方案与执行方法,其核心业务是利用信息科技,进行物流资源整合之规划、执行与控管,累积并运用整合经验与知识资产为顾客创造更高的附加价值。

1.2.6 从物流作业执行者的角度分类

在市场竞争的巨大压力下,企业希望通过高效的物流管理来提高整个供应链的运行效率,各企业根据自身的独特情况,选用的物流执行者可以是企业自身,也可以将物流外包给其他企业,据此,我们可以将物流分为自营型物流、第三方物流和混合式物流三大类。如何在这三种物流方式中进行选择是很多企业面临的重要问题,正确的选择对企业物流效率的改善有着重要的作用和意义。因此,我们将详细介绍如下。

1. 自营型物流

自营型物流是企业自身从事物流活动的一种模式。

这种配送模式是企业根据自己的经营规模、各配送中心的商品配送量以及网点布局等多种条件与因素,选择适当的地点,自己出资建立一个或几个配送中心,并对配送中心进行经营管理,由配送中心完成配送业务,实现企业内部对物流的相关需求。自营型物流企业有较好的控制权,但往往成本较高。企业采用自营物流往往需要投入大量的资金购买物流设备、建设仓库和构建信息网络等专业物流设施。这对于缺乏资金的企业,特别是中小企业来说是个沉重的负担。优点是有利于企业对客户的控制、对物流职能的控制、对物流服务质量的保障等。

2. 第三方物流

第三方物流是由第三方物流企业来承担企业物流活动的一种物流形态。前文也介绍过,第三方物流既不属于第一方,也不属于第二方,而是通过与第一方或第二方的合作来提供专业化的物流服务,它没有商品,不参与商品的买卖,而是为客户提供以合同为约束、以结盟为基础的,系列化、个性化、信息化的物流代理服务。第三方物流是由供方和需方以外的物流企业来提供物流服务的一种业务模式。第三方物流的配送模式不要求企业自己建立配送中心,可以充分利用第三方物流企业的物流设备、设施和信息系统,这样不仅减少了企业在固定资产上的投资,还使得企业自身的固定成本转化成可变成本,加速了资金周转,解放了仓储和运输方面的资金占用,减少了物流配送管理相关费用。据统计,第三方物流占总物流服务份额的比例如下:德国为23.3%,法国为26.9%,英国为34.4%,意大利为12.77%,西班牙为18%,欧共体国家平均为20%左右,美国和日本在30%以上,目前其需求仍呈增长趋势。

3. 混合式物流

混合式物流是第三方和自营相结合的一种模式。这种模式是连锁企业与其他企业合作,共同出资建立配送中心,以满足配送业务的需要,以实现整体合理化的协作型配送模式。这种模式节约了配送成本,充分利用了开放性的社会资源,尽可能地提升了顾客体验。但是,混合模式不利于集中管理,在一定程度上会分散企业的核心竞争力,需要企业投入更多的人力资源。

另外,还有绿色物流、军事物流、定制物流、虚拟物流等分类,此节不做赘述。

任务1.3　物流的特征与物流合理化

物流属于第三产业,同时也是社会生产、生活中物质层面的传导机制。物流在社会生产流通领域是贯穿始终的,没有物流,社会物质实体产品的价值和使用价值就不能实现,社会再生产就无法进行。

1.3.1　物流的主要特征

物流是与社会大生产紧密联系在一起的,它体现了企业经营和社会经济发展的需要,广泛利用了代表着当今生产力发展水平的管理技术、工程技术以及信息技术等。随着时代的进步,物流管理和物流活动的现代化程度也在不断提高,从而呈现出其现代化的特征。现代物流的特征可以概括为以下几个方面。

1. 物流的系统化和网络化

现代物流不是运输、保管和装卸等活动的简单叠加，而是通过彼此的内在联系在共同目标下形成的一个系统，构成系统的功能要素之间存在着相互联系、相互作用关系。在考虑物流最优化的时候，应从系统的角度出发、树立系统化观念，通过物流功能的最佳组合来实现物流整体的最优化目标。

现代市场经济的发展，使生产和流通的空间范围日益扩大。为了保证商品高效率的分销和材料的供应，现代物流需要有完善、健全的物流网络体系，网络上点与点之间的物流活动应保持系统性、一致性。这样可以保证整个物流网络有最优化的库存总水平及库存分布，将干线运输与末端配送结合起来，形成快速灵活的供应通道。物流网络是由铁路线、公路线、航线等线路与物流中心、车站、港口等节点共同形成的空间网络结构。

2. 物流总成本最小化

现代物流管理追求的是物流系统的最优化，它要求实现物流总成本最小化，这是物流合理化的重要标志。但传统的物流管理往往将注意力集中于尽可能使每一项物流活动成本最小化，而忽视了物流总成本，忽视了物流要素之间存在着二律背反的关系，即一个部门的高成本会因其他部门成本的降低或效益的增加而抵消。

从系统的观点看，构成物流的各功能之间存在着明显效益悖反关系。例如，采用高速运输会增加运输费用，但是，运输的迅速化会使库存量降低，从而节省了库存费用和保养费用，最终导致物流总费用的降低。现代物流就是要利用物流要素之间存在的二律背反关系，通过物流各个功能活动之间的相互配合和总体协调，从而达到物流总成本最小化的目标。

3. 物流信息化和电子化

现代物流是物资的物理性流通与信息流通的有机结合，信息是现代物流得以稳定运行的基础。没有准确及时的信息，现代物流系统的各个组成部分之间就无法实现有机的联系，现代物流的整体功能就不能发挥出来。因此，在现代物流活动中，必须应用先进的科学技术对物流信息进行实时的、准确的分析处理，以控制现代物流系统按照既定的方向和目标运行。

物流信息的电子化就是把现代物流信息技术、通信技术以及网络技术广泛应用于物流信息的处理和传输过程中，使物流各个环节之间、物流部门与其他相关部门之间、不同企业之间的物流信息传递和处理突破空间和时间的限制，保持实物与信息流的高度统一和对信息的实时处理，以提高物流效率和服务水平。

4. 物流服务社会化

传统的物流是以企业自设物流部门、实行自我服务为主的物流体系。这种物流体系不仅会造成物流资源的浪费，而且物流效率低，缺乏竞争力。现在，由于经济的发展和先进科学技术的应用，社会分工进一步细化，许多生产企业和流通企业为了扩大竞争优势、提高经济效益，把物流服务从企业内部脱离出来，转向寻求社会化物流服务，促进了物流业发展。目前，企业物流需求通过社会化物流服务来满足的比例在不断提高，第三方物流形态已成为现代物流的主流，现代物流产业在国民经济中发挥着重要作用。

5. 物流反应的快速化和柔性化

物流反应的快速化是指在现代物流信息系统、作业系统和物流网络系统的支持下，物流活动应适应市场状况和消费者需求的快速变化，为客户和消费者提供快速服务，以提升物流服务质量。这就要求现代物流系统加强管理，应用先进的作业技术来提高及时配送、快速补充订货以及迅速调整库存结构等能力。

物流反应的柔性化是指物流作业要以顾客的物流需求为中心,快速满足生产和消费多样化、个性化需要。随着经济的发展和人民生活水平的不断提高,生产与消费需求的多样化、个性化也在不断提高,物流需求呈现出小批量、多品种、高频次的特点。订货周期变短、时间性增强、物流需求的不确定性提高,这就要求现代物流系统能根据顾客的需求变化,及时地调整物流作业,最大限度地满足顾客的需要。

1.3.2 物流的合理化目标

所谓物流合理化,就是根据物流系统中各种职能因素之间相互联系、相互制约、相互影响的关系,将物流中的包装、运输、保管、装卸搬运、流通加工、配送以及物流信息等作为一个系统来研究、规划、组织与管理,使整个物流过程最优化。以较低的物流成本、适当的数量、适当的质量、适当的时间、适当的地点、适当的价格、适当的服务将物资送到各个需求地。企业物流合理化涉及多方面的内容,如各种设备、设施在生产空间上的合理布局,以及减少物流量,合理控制库存,以减少资金占用等。物流合理化的基本方法是改变物流结构,充分利用空间,提高物流效益。物流合理化具体来说就是要以尽可能低的物流成本,获得尽可能高的服务水平,即要低费用、高效率地进行物流管理。

1. 物流合理化的要点

物流合理化包括运输合理化、储存合理化和配送合理化。其要点如下:

① 改变物流结构,减少商品流通环节,提倡按一定生产、交通、地理条件自然形成的渠道进行流通,防止商品迂回、对流和层层入库。

② 商品运输做到快发、快运、快装、快卸。提倡统一发货,以零拼整,然后中转分运,实现门到门的服务。

③ 商品储存要做到尽量缩短在库时间,变仓储静态管理为动态管理,尽量缩短商品待运期和在库期。

④ 加强搬运管理,提高物流效率,缩短搬运距离和搬运时间。

2. 物流合理化的两个阶段

对于物流合理化,我们可以分两个阶段来讨论。

第一阶段,就是要使构成物流活动的包装、运输、保管、装卸搬运、配送、信息处理等各个部分实现合理化。

对于包装,主要是考虑采用什么样的包装种类,才能满足作为包装对象的商品的要求。在采用纸箱包装时,如何确定其尺寸、形状和强度等与物流有关的问题。

对于运输,可以选用公路、铁路、水路、航空、管道等运输方法。假如使用公路运输的方式,在运载工具上,是选择使用自备卡车,还是使用运营卡车?每种运输方式都有自己的优缺点,采用哪一种方法才是最经济、最合理的方法,这个问题值得研究。

关于储存保管,也存在着自备仓库和营业仓库选用哪种会更经济、更方便的问题。如果企业选择建设自备仓库,还存在着是建造单层仓库、多层仓库还是高层自动化仓库,以及仓库结构采用架式还是棚式的问题。

在装卸搬运的过程中,也存在许多问题。比如,在考虑用托盘将货物集结成组并使用叉式装卸车进行装卸搬运时,就需要考虑哪一种叉式装卸车最适合对象货物的装卸搬运作业;在使用传送带或其他自动搬运机械时，也存在着相关的问题。

对于配送，同样存在着合理化问题，如配送中心的选址、配送方式的选择、配送路线的安排等。

与物流有关的信息，也是最令人关注的问题。在物资实际流动的背后，必然会发生信息的传递。如何编制作为信息传递媒介物的各种单证；通过什么终端，将这些信息储存于数据库中；如何对储存的信息进行分类处理；这些都是与物流信息体系设计和运营有关的问题。

与此同时，流通加工作为新的、与物流有关的问题也出现了。即，在物流过程中选择什么样的点进行流通加工，包括地点和时间点，以及流通加工的方法是否有实现机械化或自动化的可能性等问题。

综上所述，物流合理化第一阶段的首要任务是使上述各种活动达到合理化的要求。为了实现这一要求，除了采用必要的设备和工具之外，改善操作方法也是至关重要的。各职能部门致力于所承担的工作任务的合理化，是物流成果提高的第一步。

不过，物流的合理化并不是仅靠这第一阶段的工作就能全部完成。也就是说，仅仅依靠各职能部门在合理化方面的单独努力，并不能充分地实现整个物流的合理化，还需第二阶段的努力。

第二阶段，通过“整体思考”，使物流系统合理化。

由于物流内各活动之间存在着交替损益的关系，因此，一个环节的合理化并不代表物流整体的合理化，即一个环节的最优，并不能解决物流整体的合理化问题。如果将仅考虑个别部门的方法称为“局部思考”，那么以整体目的为出发点的考虑方法，可称为“整体思考”。要实现物流合理化，必须用系统工程的方法，去设计、组织各项业务活动。而包装、运输、配送、储存、装卸搬运以及流通加工等，是物流大系统中的各个子系统。物流合理化不光是追求物流某一环节或某个子系统的合理化，而是谋求物流整体系统的合理化。只有这样，才是最优的物流合理化方案，才能取得企业和社会的最大经济效益。

3. 物流合理化的措施

物流管理的目的是实现物流的合理化。物流合理化的内容是相当广泛的，如运输的合理化、储存的合理化、配送的合理化等。对于实现物流的合理化，主要有以下几项措施：

(1) 计划化

计划化是实现物流合理化的首要条件，也是物流服务质量提高的一个标志。在物流活动中，特别是在一些交通拥挤的大城市的物流活动中，要实现订货、送货的计划化，配送方式应各有不同：有的按固定发货路线，有的按发货区域；有的天天送货，有的隔日送货等。这样，物流企业可以按用户要求的时间、地点，有计划地如期送货到家，减少无效运输，达到用户满意。

(2) 短距离化

物流是物质资料的物理性移动。这种移动，即包装、运输、保管、装卸搬运、流通加工、配送等活动，最理想的目标是“零”。因为凡是“移动”都要产生距离，距离移动得越长，费用越高，距离移动得越短，费用越低，所以物流合理化的目标，首先是距离短。

(3) 整合化

物流是一个整体性概念，是运输、保管、包装、装卸搬运、流通加工、配送以及信息处理的统一体，是这些环节的有机组合。物流是一个系统，强调的是综合性、整合性。只有整合起来，才能发挥物流的作用，降低成本、提高效益。单一发展、一枝独秀并不可取。

(4) 高质量化

质量高是物流合理化目标的核心。物流质量高的内容包括:运输、保管、包装、装卸搬运、配送和信息处理各环节本身的质量要高,为客户服务的质量要高,物流管理的质量要高等。

(5) 低费用化

物流合理化目标中,既要求距离短、时间少、质量高,又要求费用省,这似乎不好理解,很可能有人会认为,物流质量高了,为用户服务周到了,肯定要增加成本,怎么反而还要求节约物流费用,这不是相互矛盾吗?实际上,如果真正实现了物流合理化,那么物流费用照样能省。

(6) 安全、准确、环保化

物流活动必须保证安全。在物流过程中,货物不能被盗、被抢、被冻、被晒、被雨淋,不能发生交通事故,应确保货物准时、准地点、原封不动地送达。同时,装卸搬运、运输、保管、包装、流通加工等各环节作业,不能给周围造成不好的影响,要尽量减少废气、噪声、震动等公害,符合环境保护要求。

4. 物流合理化是企业的"第三利润源"

随着第一、第二"利润源"的日益枯竭,人们开始将探寻的目光投向流通领域。商流,又称为销售过程,除了按照利润分配规律获得销售利润之外,一般不会创造新的价值。对于生产者来说,一般不会将对利润的追求转向这一领域。然而,正是在这一领域内,深埋着一个巨大的"利润源"——物流。现在,越来越多的人开始认识到了这一点。

因其贯穿了生产和流通的全过程,所以,合理、高效的物流能够通过对整个生产和流通结构的协调与完善为企业带来巨大的利润。

概括地讲,合理、高效的物流能够从以下几个方面创造利润:

① 促进国民经济合理布局,有利于社会资源的优化配置。

② 有效使用社会流通设施设备,节约社会财富。

③ 减少流通环节,缩短生产周期,加速资金周转。

④ 简化消息流通渠道,增强社会物质财富的可调节性。

⑤ 在具体的生产、流通物资上的节约。

正因如此,经济理论界将物流合理化称为"企业脚下的金矿""第三利润源",物流也因此成为当前"最重要的竞争领域"。在未来的市场竞争中,物流将起着举足轻重的作用。

任务1.4　我国物流发展的现状

1.4.1　中国现代物流的发展现状

我国现代物流整体规模扩大,发展速度加快,运行效率提高,对经济发展的支撑和促进作用更加明显。根据2019年中国物流与采购联合会的分析报告,2019年全国社会物流总额达到298.0万亿元,按可比价格计算,同比增长5.9%,增幅较上年回落0.5个百分点。从构成情况看,工业品物流总额达269.6万亿元,同比增长6.2%,占社会物流总额的比重为90.5%;进口货物物流总额达14.3万亿元,同比增长4.7%,占社会物流总额的4.8%;农产品物流总额达4.2万亿元,同比增长3.1%,占社会物流总额的1.4%;单位与居民物品物流总额达8.4万亿元,同比增长16.1%,占社会物流总额的2.8%;再生资源物流总额达1.4万亿元,同比增长 13.3%，占社会物流总额的 0.5%。整体上，通过国家政策推动、市场拉动、技术驱动和行业行动，我国物流业不断推进质量、效率和动能变革，整个社会的物流体系运行趋势较好。

1. 物流业总体运行平稳，结构调整速度加快

工业品物流结构不断优化，高新技术和装备制造业等新兴动力在增强。消费与民生领域物流需求成为物流需求增长的重要驱动力。例如，2019 年我国单位与居民物品物流总额同比增长 16.1%，比社会物流总额增速高出 10.2 个百分点。在网络零售领域，受电商消费快速增长拉动，2019 年全国快递业务量实现 635.2 亿件，同比增长 25.3%。近几年，受国际经贸摩擦影响，进口货物物流增速放缓较为明显，但整体上物流结构调整速度加快，物流运行趋势较好。

2. 市场集中度进一步提高

集中度是衡量某一市场(行业)内厂商之间市场份额分布的一个指标，指某一特定市场中少数几个最大厂商(通常前 4 位或前 8 位)所占的市场份额，用于表示在特定产业或市场中，买者或卖者具有的相对规模结构的指标。市场集中度与产业之间的竞争程度呈现正相关的关系，市场集中度低的产业，相对来说竞争较激烈，市场集中度高的产业，竞争则较小。中国的物流市场整体竞争激烈，整体集中度偏低。但随着经济的发展，基于机器人、人工智能、5G、大数据等技术在物流行业的广泛应用，我国物流市场集中度将进一步提高。

据中国物流与采购联合会发布的“2019 年度中国物流企业 50 强排名”，50 强物流企业在 2018 年度主营业务收入共达 9 833 亿元，同比增长 16.9%。中国 50 强物流企业榜中有两家企业的物流业务收入突破千亿元规模，分别是中国远洋海运集团有限公司和厦门象屿股份有限公司。有 17 家企业物流业务收入规模在 100～1 000 亿元范围内，有 15 家企业物流业务收入规模在 50～100 亿元范围内。

3. 资本市场看好物流企业

我国快递、公路快运、冷链物流、化工物流、物流地产、服装物流等领域的领先物流发展较快，受到市场的青睐。其中，快递业由于其持续高速增长的预期，受到重点关注，资本运作活跃度高。同时，行业通过兼并重组应对市场变革，整合分散的物流资产，打造一体化物流服务平台；收购互补性资产，弥补业务不足，加快进入新兴市场。一批领先的物流企业积极筹备上市。

4. 供应链服务较快发展

随着制造业与物流业的转型升级和现代化产业结构的优化调整，供应链服务创新正在成为趋势。集成化(一体化)的物流服务、供应链一体化服务、供应商管理库存服务已成为当前物流服务创新最多的三种模式。同时，电子商务与物流的一体化服务、物流金融(供应链融资)服务、代收货款服务、保税物流等也是企业较为关注的服务创新模式。

5. 物流市场分化明显

目前国内经济增速放缓，我国航运、航空货运市场依然低迷，公路货运市场增速趋缓。在大宗货物运输需求下降的情况下，铁路部门积极推行铁路货运组织改革，铁路货运市场。受扩大内需影响，特别是网上购物的带动，仓储、快递、快运市场保持高速增长。据国家邮政局统计，2019 年我国快递业务量达到 635.2 亿件，超过美、日、欧发达经济体之和，规模连续五年稳居世界第一，是第二名美国的 3 倍多，占全球快递包裹市场的一半以上。

总体来看，我国物流业仍然处于重要的战略机遇期。面对国内外形势和各种因素叠加，我国物流业面对较大压力。

1.4.2 物流的社会意义

1. 保 值

物流具有保值作用。也就是说,任何产品从生产出来到最终消费,都必须经过一段时间、一段距离,在这段时间和距离中,产品都要经过运输、保管、包装、装卸搬运等多环节、多次数的物流活动。在这个过程中,产品可能会淋雨受潮、水浸、生锈、破损、丢失等。物流的使命就是防止上述现象的发生,保证产品从生产者到消费者移动过程中的质量和数量,起到使产品保值的作用,即保护产品的存在价值,使该产品在到达消费者时使用价值不变。

2. 节 约

搞好物流,能够节约自然资源、人力资源和能源,同时也能够节约费用。比如,集装箱化运输,可以简化商品包装,节省大量包装用纸和木材;实现机械化装卸作业,仓库保管自动化,能节省大量作业人员,大幅度降低人员开支。重视物流节约费用的事例比比皆是,被称为"中国物流管理觉醒第一人"的海尔集团,加强物流管理,通过建设现代化的国际自动化物流中心,每年都节省了数亿元的库存占压资金和采购资金。

3. 缩短距离

物流可以克服时间间隔、距离间隔以及人的间隔,这也是物流的实质。现代化的物流在缩短距离方面的例证不胜枚举,在北京可以买到世界各国的新鲜水果;中国邮政通过改善其物流,能做到在亚洲 15 个城市隔天送达;京东快递通过合理布置配送中心,可以做到在国内二线以上的城市上午 11 点前订货、当天送到。这种物流速度,把人们之间的地理距离和时间距离一下子拉得很近。随着物流现代化的不断推进,国际运输能力大大加强,极大地促进了国际贸易,使人们逐渐感到这个地球变小了,各大洲的距离更近了。

4. 增强企业竞争力、提高服务水平

在新经济时代,企业之间的竞争越来越激烈。在同样的经济环境下,制造企业,比如家电生产企业,相互之间的竞争主要表现在价格、质量、功能、款式、售后服务的竞争上。可以这样讲,在工业科技如此进步的今天,像彩电、空调、冰箱等家电产品在质量、功能、款式及售后服务方面,目前各企业的水平已经没有太大的差别,唯一可比的地方往往是价格。

国外的制造企业很早就认识到了物流是企业竞争力的法宝,搞好物流可以实现零库存、零距离和零流动资金占用,是提高用户服务质量、构筑企业供应链、增加企业核心竞争力的重要途径。在经济全球化、信息全球化和资本全球化的 21 世纪,企业只有建立现代物流结构,才能在激烈的竞争中求得生存和发展。

5. 加快商品流通、促进经济发展

在谈这个问题时,我们用配送中心的例子来讲最有说服力。可以说,配送中心的设立为连锁商业提供了广阔的发展空间。配送中心利用计算机网络将超市、配送中心和供货商、生产企业连接,能够以配送中心为枢纽形成一个商业、物流业和生产企业的有效组合。有了计算机迅速及时的信息传递和分析,通过配送中心的高效率作业、及时配送,并将信息反馈给供货商和生产企业,可以形成一个高效率、高能量的商品流通网络,为企业管理决策提供重要依据,同时,还能够大大加快商品流通的速度,降低商品的零售价格,提高消费者的购买欲望,从而促进国民经济的发展。

6. 保护环境

环境问题是当今时代的主题，保护环境、治理污染和公害是世界各国的共同目标。有人会问，环保与物流有什么关系？这里不妨介绍一下。

你走在马路上，有时会看到马路一层黄土，这是施工运土的卡车漏撒的，碰上拉水泥的卡车经过，你会更寸步难行；马路上堵车越来越厉害，车辆排放的废气使你不敢张嘴呼吸；深夜的运货大卡车不断地轰鸣，使疲劳的你翻来覆去睡不着……所有这一切问题都与物流落后有关。卡车撒黄土是装卸不当，车箱有缝；卡车水泥灰飞扬是水泥包装苫盖问题；马路堵车属流通设施建设不足。如果从物流的角度去考虑，这些都会迎刃而解。

如果在城市外围合理设置物流中心、流通中心，大型货车不管白天还是晚上就都不用进城了，只利用二吨小货车配送，夜晚的噪音就会减轻许多；政府重视物流，大力建设城市道路、车站、码头，城市的交通阻塞状况就会缓解，空气质量自然也会改善。

7. 创造社会效益和附加价值

实现装卸搬运作业机械化、自动化，不仅能提高劳动生产率，而且也能解放生产力。把工人从繁重的体力劳动中解脱出来，这本身就是对人的尊重，能够创造社会效益。比如，日本多年前开始的“宅急便”“宅配便”，国内开展的“宅急送”，都是为消费者服务的新行业，它们的出现使居民生活更舒适、更方便。当你去滑雪时，那些沉重的滑雪用具不必自己扛、自己搬、自己运，只要给“宅急便”打个电话就有人来取，人还没到滑雪场，你的滑雪板等用具就已经先到了。

再如，超市购物时，那里不单单是商品便宜、安全、环境好，而且为你提供手推车，你可以省很多力气，轻松购物。手推车是搬运工具，这一项小小的服务，就能给消费者带来诸多方便，这也是创造了社会效益。

从以上的例子能够看到，物流可以创造社会效益。随着物流的发展，城市居民的生活环境得到了改善，人民的生活质量得到了提高，人的尊严也会得到更多体现。

关于物流创造的附加值还表现在流通加工方面，比如，把钢卷剪切成钢板、把原木加工成板材、把粮食加工成食品、把水果加工成罐头，通过流通中的加工，名烟、名酒、名著、名画都会变得装潢精美，从而大大提高了商品的欣赏性和附加价值。

1.4.3 我国物流业所面临的问题

虽然我国物流业已经取得了很大的发展，可是其中仍深藏着许多问题，而这些问题至关重要，将影响物流业的进一步发展。具体表现在以下七个方面：

第一，对物流产业的重要性认识不够，企业发展战略不明确，企业自身定位模糊。许多人对现代物流的理解仍停留在传统的物资管理层面，没有把物流视为价值流来对待，缺乏物流也是生产力的新理念，缺乏接受第三方物流的意识，因而在思想认识上禁锢了物流产业的发展。同时，我国很多物流企业对本企业的发展方向、自身定位比较模糊，没有明确的发展战略，导致企业不能按照明确的目标去发展，从而处于被动地位。

第二，物流设施的建设与发展滞后，影响物流效益。现代化的物流集散和储运设施较少，能够有效连接不同运输方式的大型综合货运枢纽、服务于区域经济或城市内部的各种物流基地和物流中心都还比较缺乏，物流信息管理和技术手段都还比较落后。很多中小型物流企业往往被动地满足客户需要，在服务项目的开拓、市场反应速度、价值定位等方面都未能实行市场运作。同时，物流中心和配送中心的建设以及集装箱运输的发展也比较缓慢，物流企业“大而全""小而全"的现象比较普遍，产、供、销一体化、专业化操作程度较低，直接导致物流作业过程的效率低下、成本过高。

第三，物流服务信息化程度低，物流配送建设与现代经济发展不相适应。目前我国网络技术发展很快，但物流配送系统建设相对滞后，很多物流企业没有配套的信息化管理系统，而少量拥有信息系统的企业对系统的利用也仅在财务管理、人力资源管理以及企业网站和网页建设等方面，这使得企业物流配送及时性差，而且出错率高。

第四，物流研究相对落后，物流专业人才短缺。相对而言，我国在物流研究和教育方面比较落后，从事物流专业研究的机构和大学很少，企业层面的研究和投入更是微乎其微，各企业只能靠经验来制定物流服务标准，或是仿效他人，这使得物流服务老套陈旧，不具新颖性，缺乏活力与竞争力。物流专业人才的缺乏，已成为我国物流发展的瓶颈。

第五，货物运输成本较高。中国的货物运输成本比西方高出3倍，物流费用占了货品总成本的30%，这个比例比西方高出10%。目前，中国物流费用占了国民生产总值的16.7%，而在西方，物流费用只占10%。据统计，我国货运车辆的空驶率平均为49%，其中有17.2%的物流企业空驶率达50%。

第六，标准化建设滞后。物流是跨地区、跨行业的运作系统，标准化程度不仅关系到各种物流功能、要素之间的有效衔接和协调发展，也在很大程度上影响着全社会物流效率的提高。我国物流标准化滞后主要表现在缺乏有关的标准及规章制度，同时在推行标准方面也缺乏必要的力度。例如，各种运输方式之间装备标准不统一，海运与铁路集装箱标准存在差异，这在一定程度上影响着我国海铁联运规模的扩展，并且对我国国际航运业务的拓展、港口作业效率的提高以及进出口贸易的发展都有一定程度的影响。同时，产品包装标准与物流设施标准之间缺乏有效的衔接，虽然目前我国对商品包装已有初步的国家和行业标准，但在与托盘和各种运输装备、装卸设施、仓储设施相衔接的集装单元化包装标准方面还比较欠缺，这对各种运输工具的装载率、装卸设备的荷载率、仓储设施空间利用率方面的影响较大。还有就是信息系统之间缺乏接口标准，工商企业内部物流信息系统与第三方信息系统之间缺乏有效衔接，运输信息系统、仓储信息系统、物流作业管理信息系统之间互不沟通，由于没有公共物流信息交流平台，故以EDI互联网等为基础的物流信息系统难以得到实际应用。

第七，物流管理分散，物流整体效益较差。我国物流行业管理一直沿袭计划经济体制的模式，物流业的管理权限被分别划归若干个部门。比如铁路、公路、水运、航空等运输资源之间的协调运作，整体上需要加强。物流管理和资源的分散化，物流企业的低效运作，使本应具有的整体功能被大大削弱，阻碍物流业发展，难以形成社会性的物流配送体系。

1.4.4 发展我国物流业的对策

第一，明确发展战略。企业的发展战略决定了企业以何种姿态参与市场竞争。对于物流企业来说，要深刻认清自己在生存环境中的实力和地位，制订明确的企业发展规划，根据市场情况，结合企业自身实际，合理确定市场定位，明确发展方向，严格执行。

第二，改革物流管理体制，重组物流业务流程。首先，制定不同运输方式下统一的服务规范、技术及装备标准，打破全社会物流市场相对割裂、条块分割的物流管理体制，促进形成社会化的物流系统和跨区域、跨行业的物流网络；其次，改变企业"大而全""小而全"的经营组织方式，将企业内部低效率的物流设施、人员和组织有效剥离，促进社会化、专业化物流企业的发展；再次，按照社会化、专业化、精干高效的原则，建立统一采购、统一配送的物流管理中心和物流配送中心，大力发展物流企业，加快物流市场主体的发育，加快发展以民营企业、多化股权结构为标志的新兴物流企业，积极向三资企业、私营企业等非国有经济实体提供“第三方物流”服务，并在物流经营理念、运行机制、管理方式等方面尽快实现与国际社会的接轨。

第三，构筑物流企业运作平台，实现物流提速。首先，借助ERP(企业资源规划)实施、开发应用物资编码结构和基础编码软件系统，建立物流信息平台，实现物流数据信息网上传递；其次，利用信息网络技术，掌握物资需求情况，实行网上竞价采购，并对配送、库存积压等物流信息实时监控，以降低采购成本，加速资金周转，提高物流效率；再次，要建立自己的信息处理机制，以最快的速度将最有价值的信息梳理出来，尽可能采用现代化的物流手段，提高综合竞争力。

第四，开展供应链管理，增强企业物流竞争力。供应链是以满足顾客需求变化为中心，将生产商、供应商、零售商和顾客相互连接，实现更多的技术和资源共享的一种管理方法。运用供应链管理思想，处理好与服务对象的关系，应充分运用供应链思想为下游服务，为最终用户服务。加速企业供应链建设，可以使成本降低，使产品以最快的速度到达市场，服务于用户。

第五，发挥政府与企业的积极作用，加强行业规范建设，加大对基础设施的投入。政府要不断完善物流行业规范，建立相应的法律条款，保护物流行业并使其协调、健康发展；建设一批专业信息平台，实现资源共享，为开展电子商务、连锁经营、物流配送业务提供迅速、准确、安全、高效的商贸物流信息服务。企业要完善货运站场功能，增添现代化设备，提高办公效率；要建立适合本企业的物流信息系统来提高企业的信息化水平，实现信息共享。

第六，加快建立企业资源的整合机制。为适应瞬息万变的市场，及时提供市场需要的产品，关键是要有较快的资源供应和整合速度。物流服务提供者对上、下游的配送需求的反应速度越快，前、后置时间和配送间隔就越短，物流配送速度越快，商品周转次数就越多。

第七，加强标准化、信息化体系建设。货物从生产厂家到物流中心，再通过配送到分店，要做到无缝连接，标准化和信息化是基础和关键。与世界发达国家相比，我国物流标准化、信息化程度还有待加强。物流作业环节使用的设备，以及包装、运输和装卸等流通环节，都缺少必要的行业标准和行业规范，导致物流效率普遍不高，物流费用增加。并且，我国大多物流企业的物流信息系统不够完善，不同物流模式的信息系统设计落后，信息缺乏相互链接和共享。因此，我国物流业要在更大范围、更广领域、更高层次上参与国际经济技术合作和竞争，就必须从基础工作做起，大力推进物流标准化和信息化进程，尽快与国际物流接轨。首先，在对各种与物流活动相关的国家标准、行业标准深入研究的基础上，全面梳理现行标准；然后，对已经落后于物流发展需要的标准应予淘汰，并代之以新型标准；最后，对部分不符合实际需要的标准进行修订完善，对尚未制订的标准抓紧制订，以使各种相关的技术标准协调一致，从而与国际标准接轨，提高货物和相关信息的流转效率。可以说，标准化、信息化已开始对企业的竞争力产生越来越大的影响，是现代物流的灵魂，没有标准化、信息化，就谈不上物流的现代化。

第八，培养物流人才，提高物流管理人员整体素质。现代物流业之间的竞争关键是人才的竞争，要提高企业物流管理水平，就必须培养造就一支高素质的物流管理队伍。首先，企业要转变用人观念，真正把人作为一种资源进行开发和管理，把合适的人安排在合适的工作岗位上，人尽其用；其次，健全以经济利益为基础的激励机制，完善薪酬福利制度，使其具有激励作用；再次，要对员工进行培训，并制定好员工的职业生涯规划，这样不仅提高企业生产力，也提高了员工的自身竞争力；最后，要建立健全良好的企业文化，良好的企业文化可以把企业目标和员工目标融合起来，使员工产生归属感和自我认同感，从而形成强大的凝聚力。

实 训

实训目的

通过案例分析，了解 A. P. 穆勒-马士基集团、日通、TNT Post Group 三家公司的基本情况，感知世界知名的物流公司发展历程，积极探索我国物流企业的发展之路。

实训内容

分析案例：国际著名物流公司探源。

国际著名物流公司探源

实训课时

4 课时

实训要求

请根据以上背景材料，回答以下问题

① 收集我国大型物流企业资料，做对比分析，探索我国物流企业的发展之路。

② 请你归纳出当前国内物流业的发展机遇与挑战，并做出评价。

③ 通过了解这三家物流企业的背景资料，你对“竞争”有哪些新认识？这三家企业之间有没有直接的残酷竞争？你对此如何评价？

④ 你认为应当选择“竞争”还是“竞合”？为什么？

检查标准

① 结合案例，合理回答问题。

② 撰写案例分析报告。

思考与练习

一、单项选择题

1. 物流概念最先由(　　)提出。

A. 日本　　B. 美国　　C. 德国　　D. 荷兰

2. 国外物流(即 PD)最初产生于(　　)。

A. 美国　　B. 日本　　C. 德国　　D. 英国

3. 物流引入中国的途径主要是(　　)。

A. 随市场营销 physical distribution 从欧洲引入

B. 从日本引入 physical distribution 并翻译成物流

C. 从美国引入 physical distribution 并翻译成后勤

D. 从日本引入 logistics 并翻译成物流

4. 物流(Logistics)一词最早来源于(　　)。

A. 社会领域　　B. 军事领域　　C. 文化领域　　D. 商业领域

5. 按照物流活动的地域范围可以将物流分为三类，其中不包括(　　)。

A. 国内物流　　B. 国际物流　　C. 企业物流　　D. 地区物流

6. 物流业是一种(　　)行业。

A. 生产性　　B. 生活性　　C. 服务性　　D. 消费性

7. 在物的流通中,完成商品所有权转移的是(　　)。

A. 物流　　B. 商流　　C. 信息流　　D. 资金流

8. 通过物流理论的研究,物流概念产生的原因是(　　)。

A. 经济原因和管理原因　　B. 企业原因和军事原因

C. 经济原因和军事原因　　D. 理论原因和企业原因

9. 现代物流管理的首要目标是(　　)。

A. 降低成本　　B. 提高作业效率　　C. 满足顾客需要　　D. 取得利润

10. 在制造业物流中,物流按其在制造业中所发挥的职能,可分为(　　)。

A. 供应物流、生产物流、销售物流、回收物流及废弃物流

B. 区域物流、国内物流和国际物流

C. 微观物流和宏观物流

D. 企业物流和社会物流

二、多项选择题

1. 现代物流的基本构成包括(　　)。

A. 装卸搬运、包装　　B. 流通加工、物流信息

C. 储存、交接验收　　D. 运输、储存、配送

2. 按照作用分类,物流可分为(　　)。

A. 供应物流　　B. 销售物流　　C. 生产物流　　D. 回收物流　　E. 废弃物物流

3. 物流科学的发展经过(　　)过程。

A. 以PD命名物流科学的时代　　B. 以Logistics命名物流科学的时代

C. 供应链管理时代　　D. 萌芽时代　　E. 流通时代

4. 现代物流的合理化主要体现在以下几个方面(　　)。

A. 物流设施合理化　　B. 商品流向合理化

C. 包装规格化、系列化　　D. 运输网络化

E. 物流机构和环节合理化

三、简答题

1. 什么是物流?
2. 传统物流与现代物流的区别有哪些?
3. 物流的基本特征有哪些?
4. 物流合理化的途径有哪些?
5. 请综合分析目前我国的物流业面临着哪些问题?

项目2 物流的基本理论

【学习目标】

知识要求：

- 掌握物流的商物分离说、物流的“第三利润源”说。
- 理解物流的价值论。
- 了解物流的“黑大陆”说、物流的“冰山”说。

技能要求：

- 掌握物流的主体功能和辅助功能。
- 能够分析物流中的“效益背反”现象。

【项目案例】

京东物流率先建设国内首个5G智能物流示范园区

2019年3月11日，京东物流上线了全球首套机器视觉批量入库系统——秒收。相比传统的繁重人工操作方式，秒收系统的作业效率提升了10倍以上。而后，由京东物流自主研发的国内首套IoT分拣系统曝光，该系统每小时能够完成4 000个集包袋的分拣任务，分拣准确率达到99.99%……京东物流在过去6个月技术不断有新突破，而最值得行业关注的或许是其将率先建设5G智能物流示范园区的动作。

与AI、IoT、自动驾驶等一样，5G将成为智能物流发展必不可少的技术前提。根据设计规划，京东物流5G智能物流园区将实现高智能、自决策、一体化，推动所有人、机、车、设备的一体互联，包括自动驾驶、自动分拣、自动巡检、人机交互的整体调度及管理，搭建5G技术在智能物流方面的典型应用场景。

据了解，首个5G智能物流示范园区位于上海嘉定，在年内逐步建成并落地运营，其中包含智能人员管理与智能车辆管理系统的一期工程已经上线交付使用。除此之外，京东物流还将同时在北京亚一、物流全链路可视化监控、机器人智能配送等多个物流场景进行5G应用部署。

案例来源：https://www.31fabu.com/wuliu/201908093829.html

任务2.1 物流管理的学说理论

从物流活动的发展历程来看，人类一直在尝试从不同的角度认识物流，由此形成了关于物流的学说与观点。这些学说与观点概括起来主要包括：商物分离说、“黑大陆”说、“冰山”说、供应链理论、“第三利润源”说、成本中心说、服务中心说、“效益背反”说、战略说等。

2.1.1 物流商物分离说

商品从生产领域到消费领域的转移过程称为商品流通。在这个过程中，商流和物流的活动表现为：一是商品价值的转移，即商品所有权转移；二是商品使用价值的转移，即商品实体的转移。前者称为商流，后者称为物流。商流和物流的统一过程，构成了商品流通。

随着商品经济的发展，商流与物流产生了分离，即商业流通和实物流通各自按照自己的规律和渠道独立运动。

商流与物流产生分离，究其根本原因是商流运动的基础——资金流和实物移动具有相对独立性。实物的运动是通过资金的运动来实现的，也就是说资金的分配是实物运动的前提。两者的运动渠道、运动形态可以不同。商物分离实际是商品流通中的专业分工、职能分工的产物，是通过这种分工实现大生产式的社会再生产的产物，这是物流科学中重要的新概念。正是在商物分离基础上才得以对物流进行独立的科学研究，进而形成物流科学。

总之，商流和物流构成了商品流通的两个支柱。商流搞活了，能加快物流的速度，给物流带来活力。而物流的畅通无阻能使商品源源不断地被送到消费者手里，从而使商品的价值和使用价值得以实现。

2.1.2 物流“黑大陆”说

管理学权威 P·F·德鲁克认为，流通是经济领域里的“黑大陆”。这是因为在流通中，物流活动的模糊性十分突出，物流是流通领域中人们认识不清的领域。所以，现在看来，“黑大陆”说主要是针对物流而言的，德鲁克认为物流这个领域未知的东西太多了，理论和实践都不成熟，这也意味着物流可以产生的利润空间极大。

从某种意义上讲，“黑大陆”说是一种对未知事物的研究结论，是战略分析的结果，带有哲学的抽象性。这一学说对研究物流这一领域起到了启迪和动员的作用。

2.1.3 物流“冰山”说

物流“冰山”说是日本早稻田大学西泽修教授提出来的。他是在研究物流成本时发现当时的财务会计和会计核算方法(由于其分门别类设立账目)不可能掌握物流费用的实际情况，因此，人们对物流费用的了解是一片空白，这就像沉在水面下的冰山一样，露出水面的那部分仅仅是冰山的一小部分，而潜藏在海水里的整个冰山却无人能见，然而海水中的冰山才是物流费用的主体部分。

一般情况下，企业在会计核算时只把支付给外部运输、仓库企业、车队的费用列入成本，实际这些费用在整个物流费用中犹如冰山的一角。因为，物流的基础设施建设费和企业利用自己的资源对货物进行保管、搬运、运输、包装、装卸时产生的费用都没有列入物流费用科目内。一般来说，企业向外部支付的物流费用是很小的一部分，真正的大头是企业内部发生的物流费用。

西泽修教授通过对物流成本的具体分析，印证了德鲁克的“黑大陆”说。对我们来说，物流领域未知的东西或者不甚清楚的东西太多。“黑大陆”的未知区域和“冰山”的水下部分，正是物流需要开发研究的领域，也是物流的潜力所在。

2.1.4 物流供应链理论

供应链是指从采购开始，经过生产、分配、销售，最后到用户而形成的一种网链结构。供应链是物流的高级阶段，物流受供应链的制约，物流的供应链理论强调的是链和节点的总体管理。现代管理和信息技术可以提供总体的信息使整个链条共享,这样就可以扩展物流视野,使管理者能从总体上管理整个供应链,而不是像过去那样各自只能管理自身部分,对于节点的部分不能协调管理。供应链管理实际上就是把物流和企业内部活动作为一个统一的过程来管理。

供应链管理在欧洲较为盛行,这和欧洲对物流的认识有关。在欧洲的物流观念中,始终强调综合,而不太强调各个功能。供应链管理我们会在后面的章节具体介绍,在此不作赘述。

2.1.5 物流"第三利润源"说

"第三利润源"的说法主要来自日本,强调利润中心即直接效益。从历史发展来看,人类历史上曾经出现过两个大量提供利润的领域。

第一个是资源领域。这里的资源起初是指廉价原材料、燃料,其后则是指依靠科技进步、节约消耗、使用替代品、综合利用、回收利用,以及大量使用人工合成资源而获得高额利润。

第二个是人力资源领域。这里的人力资源最初是指廉价劳动力,其后是指依靠科技进步提高生产率、降低人力消耗或采用机械化、自动化来降低劳动消耗,从而降低成本,增加利润。

在上述这两个利润源的潜力越来越小、利润开拓越来越困难的情况下,物流领域的潜力开始引起人们的重视,并按时间序列被排为"第三利润源"。"第三利润源"不仅将物流看成直接的营利手段,同时还强调它的战略意义,特别强调它是在经济领域潜力将尽的情况下获得的新发现,是经济发展的新思路,会对经济发展起到推动作用。

2.1.6 其他物流理论

1. 物流效益背反说

效益背反指的是物流的若干功能要素之间存在着损益的矛盾。即在某一个功能要素得到优化和获得利益的同时,可能会使另一个或另几个功能要素出现利益损失;反之也如此。这是一种此涨彼消、此盈彼亏的现象,虽然这种现象在许多领域中都存在,但物流领域中这个现象似乎尤其突出。

在物流这个整体中,部分的合理化和最优化并不代表整体的合理化或最优化。物流系统作为一个有机整体,其要素之间存在着效益背反的关系。换言之,效益背反原理体现的是对一方利益的追求要以牺牲另一方的利益为代价,即这是一种相互排斥的状态,这种状态在物流系统中随处可以见到。例如,提高物流服务水平要以增加物流成本为代价;仓库里货物的高层堆码能够提高保管效率,但却降低了货物拣选等作业的效率。掌握效益背反原理,对于正确理解和把握物流系统各个部分之间的关系十分重要。认识效益背反规律后,物流学的理论研究正在不断寻求解决方案,以减少各功能要素的效益背反现象,寻求物流系统的整体最优。

2. 物流成本中心说

在企业战略中,物流会对企业营销活动的成本发生影响,物流环节是企业成本的主要发生源。因此,解决企业的物流问题,还是要通过物流的合理化、现代化,以及物流的管理来降低物流成本,进而降低企业的成本。因此,这里的"成本中心"既是指主要成本的产生点,又是指降低成本的关注点。这也是"物流是降低成本的宝库"等说法的形象表述。

3. 物流服务中心说

服务中心说主要反映了美、欧等国家的学者对物流的认识。他们认为,物流活动最大的作用不在于为企业节约消耗，降低成本或增加利润，而是在于提高企业对用户的服务水平，进而提高企业的竞争能力。因此，他们在描述物流时选择了“Logistics”（该词也有“后勤”的意思）一词，特别强调其服务保障的职能，通过物流的服务保障，让企业以其整体能力实现成本的压缩和利润的增加。

4. 物流战略说

随着经济的全球化发展，越来越多的从业人员和理论工作者逐渐认识到，物流更具有战略性。无论是行业、部门还是企业，只有从战略高度来认识和把握物流，才能真正重视物流的影响，才能全力以赴地推动物流的建设和发展。只有从战略上认识和理解物流，人们才不会将物流仅仅看作是一项具体的操作性任务，而会将其视为关系一个国家、一个地区，或一个企业的生存和发展的大事。因此，人们有必要将物流上升到战略高度加以认识和研究。

任务 2.2　物流系统的构成与价值

从系统角度看，物流是一个过程。这个过程是仓储的过程，是运输的过程，是信息传递的过程，是满足客户需求的过程，是若干功能协调运作的过程。

2.2.1　物流系统的构成

根据国家标准《物流术语》GB/T 18354—2006，物流系统由运输、储存、装卸搬运、包装、流通加工、配送、信息处理等基本功能要素构成。

1. 主体功能

(1) 运输活动

在物流过程中的运输，主要是指物流企业或受货主委托的运输企业，为了完成物流业务所进行的运输组织和运输管理工作。运输活动的目的是改变物品的空间状态。物流组织者依靠运输消除生产地与需求地之间的空间距离，创造商品的空间效用。运输是物流活动的核心内容。对于运输活动，我们要从运输技术、运输方式、运输线路、运输组织管理等多方面来综合考虑，确保运输的安全、迅速、准时和低成本。

(2) 储存活动

物流活动中的储存，包括生产储存和流通储存。储存活动也称为保管活动，是为克服物品在生产和消费时间上的不一致所进行的物流活动。储存活动可以创造物品的时间效用。储存活动借助各种保管场所，如仓库、堆场、货棚等，来完成物资的保管、养护和堆存等作业，以便最大限度保持物品的使用价值。储存管理要求确定仓库的合理库存水平，建立不同类型的物资保管制度，确定合理的仓储作业流程，改善保管设施和提高储存技术等。储存活动也是物流的核心，与运输活动具有同等重要的地位。

(3) 配送活动

配送是物流业中一种新的服务形式，它的业务活动面很广。配送活动是按用户的订货要求，在物流据点完成分货、配货等作业后，将配好的货物送交收货人的物流活动。配送活动大多数以配送中心为起点，而且配送中心本身具有储存功能。分货和配货的作业是为了满足用户要求而进行的，所以经常要开展拣选、改包装、贴标签等组合性工作，必要的情况下可以按照客户的要求对货物进行流通加工。配送的最终实现是通过运输来完成的，所以人们常常称配送为"末端运输"。

2. 辅助功能

在由运输、储存和配送构建的物流体系框架中,还存在着诸多辅助性功能。不过,就整个物流体系而言,这些辅助性功能又是不可缺少的。甚至可以说,这些辅助性功能同样存在于每一次细微的物流活动中。

(1) 包装活动

包装也是物流的重要职能之一。包装不仅是为了商品销售,而且在物流的各个环节——运输、储存、装卸搬运当中,都需要用到。特别是在运输和装卸作业时,必须强调包装加固,以避免商品破损。包装大体分为工业包装和商业包装两大类,工业包装属于物流的范畴,它是为了便于物资的运输、保管、提高装卸效率而进行的。商业包装是把商品分装成方便顾客购买和易于消费的商品单位,属于市场营销研究的内容,其目的是向消费者展示商品的内容和特征。包装对物流合理化进程有着很重要的推动作用。据统计,我国每年由于包装问题,给国家造成的损失是相当惊人的,每年在100亿元以上。

(2) 装卸搬运活动

装卸搬运是物流业务中经常出现的活动。无论是生产物流、销售物流还是其他物流,无论是运输、储存还是其他物流作业活动,都离不开物品的装卸搬运。所以说,在整个物流业务活动中,装卸搬运也是一项很重要的职能。装卸搬运的具体内容包括物品的装上卸下、移送、拣选、分类等。对装卸搬运活动的管理包括选择适当的装卸搬运方式,合理配置和使用搬运机具,减少装卸搬运事故和损失等。

(3) 流通加工活动

流通加工活动是指产品已经离开生产领域,进入流通领域,但还未进入消费过程,为了销售和方便顾客而进行的加工。流通加工活动又称为流通过程的辅助加工,它是生产过程在流通领域内的继续,也是物流职能的一个重要发展。无论是生产资料还是生活资料,都有一些物资和商品,必须在商业或物资部门进行加工后,才便于销售和运输,如钢材的剪裁、木材的切割、粮食的包装等。

3. 物流信息管理活动

物流信息管理是连接物流各个环节业务活动的链条,也是物流活动的重要阶段。在物流工作中,每日都有大量的物流信息发生,如订货、发货、配送、结算等,这些信息都需要及时进行处理,才能顺利完成物流任务。信息的积压或处理失当,都会给物流业务活动带来不利影响。因此,如何接收、整理并及时处理物流信息,也是物流的重要职能之一。

2.2.2 物流的价值

物流是一种创造时间价值、空间价值和加工附加价值的活动。

1. 时间价值

"物"从供应者到需求者,这之间存在一段时间差,由于改变这一时间差而创造的价值,称作"时间价值"。时间价值是使某件事物在适当的时间被得到而创造的价值。时间价值通过物流获得的形式有以下几种:第一,缩短时间创造价值。缩短物流时间,可以减少物流损失、增加资金的周转率(相当于节约了资金)、增加物流设施设备的周转率。第二,弥补时间差创造价值。在经济社会中,需求和供给之间往往存在时间差,例如,粮食的生产有季节性和周期性,而人们对粮食的需求是天天都有的，这之间就存在时间差。第三，延长时间差创造价值。在个性化生产中，最典型的管理思想就是制造延迟，即顾客需要时才进行生产，以降低产品滞销的概率，从而降低储存成本，达到创造价值的目的。

2. 空间价值

“物”从供应者到需求者，这之间有一段空间差，供应者和需求者往往处于不同的场所，因改变“物”的存在位置而创造的价值称为“空间价值”。空间价值通过物流来获得的形式有以下几种：第一，从集中生产场所到分散需求场所。通过集中化生产可以提高生产效率、降低成本，可以在小范围内集中生产满足大面积地区需求的产品，通过物流活动将集中生产的低价位产品转移到分散的高价位需求区，物流空间价值以此得到体现。第二，从分散生产场所到集中需求场所。例如，粮食是在广大地区分散生产出来的，而大城市的需求往往十分集中。通过物流活动能获得相应的空间价值。第三，从甲地生产到乙地需求。例如，日常消费品几乎都是在相隔一定距离或者很远的地方生产出来的，这样复杂交错的供给和需求的空间差都是通过物流活动实现的，物流也因此创造了空间价值。

3. 加工附加价值

在流通过程中，根据自己的优势从事一定的补充性的加工活动，使处于流通过程中的“物”通过特定方式的加工，将供应者提供的具有一定形状的“物”改造成需求者所需要的、特定形状的“物”，从而创造出“物”的加工附加价值。虽然在创造加工附加价值方面，物流不是主要责任者，而且其所创造的价值也不能与时间价值和空间价值相比，但这毕竟是现代物流有别于传统物流的一个重要方面。

实　训

实训目的

通过案例分析，了解物流企业在经营管理的过程中应考虑的问题，能找到分析问题、解决问题的方法。

实训内容

分析案例：夏晖集团物流。

夏晖集团物流

实训课时

2 课时。

实训要求

结合案例，查阅相关资料，回答以下问题：

① 麦当劳对物流运作有哪些要求？

② 麦当劳与夏晖的合作，运作模式是怎样的？各自有何受益？

检查标准

① 结合案例，正确回答问题。

② 撰写案例分析报告。

思考与练习

一、单项选择题

1. 物流系统的概念是指(　　)。

A. 由有机联系的物流各要素组成的,并能使物流总体趋于合理化的综合体

B. 物流信息系统

C. 整个物流供应链

D. 物流技术、装备及基础设施条件

2. 物流系统的一般要素不包括(　　)。

A. 人的要素　B. 物的要素　C. 地点要素　D. 资金要素

3. 物流系统的功能要素不包括(　　)。

A. 包装　B. 装卸搬运　C. 任务目标　D. 信息处理　E. 流通加工

3. 物流系统要素具有(　　)的特点。

A. 成本与效益一致　B. 服务越好,效益越高

C. 效益背反　D. 以顾客为核心

4. 在物流成本中,一般占物流费用比重较大的是(　　)。

A. 仓储费　B. 运输费　C. 管理费　D. 流通加工费

5. 在物流系统中,起着缓冲、调节和平衡作用的物流活动是(　　)。

A. 运输　B. 配送　C. 装卸　D. 仓储

6. 物流是指物资的物质实体由供应者到需求者的流动,(　　)。

A. 物资空间位置的变动和时间位置的变动

B. 物资空间位置的变动和形状性质的变动

C. 物资时间位置的变动和形状性质的变动

D. 物资空间位置的变动、时间位置的变动和形状性质的变动

7. 日本于(　　)正式引进了“物流”概念,并将其解释为“物的流通”“实物流动”。

A. 20 世纪 50 年代　B. 20 世纪 60 年代

C. 20 世纪 70 年代　D. 20 世纪 80 年代

8. 按照物流活动覆盖的范围可以将物流分为三类,其中不包括(　　)。

A. 国内物流　B. 国际物流　C. 企业物流　D. 区域物流

9. (　　)认为解决物流的问题,主要并不是要搞合理化、现代化,主要并不在于支持保障其他活动,而主要是通过物流管理和物流的一系列活动降低成本。

A. 物流成本说　B. 物流服务说　C. 物流利润说　D. 物流战略说

10. (　　)认为物流活动最大的作用,并不在于为企业节约了消耗,降低了成本或增加了利润,而是在于提高企业对用户的服务水平,进而提高了企业的竞争能力。

A. 物流成本说　B. 物流服务说　C. 物流利润说　D. 物流战略说

11. 物流的基本作用是为顾客提供(　　)。

A. 运输服务　B. 时间效用　C. 空间效用　D. 时间效用和空间效用

二、多项选择题

1. 综合的物流系统，包括以下(   )特点。

   A. 人机交互　B. 动态系统　C. 时效性高　D. 智能化

2. 物的流通包括(   )。

   A. 商流　B. 物流　C. 资金流　D. 信息流

3. 关于物流成本的说法，包括以下几种(   )。

   A. 第三利润源　B. 效益背反　C. 黑大陆　D. 成本中心说

4. 商流和物流的关系表现为(   )。

   A. 相辅相成　B. 互相制约

   C. 商流是物流的先导，物流是商流的后勤保障　D. 企业＋第三方物流

5. 物流创造时间价值的形式有(   )。

   A. 缩短时间创造价值　B. 弥补时间差创造价值

   C. 延长时间差创造价值　D. 时间创造价值

6. 物流创造空间价值有以下几种形式(   )。

   A. 在低价值地生产流入高价值地需求创造场所价值

   B. 从集中需求场所流入分散生产场所创造价值

   C. 从分散生产场所流入集中需求场所创造价值

   D. 从集中生产场所流入分散需求场所创造价值

   E. 在高价值地生产场所流入低价值地需求场所创造价值

7. 物流系统的功能要素主要包括(   )。

   A. 存储要素　B. 运输要素　C. 人的要素　D. 装卸搬运要素　E. 资金要素

三、简答题

1. 物流的学说和观点有哪些流派？
2. 举例说明物流中的效益背反现象，为何效益背反说对促进物流发展有很大意义？
3. 为什么说物流是"第三利润源"？
4. 为什么说物流是经济领域的"黑大陆"？

项目3　运　输

【学习目标】

知识要求：

➢ 了解运输的技术经济指标。

➢ 熟悉各种运输方式的优缺点。

➢ 掌握联合运输与多式联运的概念与方法。

技能要求：

➢ 了解运输优化的方法。

➢ 掌握运输合理化的概念。

【项目案例】

海尔的运输服务

海尔物流是海尔集团为了发展配送服务而建立的一套齐全的、现代化的物流配送体系。海尔物流服务的主要对象分为两类：海尔集团内部的事业部和集团外部的第三方客户。

1. 承运人管理和路径优化

海尔物流通过提供持续的、一致的程序去管理费用，依靠对运输的优化而持续地更新海尔的运输费用折扣。海尔的流程和软件系统使其能够不断改革其审计和付款、装运招标和运输追踪。海尔的运输管理系统可以允许海尔的运输工程师去设计和执行复杂的最佳运输路径，这有可能包括了多重停留、直拨和合并运输。所有这些都可以在路径设计、运输方法选择时被考虑。由于海尔的仓库管理系统和运输管理系统是高度集成的，在多地点停留的货车可以将装卸的信息直接与仓库信息系统对接，确保货车在正确的路径上准点到达。

2. 多形态的费率和执行系统

海尔物流可提供多种运输模式，包括快递、整车、零担、空运、海运和铁路运输，并按照客户的需求，应用各种先进的费率计算系统向客户提出建议。海尔的运输管理系统还集成到海尔的财务收费系统，可以向客户提供综合性的财务报告。

3. 行程执行

海尔物流应用海尔总结出来的建立在相互协商、不同服务功能的界定和其他商业标准上的方法来计算运费。通过集中运输中心的设立，可以整合所有的承运者，选择合适的承运工具，大幅度地减小偏差和降低运输成本。

4. 可视化管理

海尔物流的动态客户出货追踪系统可以对多点和多承运人进行监控，相关的客户可以从系统上直观地查询到订单的执行状况，甚至某个品种的信息。每次的出货，不论是在海尔集团系统内，还是在海尔的全国网络内，所有的承运活动都被电子监控。所有的运输信息都可以在网上查询。海尔的信息系统和以海尔文化为基础的管理确保所有承运人和整个网络都能及时、准确和完整地获得所有可视化的数据。

5. 运输线合并

海尔物流将不同来源的货物拼箱，在靠近交付地的中心进行合并，组合成完整的订单，最终作为一个单元送交到收货人手中。

6. 持续移动

海尔物流可以根据客户的需要来提高承运的利用率，降低收费费率。例如，海尔的运输工程师可以将家电从贵阳运到上海，而在昆山将一批计算机产品补货，用货车运送到重庆。海尔物流管理的运输网络和先进的工具可以追踪这些补货的路径安排，发现降低成本的机会。

7. 车队、集装箱和场地管理

许多客户都拥有自己的货车、集装箱和设施场地供自己的车队使用。海尔物流可以管理这些资源并将其纳入海尔物流整体运输解决方案中。海尔的先进系统可以提供可视化车辆管理，不论周转箱、集装箱在现场还是在高速公路上，海尔物流都能为这些独特运输需要提供服务。

8. 国际贸易管理

海尔物流凭借其对出口文件、保税设施、金融贸易、货物运输等方面的经验，能恰当地处理国际物流相关业务。

案例来源：http://www.ppkao.com/tiku/shiti/3353373.html

问题：

1. 海尔物流能为客户提供哪些运输服务？
2. 你认为这些运输服务能给海尔物流带来什么利益？

任务3.1 运输概述

3.1.1 运输的概念

运输是指使用一定的运载工具实现有目的的人或者货物的位移。物流活动中的运输则专指“物”的载运及输送。它是在不同地域范围间(如两个城市、两个工厂之间，或一大企业内相距较远的两车之间)，以改变“物”的空间位置为目的的活动，是对“物”进行的空间位移。广义的运输经营活动还包括货物集散、装卸搬运、中转仓储、干线运输、配送等一系列操作。

运输大致可包括输送及配送两大部分，输送是指在运输的主要据点间运输货物的服务过程；配送则是指在运输单位的主要据点与收货人或托运人间运输货物的服务过程。因此，有人将输送称为主线运输，将配送称为末端运输或集散服务。很多时候并不加以区分，统称为运输。

3.1.2 运输的职能

1. 货物的移动

运输最基本的职能就是将原材料、半成品、产成品等按照托运人的需要按时、安全地从货源地转移至目的地。货物只有被运到其消费地才能真正实现自己的价值与使用价值。同时，如果没有安全可靠的运输，采购、生产及市场分拨等活动都将无法实现，整个社会的生产与再生产也无法实现。

2. 货物的储存

货物的储存职能是运输中一个比较不明显的职能。在运输途中,货物暂时储存在交通工具上。一般情况下,将货物储存在交通工具上的花费显然比储存在仓库中的花费要高出许多。但是在一些特殊情况下,比如,一批货物由 A 地运至 B 地,经过两三天的短暂停留后要继续运往 C 地,那将货物储存在交通工具上的费用就会小于把货物卸下、搬运入库、再装车的总费用了。这样一来,运输工具就起到了货物储存的作用。

3.1.3 运输系统的构成

现代物流运输系统的构成要素主要有运输节点、运输线路、运输工具、运输对象、运输参与者等。

1. 运输节点

所谓运输节点,是指以连接不同运输方式为主要职能,在运输线路上承担货物的集散、运输业务的办理、运输工具的保养和维修的基地与场所,例如车站、港口等。运输节点是物流节点中的一种类型,属于转运型节点。一般而言,货物在运输节点上停滞的时间较短。

2. 运输线路

运输线路是指货物运输的通道,在现代运输系统中,主要的运输线路有公路、铁路、航线以及管道。

3. 运输工具

运输工具是指在运输线路上用于载运货物并使其发生位移的各种设备,它们是运输活动能够开展的基础设备。根据从事运输活动的独立程度可以将其分为以下三类。

① 仅提供牵引动力,不具备装载货物容器的运输工具,如铁路机车、牵引车、拖船等,见图 3-1。

铁路机车　　牵引车　　拖船

图 3-1 运输工具(一)

② 自身没有动力,但具有装载货物容器的从动运输工具,如铁路车辆、汽车挂车、驳船等,见图 3-2。

③ 既能提供动力,又具有装载货物容器的独立运输工具,如轮船、汽车、飞机等,见图 3-3。

4. 运输对象

运输按服务对象不同分为旅客运输和货物运输,物流活动中运输对象专指货物运输。

铁路车辆

汽车挂车

驳船

图3-2 运输工具(二)

轮船

汽车

飞机

图3-3 运输工具(三)

5. 运输的参与者

(1) 托运人(Shipper)

托运人是货物的发运者。在运输合同中,托运人有义务按装运单的规定将货物在指定的时间、地点交给承运人。

(2) 收货人(Consignee)

收货人是在运输目的地负责接收货物的人。在运输合同中,收货人有义务在货物到达目的地后按运输合同规定的时间和地点接收货物。

(3) 承运人(Carrier)

承运人是指拥有交通工具并利用自己的交通工具提供各种运输服务的商业企业。承运人在货源地收到托运人的货物后,向托运人出具运输单据,负责将货物在规定时间内安全地运至目的地,并将货物交给运输单据的持有人。承运人是运输活动的实际承担者。

(4) 货运代理人(Agent)

货运代理人是接受货主的委托,办理货物发运、报关、交接、仓储、调拨检验、包装、转运、租船定仓等业务的人。

在有货运代理人参加的运输活动中,先由货主与货运代理人签订一份代理运输合同(如图3-4中的运输合同1)。在运输合同1中,货主是托运人,货运代理人是契约承运人。然后再由货运代理人与拥有运输工具的实际承运人签订一份运输合同(即图3-4中的运输合同2),在运输合同2中,货运代理人充当托运人,而合同中的承运人就是实际承运人。由图3-4可以看出,货运代理人与货主之间的代理关系与一般的委托代理关系有所不同,在两份合同中,货运代理人都是以事主的身份出现,既非货主的代理人,也非承运人的代理人。

(5) 政府与公共机构

政府机构主要是通过制定各种规章制度和法律来对本国的运输活动进行宏观调控和管

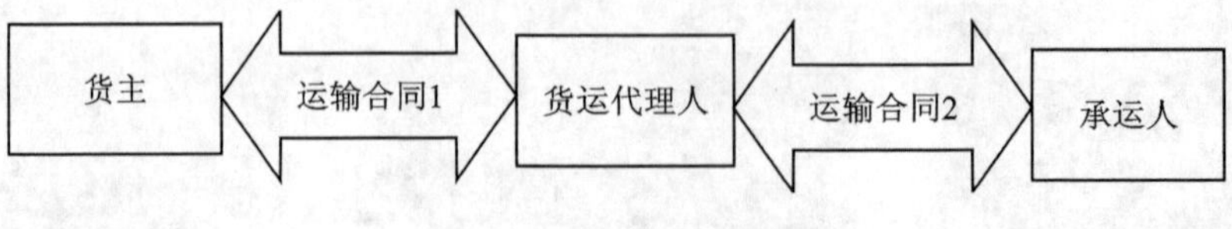

图3-4　代理运输合同

理,维护国内运输市场的有序发展。同时,政府及行业协会等公共机构也参加各种与运输相关的国际组织,并参与国际运输协定、条约的制定。政府部门在运输中的另一个重要作用就是投资修建、维护、管理国内的公共运输设施。在大多数国家,由于运输设施的投资额比较大,投资回收期较长,所以国家仍是运输设施的主要投资者。在我国,政府部门还是一些公共运输的经营者,如我国的铁路运输。

(6) 公　众

公众及代表公众利益的机构也是运输市场上的重要影响力量。随着消费者权益意识的不断增强,公众的影响力也越来越大了。首先,随着产品市场上买方力量的不断增强,生产厂家用户至上的理念更加深入,因此对运输的需求进一步加大,对运输的要求也更高;其次,公众对运输质量也有了更高要求,不仅要在线路上得到满足,而且对服务质量要求也更高;再次,公众对运输的定价也有了更大影响力,例如,在我国,铁路运输仍是由政府经营的,但是与以前由国家来定价不同,现在铁路的询价需要通过有公众代表参加的公开会议进行协商才能决定,大大降低了定价的随意性。最后,公众环境意识的增强,使得国家不断制定各种法令法规来限制运输对环境的影响。

3.1.4　运输的特点

在物流活动中,运输的生产过程是人们使用劳动工具及其设备(如车、船、飞机等)对劳动对象(货物)进行生产,并创造产品(货物在空间位置上发生移动)的生产过程,运输的产品,即货物的空间位移。显然,运输是以改变“物”的空间位置为目的的生产活动,与通常意义下以改变劳动对象物理、化学、生物属性为主的工农业生产活动有较大的区别,主要体现在以下几个方面。

1. 运输产品的无形性

运输生产只改变劳动对象(货物)的空间位置,不创造新的实物,不改变货物的属性和形态。因此,在满足社会运输需求的情况下,多余的运输产品或运输支出,都是一种浪费。

2. 运输产品生产与消费的同步性

工农业产品的生产和消费在时间和空间上是可以分离的,而运输产品的生产和消费不论在时间和空间上都是不可分离的,属于边生产边消费。

3. 运输产品的非储存性

由于运输产品是无形的,边生产边消费,不具有物质实体。故运输产品既不能调拨,也不能存储。

4. 运输产品的可替代性

对不同的运输方式来说,它们所采用的运输工具、运输线路、技术手段都不相同,运输组织也有差别,但它们的效用都是实现物品的空间位移,因而有明显的可替代性,使得各种运输方式之间存在激烈的竞争。但各种运输方式之间技术经济特征有所不同,因此它们之间可以相互补充、协调、替代，形成一个有效的综合运输系统。

任务3.2 运输方式

常用的运输方式有五种：航空运输、水运、铁路运输、公路运输和管道运输。

3.2.1 空 运

1. 空运的历史

空运是五种模式中最快，也是最贵的。空运的工具是飞机，也称航空器或航空机。18世纪时的航空器是比空气轻的气球和飞艇。第一架飞机是由美国莱特兄弟于1903年发明的，那是一架装有约9千瓦(12马力)4缸发动机的双翼飞机，它开创了用内燃机当动力的、有人驾驶的机械飞行的历史。

进入20世纪前，基本没有航空运输。飞机起初是用于运送邮件，后来才发展为载运旅客和货物，但仅限于特定的短程航线，每次载货量仅一二百千克。

1909年，法国最先创办商业航空运输，接着这一新兴运输方式在德、英、美等国相继兴起。在第二次世界大战中，为了运输军火及军用物资，军用飞机制造和应用得到很大发展。战争结束后，很大一部分军用运输机转入了民用运输。发达国家都开始大力发展航空工业，改进航空技术，增添航空设备，开辟国际航线，逐步形成了全球性的航空运输网。

2. 航空运输方式

航空货物运输方式主要有以下三种：

(1) 班机运输

班机是指定期开航的定航线、定始发站，定目的站和途经站的飞机。一般航空公司都使用客货混合型飞机，也有一些较大的航空公司在一些航线上开辟定期的货运航班，使用全货机运输。

(2) 包机运输

包机运输方式可以分为整包机和部分包机两类。

整包机即包租整架飞机，是指航空公司或包机代理公司按照与包机人事先约定的条件与费率，将整架飞机租给包机人，从一个或几个航空站装运货物到指定目的地的运输方式。

部分包机是由几家航空货运代理公司(或发运人)联合包租一架飞机，或者是由包机公司把一架飞机的舱位分别卖给几家航空货运代理公司。这种方式适用于一吨以上但运量不足一整架飞机的货物。

(3) 集中托运

集中托运是指航空货运代理公司把若干单独发运的货物组成一整批货物，用一份总运单整批发运到同一站；或者交至某一预定的代理收货，报关后分拨交给实际收货人。

3. 航空运输的优缺点

(1) 优 点

① 运送速度快：

以协和式飞机为例，其时速可达2188 km。在市场行情瞬息万变的今天，为了抓住市场机遇，获得较好的经济效益，争取时间至关重要。

② 可保鲜存活:

鲜活易腐商品对时间极为敏感,如果运输时间长,就会腐烂变质。采用航空运输,可延长保鲜存活期,并有利于开辟距离较远的市场,这一点优势是其他运输方式无法比拟的。

③ 安全准确:

航空运输管理制度比较完善,货物破损率低。如使用空运集装箱运送,则更为安全。

④ 可节省包装、保险、存货等成本:

由于空运速度快,商品在途时间短、周转快,存货水平可相应降低,存货成本下降。加上货损货差少,包装可以简化,保险费和包装费也可以相应降低。

(2) 缺　点

① 费用高:

空运的费率相对其他运输方式要高出许多。低价值的普通货物不适宜采用这种运输方式。

② 灵活度差:

由于飞机的起降都需要特殊场地,航空运输无法做到门到门,必须与其他方式相结合,才能满足货主门到门的要求。

③ 运能和综合能力差:

由于空运的高费率和飞机的特殊构造,因而不是所有货物都适合采用空运方式。例如,大宗货物和超长、超大笨重货物均不适合使用空运。

3.2.2 水　运

水运可以分为海运和内河运输两种。内河运输是利用陆上水道,包括天然的江、河、湖水道和人工运河等进行的运输。海运按照活动范围,又可分为沿海运输和远洋运输。国际贸易中的多数货物都是运用海运方式进行交付的。海洋运输也是水运中需要重点研究的领域。

1. 水运的历史

早在公元前3000年,就已经出现了海上交通运输。当时的航运规模很小,仅限于某些近海区域。公元前2000年,地中海的海上贸易运输得到发展,已有从地中海到大西洋东岸及北欧的贸易海运航路。1807年,美国人罗伯特·富尔敦把蒸汽机作为船舶动力,制造了第一艘蒸汽机船"克莱蒙托"号。1873年,最早的钢质船舶"瑞德塔特"号诞生。1902至1903年间,内燃机船诞生。第一次世界大战后,石油需求迅猛增加,油船运输得到迅速发展,油船运输与干货船运输并列,成为不定期运输的一种特殊形态。第二次世界大战后,随着科学技术的发展,运输技术也在不断革新。海上运输船舶朝着大型化、专用化方向发展,各种专用船舶在海上运输中所处的地位日益上升。

2. 水运的优缺点

(1) 优　点

① 费用低:

水运航道天然形成,且水运的规模经济强,相比其他运输方式而言,单位运价几乎是最低的,一般为铁路运费的1/5,公路汽车运费的1/10,航空运费的1/30。因此,水运适用于大宗低价值物品和长距离的运输。

② 运能大:

水运船舶的运能非常大，一艘万吨船可抵200节50吨火车车辆或1250辆3吨卡车的运量。目前国际航运中的主流船型——第五代、第六代集装箱船可以容纳5000～6000只20英尺标准集装箱(即20英尺×8英尺×8英尺6英寸，1英尺=0.3048 m，1英寸=0.0254 m)。

③ 综合能力强：

水运可以处理几乎所有形态的货物：固体、液体、气体；包装货、散装货、裸装货等。水运所用的船舶既有干货船，又有集装箱专用船，还有运输气体、液体货物的油轮、液化气船和运输特种货物的滚装船和子母船等。

(2) 缺 点

① 速度慢：

相对于其他方式而言，水运速度比较慢。因此，水运不适合用来运送时间要求紧或生命期较短的货物。

② 可靠性差：

由于船舶的航行在很大程度上会受到自然条件和季节性的影响。恶劣天气常常会令船舶无法正常开航，所以，船舶的准点到达能力往往比较差。

③ 灵活度差：

由于船舶航行需要一定的水体，这使得水运在很多情况下无法做到门到门的服务。

3.2.3 铁路运输

1. 铁路运输的历史

铁路运输是现代运输业的主要运输方式之一，从1825年世界第一条铁路——英国斯托克顿至达林顿铁路正式投入运营以来，已有190多年的历史。

由于牵引动力的电气化和内燃机化，复线、无缝线路和重型钢轨的铺设，以及现代化通信设备尤其是电子计算机的应用，如今的铁路营运管理已实现了自动化，铁路列车的速度、载重量也在逐年提升。

2. 铁路运输的优缺点

(1) 优 点

① 费用低：

在陆上运输方式中，公路运输的费用一般要比铁路贵几倍到十几倍。

② 运能大：

一般的货运列车一次能运送3000～5000 t货物。

③ 综合能力强：

像水运一样，铁路也能处理几乎所有类型的货物。

(2) 缺 点

① 灵活性较差：

由于铁路列车需要借助特殊道路(轨道)行驶，因此，铁路一般也无法做到门到门的运输服务。

② 速度较慢：

由于铁路列车起、停的加速和减速需要较长时间以及铁路的拥挤，铁路在长途运输时比空运要慢，在短途运输时比公路慢。

3.2.4 公路运输

1. 公路运输的历史

最早用动力来行驶车辆的,是18世纪中叶的法国人尼古拉斯·古诺,他在1769年利用蒸汽的动力来拖炮车,时速2.5英里(1英里=1 609 m),但每行驶100英尺(1英尺=0.304 8 m)就必须增加一次蒸汽。

世界公认的现代汽车发明人是美国的亨利·福特。1884年,福特任底特律城爱迪生公司的工程师,他利用余暇时间在1892年制造了一辆汽油车。1902年,福特创办了福特汽车公司,1904年他驾驶自己发明的汽车创造了每小时91.37英里(约合147 km)的空前纪录,从此揭开了陆路交通的一个新纪元。

2. 公路运输的特点

公路是汽车运输的基本条件,它具有以下特性:

① 修筑面广,不受点和线的限制,具有普遍性;

② 公路可以根据人们的需要而修筑,不论穷乡僻壤还是高山峻岭,均可到达;

③ 公路不仅可以行驶汽车,还可以供其他非机动车行驶,也可供路人同行,具有较好的机动性。

3. 公路运输的优缺点

(1) 优　点

① 速度快:

汽车机动灵活,它可以停在工厂、仓库门口等待装运,然后直接送达目的地,能够满足现代贸易中货物运输时间性强的需要。在一些不通铁路的地方,在水运集港速度慢的情况下,汽车的速度效益更明显。

② 可靠性高:

由于火车、船舶装载量大,在港、站货物需积载、配装、装卸,且受编组甩挂、过闸靠泊等限制,容易造成压车压船的现象,而公路运输中的汽车调度灵活、适应性强,一般而言准点到达率较高。

③ 灵活度强:

由于公路的深度通达和汽车的灵活机动,公路运输可以深入到几乎所有地方,公路运输的门到门能力是其他运输方式无法比拟的。在多式联运实践中,公路运输发挥了极其重要的作用,它使得门到门一站式运输成为可能。

(2) 缺　点

① 费用高:

公路运输的经济里程是300～500 km左右,超出这一里程,公路运输的成本会远高于铁路运输和水运。同样的路程,公路消耗的燃料是铁路的1.8～2.4倍。

② 运能小:

汽车的单车载重量远小于铁路列车和轮船,因此,公路运输只适用于运输量较小的货物。

3.2.5 管道运输

管道运输是一种特殊的运输方式,运输管道是固定的。

管道运输最大的优点是它的运能很大，一次性可以运送30 000～2 500 000吨货物。其次，管道运输的可靠性也较高。再次，管道一旦铺设成功，运营成本几乎为零。

但是管道运输的速度较慢，且管道运输的综合能力差，因为它只适合用来运送气体和液体物质。石油是管道运输最主要的货物。

3.2.6 各种运输方式的技术经济指标

运输业作为物质生产部门，与其他物质生产部门一样，经历了不同的发展时期，为了满足社会各种需求，形成了铁路、公路、航空、水运、管道五种运输方式。这五种交通运输方式在满足人或物的空间位移的要求上具有同一性，即安全、迅速、经济、便利、舒适。但各种运输方式所采用的技术手段、运输工具以及组织形式等都不相同，因此，形成的技术性能（速度、质量、连续性、保证货物完整性和旅行的安全、舒适性等）、对地理环境的适应程度以及经济指标（如能源和材料消耗、投资、运输费用、劳动生产率等）也都不尽相同。各种运输方式的技术经济特点主要从下面几个方面考察。

1. 送达速度

技术速度主要取决于车辆本身的技术性，由行驶里程和路线行驶时间确定。而送达的时间除路线行驶时间外，还包括途中的停留时间和起点、终点这两端的作业时间，因此送达速度比技术速度要慢。但对旅客和收、发货人而言，送达速度更具有实际意义。

在一般中长途运输中，铁路的送达速度高于水上运输和公路运输，但在短途运输方面，铁路送达速度不如公路运输。航空运输在速度上虽然占有极大优势，但还应将客、货去往机场的路途时间计算在内，才能进行有实际意义的比较。各种运输方式有其适用的技术速度范围：公路运输的合理速度范围为50～100 km/h，铁路运输为100～300 km/h，航空运输为500～1 000 km/h。在评价某种运输方式的速度指标时，还应适当考虑运输的频率（或间隔时间）和运输经常性对送达速度的影响。

2. 运输成本

运输成本是运输业的一个综合性指标，它受各种因素的影响，例如，当与运量无关的固定费用所占的比例较大时，成本水平受运输密度的影响较大，这一点在铁路运输上最为显著，水运、公路运输则不那么明显。又如，运输距离对运输成本也有很大影响，这是因为终端作业成本（始发和终到）的比例随着运输距离的增加而下降，因此运输距离对水运影响最大，铁路次之，公路最小。再如，运载工具的运载量的大小同样影响着运输成本，一般来说，载运量较大的运输工具的运输成本较低，水运在这方面居于有利地位。总之，考察某种运输方式的运输成本，需要根据具体情况进行分析。一般来讲，水运及管道运输成本最低，其次是铁路和公路运输，航空运输成本最高。公路、铁路以及水路的运输距离与成本的比较（包括终端的装卸费用）如图3-5所示。

当运输距离小于A时，公路运输费用最低；当运输距离在A与B之间时，铁路运输最便宜；而当运输距离大于C时，水路运输费用最低。

3. 投资水平

由于技术设备的构成不同，各种运输方式不仅投资总额大小各异，而且投资期限和初期投资的金额也有相当大的差别。铁路的技术设备（线路、机车车辆、车站、厂、段等）需要投入大量的人力物力，投资额大而且工期长；相对而言，水上运输是利用天然航道进行的，线路投资较铁

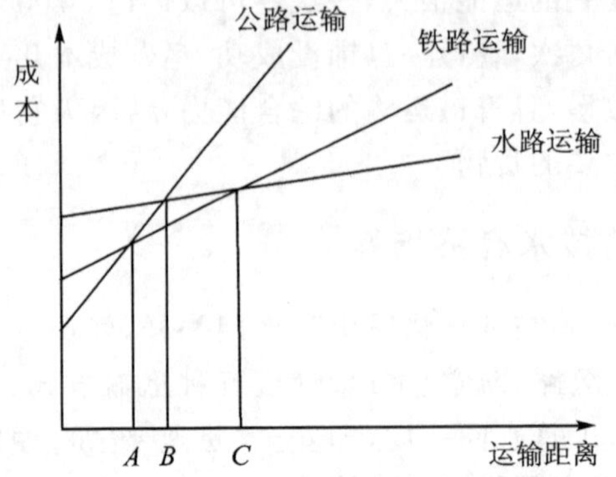

图3-5 运输距离与成本的比较

路低很多,主要集中在船舶、码头;公路运输的线路设备投资金额介于铁路和水运之间。在比较各种运输方式的投资金额时,还需要考虑后期的运营投资、维护投资等。

4. 运输能力和能源消耗

在运输能力方面,水路和铁路运输都处于优势地位(就单个运载工具而言,海运运输能力最强),而公路和航空的运输能力则相对较小。

在能源消耗方面,铁路运输由于较多采用电力牵引,故具有优势;公路和航空运输是能源消耗最大的;管道运输所耗能源约为水运的10%,约为铁路运输的2.5%。

5. 对环境影响的程度

工业的发展使人类赖以生存的地球已经受到严重破坏,在某些方面,运输业对环境的负面影响较大。汽车运输对空气和地表的污染最为明显,而喷气式飞机、超声速飞机等则加剧了噪声污染。相比之下,铁路运输对环境和生态的负面影响程度较小,特别是电气化铁路对环境的影响更小。每种运输方式都各有其长处和短处,每个国家都需要根据本国工农业的生产布局、地理条件、社会环境及本国交通运输业发展的历史与现状,建立适合本国国情的综合运输体系。

任务3.3 运输合理化与优化

从物流学角度讲,合理运输就是按照物流规律、交通运输条件、货物合理流向、市场供需情况,以最少的劳动消耗,运输更多的货物,取得最好的经济效益。合理运输的基本要求是"五少一快",即走最少的里程、经最少的环节、用最少的运力、花最少的费用、以最少的消耗、用最快的时间完成运输任务。

3.3.1 运输合理化的要素

影响物流运输合理化的因素很多,起决定作用的有五个,称为合理运输五要素,具体是指:

1. 运输时间

运输时间是衡量运输服务水平的一个重要指标。在全部物流时间中,运输时间占很大比例,尤其是长距离运输。因此,运输时间的缩短对整个流通时间的缩短起着决定性的作用。

此外,缩短运输时间有利于加快运载工具的周转,提高整体的运输能力,改善不合理状况。

2. 运输距离

运输距离的远近是衡量运输合理与否的重要因素。在运输过程中,运输时间、运输费用等因素都与运输距离的长短有一定的关系。运输距离是运输方式合理与否的一个最基本的因素。

3. 运输工具

不同的运输工具,效用不同,每一种运输工具都有其优势之处。对运输工具进行优化选择,最大限度地发挥运输工具的特点和作用,是运输合理化的重要一环。

4. 运输环节

在完成运输的过程中,每增加一个运输环节,势必要增加运输的附属活动,如装卸、搬运、包装等,各项技术经济指标也会因此而发生变化,所以减少运输环节对提高运输效率有相当大的促进作用。

5. 运输费用

运费在物流费用中占有较大的比例,运费的高低在很大程度上决定了整个物流系统的竞争力。实际上,无论是对货主还是对物流企业,运费都是运输合理化的一个重要标志。运费的高低也是各种合理化措施是否行之有效的判断依据之一。

3.3.2 不合理运输的表现形式

1. 对流运输

对流运输有多种表现形式,典型的有以下几种:

① 同运输路线、同一种产品相向流动。

② 同种产品在不同运输线路上发生对流。如河南的煤炭沿京广线南下,而贵州的煤炭又沿枝柳线北上。

③ 性质不同但作用相同的物资对流。例如,一条线路上煤和电的对流,即从甲地运煤到乙地发电,再从乙地把电返送到产煤的甲地。

第一种形式的对流运输比较明显,后几种则是比较隐蔽的对流运输。值得注意的是,种类相同但作用不同的货物在同一运输路线上的对流,如动力煤和焦化煤的对流则是合理的。

2. 过远运输

过远运输是指就近可以获得的物资,却舍近求远长途调运,从而拉长了货物的运输距离。从物流角度看,舍近求远是不合理的,但是从经济角度看,有时又是合理的。例如,某种物资从近处获得的价格要高于从远处获得的价格(包含运输费)。

3. 重复运输

重复运输是指本来可以直接到达目的地的货物,由于人为因素,使货物在到达目的地之前卸下,再二次装运送达目的地。重复运输增加了不必要的运输环节,延缓了流通速度,在增加了运输费用的同时也增加了货损。

4. 倒流运输

倒流运输是指由于采购、调拨不当,货物从销地或中转地向产地或起运地回流的一种运输现象。倒流运输也可以看成是对流运输的一种特殊形式。

5. 迂回运输

迂回运输是指在有捷径可走的情况下,却绕道而行走远路,增加不必要的货物周转量。当然,如果是直路运力受到限制,必须走迂回路线,这种情况不能算不合理运输。

6. 返程或起程空驶

空车无货载行驶,可以说是不合理运输的最严重形式。因调运不当、货源计划有误、没有采用运输社会化而形成的空驶,都是不合理运输的表现。但在实际运输组织中,有时候必须调运空车,从管理上不能将其看成不合理运输。

7. 运力选择不当

运力选择不当是指未发挥各种运输工具的优势,没能正确利用运输工具。常见有以下几种形式:

① 运输工具承载能力选择不当:

没有根据承运货物数量及重量的情况,盲目决定运输工具,造成严重超载、损坏车辆或货物不满载、浪费运力的现象。

② 弃水路走陆路:

在有水路、铁路、公路等好几种运输方式可供选择时,却把应该走水路或水陆联运的货物用铁路或公路来运输,使水运的优势不能发挥,增加了物流费用。

③ 铁路、大型船舶的过近运输:

不属于铁路及大型船舶的合理运行里程,却利用这些运力进行运输的不合理做法。

上述这些不合理运输形式都是在特定条件下发生的。在进行判断时必须注意其不合理的前提条件,否则就容易出现判断失误。

3.3.3 运输合理化的途径

长期以来,人们在生产实践中探索和创立了不少运输合理化的途径。在一定时期、一定条件下取得了一定的效果。具体来讲有以下途径:

1. 采取减少动力投入,增加运输能力的有效措施求得合理化

这种合理化的要点是:少投入、多产出,走高效益之路。运输的投入主要是能耗和基础设施的建设,在设施建设已定型和完成的情况下,尽量减少能源投入,是少投入的核心。

国内外在这方面的有效措施包括以下四种:

(1) 水运拖排和拖带法

竹子、木头等物资的运输可以利用竹、木本身的浮力,不需要用运输工具载运,采取拖带法运输,可省去运输工具本身的动力消耗,从而求得运输合理化;将无动力驳船编成一定队形,一般是“纵列”,用拖轮拖带行驶,其运量比船舶还大,运输更进一步地实现了合理化。

(2) 铁路运输的“满载超轴”

“超轴”的含义就是在机车动力允许的情况下,多加挂车皮,以达到在不增加机车的情况下增加运输量的目的。

(3) 汽车挂车

汽车挂车的原理和船舶拖带、火车加挂基本相同,都是在充分利用动力的基础上增加运输能力。

(4) 顶推法

顶推法是我国内河货运采取的一种有效方法,它将内河驳船编成一定队形来前进。其优点是航行阻力小,顶推量大,速度较快,运输成本很低。

2. 提高运输工具实载率

实载率有两层含义：

① 单车实际载重与运距之乘积和标定载重与行驶里程之乘积的比率，在安排单车、单船运输时，这一比率是判断装载合理与否的重要指标。

② 车船的统计指标，即一定时期内，车船实际完成的货物周转量占车船载重吨位与行驶路程之乘积的百分比。

3. 发展社会化的运输体系

运输社会化是指发展运输的大生产优势，实行专业分工，打破一家一户自成运输体系的状况。

通过运输社会化，运输工具可以得到统一安排，避免对流、倒流、空驶、运力不当等多种不合理形式。企业不但可以追求组织效益，还可以追求规模效益。所以，发展社会化的运输体系是实现运输合理化的一项综合措施。

总体来说，要做到运输合理化，既要净化物流环境又要加强物流管理。

在物流环境方面，首先要优化生产力布局，将加工工业，特别是消耗原燃料大的工业，安排在靠近原燃料产地的位置。其次，加强资源的综合利用。废物利用，不仅有助于保护环境，也可以节约资源，同时还有利于减少运输工作量，降低物流费用。再次，发展加工工业，减少无效运输。例如，很多原煤的含矸率和灰粉在20%左右，若进行洗选和简单筛选，含矸率和灰粉可下降6%。仅此一项，每年可节省运量3000万吨以上，节省运费1.5亿元左右。最后，改革流通管理体制，破除地区封锁，加强经济区域内的联系，这是消除不合理运输的重要途径。

在物流技术与管理方面，要根据货物的流量、流向，搞好货流规则，选择科学的运输路线，确定最优的运输方式和使用适当的运输工具，做好运输的各项组织工作。

任务3.4 联合运输与多式联运

3.4.1 联合运输

1. 联合运输的概念

联合运输简称为“联运”，就是各种运输方式在运输过程中按照统一的规章或协议，使用同一运输凭证或通过代办中转业务，将各种运输方式紧密衔接起来，共同完成两程以上的运输，如铁公水联运、铁水联运、铁公联运、公航联运和公水联运。联运的实质就是在自然的接力运输中，将货物从各个需要地到中转换地逐段办理托运的方式，改变为起运点实行全程包运制，即一次起票托运到底的一种经济的运输管理方法。它是各种运输方式开展协作的有效形式，但不改变参与联运的企业生产资料所有和隶属关系。联合运输具有三个特点：一是组织运输的全程性；二是运程凭证的通用性；三是托运手续的简易性。实行联运后，货主托运货物，只要一次托运、一次结算，就可以在目的地收货，其换装中转等手续由联运机构(全权)代行办理。对于承运企业(包括运输企业和联运企业)之间、实行“一次起票全程负责，分段计费，相互结算”，这实际就是各组织区域之间，企业之间以及各种运输方式之间的横向经济联系，把生产、运输、消费有机地联系起来，从而提高整个社会的经济效益。

2. 联运经营人

联运经营人是指签发联运单证的人(包括任何法人、公司或法律实体)。如果国内法律规定,任何人在有权签发联运单证之前,须经授权或发照,则联运经营人只指这种经过授权或领照的人。

联运单证是指证明从事货物联运工作或组织货物联运工作合同的一种单证。单证正面应标有"可转让的联运单证,根据联运单证统一规则签发"或"不可转让的联运单证,根据联运单证统一规则签发"字样。

联运经营人的责任和义务有以下几点:

① 从掌管货物时起至交付货物时止,联运经营人负责从事或以他自己的名义组织货物联运工作,包括这种联运所需要的一切服务工作,并在本规则所规定的范围内,承担这种联运和这种服务工作的责任。

② 联运经营人必须是与托运人签订多式联运合同的合同主体,他本人即是合同一方的当事人,承担相应的法律责任。

③ 对联运经营人因履行以联运单证作为证明的合同而提供服务的任何其他人的行为和否定行为承担责任。

④ 负责从事或组织为确保货物交付所必需的一切工作。

⑤ 对于从联运经营人掌管货物到交付货物期间所发生的货物灭失或损害,联运经营人承担本规则规定范围内的责任,并负责支付规则规定的有关这种灭失或损害的赔偿金。

⑥ 承担关于延迟交货的责任,并负责支付该规则所规定的赔偿金。

3. 联合运输的种类

联运按其对象可以分为货物联运和旅客联运;按运输工具的组合,联运又可以分为水陆联运(包括公路与水路联运、铁路与水路联运)、水陆空联运、公铁联运等;联运从地域概念来分类,可以分为国内联运和国际联运。在同一运输方式内,由于各运输企业分散与独立经营的特点,也可以组织江河联运、江海联运、江河海联运等。

按照运送凭证通用性程度的不同和组织联运方法的不同,我国的货物联运又可分为干线联运和干支线联运。

(1) 干线联运

干线联运是指按照交通部颁发的《铁路和水路货物联运规则》办理的铁水联运,是大宗物资联运的主要通路,它具有批量大、运距长等特点,全国有统一的规则、统一的运价。通过统一的联运运单,有效地衔接了各运输环节,从而做到一次托运,一次收费,一票到底,对全程运输联运负责。

干线联运的基本方法:按照全国统一的《铁路和水路货物联运规则》办理,实行全程制定一个运输计划,对于整车(整批)联运货物,均由发运(起运)地点的港、站受理,运输计划逐级上报,由交、铁两部平衡批准后下达执行;承运手续由起运港、站一次办理签发联运票,一票贯通全程;运杂费用,实行承运时一次收清,路、港、航运输企业内部分段相互结算;索赔和理赔,由到达港、站为代表负责受理,查明责任并且统一处理赔偿。

(2) 干支线联运

干支线联运是指铁水干线与地方公路、水路之间的联运。由于地方公路、水路管理体制比较复杂,各省、市、自治区的运价不一样,故全国还没有统一的比较具体的联运规则,联运的运送凭证只能在全程运输中的局部区段内或地方运输企业、联运企业间通用。

干支线联运的基本方法：目前主要是通过各地的联运企业，兼办联运的运输企业以及各港、站等基层运输单位联合组成的办公室，通过代办中转业务来实现衔接两程以上的联运。国家经委、交通部、中国民用航空局和中国人民银行曾联合颁发了《关于发展联运进行运输改革，为搞活商品流通服务的意见》和《联运工作条例》，都对开展联运工作的方针、政策、内容等作了原则规定，号召全国各地从实际出发，采取多种方式，大力发展联运事业，以城市为中心，积极向县城、乡镇延伸组成联运网络。各联运企业间开展代理业务，对货主受理整车（整批）、零担（零星）货物，实行一次托运，一次结算，上门取送，全程负责，向运输企业办理托运、中转、领取手续。另外，对集装箱联运、旅客联运、运输协作也都作了具体规定。

3.4.2 多式联运

1. 多式联运的概念

由两种及以上的交通工具相互衔接、转运而共同完成的运输过程统称为“复合运输”，我国习惯上称之为“多式联运”。《联合国国际货物多式联运公约》对国际多式联运所下的定义是“按照国际多式联运合同，以至少两种不同的运输方式，由多式联运经营人把货物从一国境内接管地点运至另一国境内指定交付地点的货物运输”。

2. 多式联运的特点

① 根据多式联运的合同进行操作，运输全程中至少使用两种运输方式，而且是不同方式的连续运输。

② 多式联运的货物主要是集装箱货物，具有集装箱运输的特点。

③ 多式联运是一票到底，实行单一运费率的运输。发货人只要订立一份合同、一次付费、一次保险，通过一张单证即可完成全程运输。

④ 多式联运是由不同方式综合组织起来的，全程运输均由多式联运经营人组织完成。无论涉及几种运输方式，分为几个运输区段，由多式联运经营人对货运全程负责。

3. 多式联运的分类

根据不同的原则，多式联运可以有多种分类形式。但就其组织方式和体制来说，基本上可分为协作式多式联运和衔接式多式联运两大类。

(1) 协作式

协作式多式联运是指由具备两种或两种以上运输方式的运输企业，按照统一的规章或商定的协议，共同将货物从接管货物的地点运到指定交付货物的地点的运输。

协作式多式联运是目前国内货物联运的基本形式。在协作式多式联运下，参与联运的承运人均可受理托运人的托运申请，接收货物，签署全程运输单据，并负责自己区段的运输生产；后续承运人除负责自己区段的运输生产外，还需要承担运输衔接工作；而最后的承运人则需要完成货物交付工作以及受理收货人的货损货差的索赔。在这种形式下，参与联运的每个承运人均具有双重身份。对外而言，他们是共同承运人，其中一个承运人（或代表所有承运人的联运机构）与发货人订立的运输合同，对其他承运人均有约束力，即每个承运人均与发货方存在运输合同关系；对内而言，每个承运人不但有义务完成本区段内的实际运输工作和有关的货运组织工作，还应根据规章或约定协议，承担风险、分配利益。

(2) 衔接式

衔接式多式联运是指由一个多式联运企业(以下称“多式联运经营人”)综合组织具备两种或两种以上运输方式的运输企业,将货物从接管货物的地点运到指定交付货物的地点的运输。在实践中,多式联运经营人既可能由没有任何运输工具的国际货运代理、场站经营人,仓储经营人担任,也可能由负责某一区段运输任务的实际承运人担任。但无论如何,联运经营人都必须持有国家有关主管部门核准的许可证书,能独立承担责任。

在衔接式多式联运中,运输组织工作与实际运输生产实现了分离,多式联运经营人负责全程运输的组织工作,各区段的实际承运人负责实际运输生产。在这种形式下,多式联运经营人也具有双重身份。对于发货方而言,他是全程承运人,与发货方订立全程运输合同,向发货方收取全程运费及其他费用,并承担承运人的义务;对于各区段实际承运人而言,他是托运人,与各区段实际承运人订立分运合同,向实际承运人支付运费及其他必要的费用。很明显,这种运输组织与运输生产相互分离的形式,符合分工专业化的原则。由多式联运经营人“一手托两家”,不但方便了货主和实际承运人,也有利于运输的衔接工作,因此,它是联运的主要形式。在国内联运中,衔接式多式联运通常被称为联合运输,多式联运经营人则称为“联运公司”。我国在《合同法》颁布之前,在《海商法》和《国际集装箱多式联运规则》中,仅对包括海上运输方式在内的国际多式联运经营人的权利与义务做了相应的规定,对于其他形式下国际多式联运经营人和国内多式联运经营人的法律地位与责任,并未做出明确的法律规定。《合同法》颁布后,无论是国内多式联运还是国际多式联运,均应符合该多式联运合同中的规定,这无疑有利于我国多式联运业的发展壮大。

实训1　货件装箱方案的制定

实训目的

了解集装箱的国际通用尺寸,熟悉货件装箱方案的制定过程,掌握货件装箱的方法。

知识拓展:

1. 集装箱

英文名为Container,是能装载包装或无包装货进行运输,并便于用机械设备进行装卸搬运的一种组成工具。

集装箱最大的成功之处在于其产品的标准化和由此建立的一整套运输体系。能够让一个载重几十吨的庞然大物实现标准化,并且以此为基础逐步建立全球范围内的船舶、港口、航线、公路、中转站、桥梁、隧道、多式联运相配套的物流系统,这的确堪称人类有史以来创造的伟大奇迹之一。

2. 集装箱内部尺寸

集装箱的高度为箱底板面至箱顶板最下面的距离,宽度为两内侧衬板之间的距离,长度为箱门内侧板至端壁内衬板之间的距离。集装箱的内部尺寸决定了集装箱内容积和箱内货物的最大尺寸。

国际上通常使用的干货柜(Dry Container)有:

① 外尺寸为20英尺×8英尺×8英尺6英寸,简称20尺货柜(内径:5 898 mm×2 352 mm×2 390 mm);

② 外尺寸为40英尺×8英尺×8英尺6英寸，简称40尺货柜(内径：12 024 mm×2 352 mm×2 390 mm)；

③ 外尺寸为40英尺×8英尺×9英尺6英寸，简称40尺高柜；

④ 45尺高柜：内容积为13.58 m×2.34 m×2.68 m，配货毛重一般为29 t，体积为86 m^3；

⑤ 20尺开顶柜：内容积5.89 m×2.32 m×2.31 m，配货毛重20 t，体积31.5 m^3；

⑥ 40尺开顶柜：内容积为12.01 m×2.33 m×2.15 m，配货毛重30.4 t，体积65 m^3；

⑦ 20尺平底货柜：内容积5.85 m×2.23 m×2.15 m，配货毛重23 t，体积28 m^3；

⑧ 40尺平底货柜：内容积12.05 m×2.12 m×1.96 m，配货毛重36 t，体积50 m^3。

3. 规 格

国际标准集装箱共有3个系列，13种规格。在国际海上集装箱运输中采用最多的是IAA型和IC型两种。IAA型集装箱即40英尺干货集装箱，箱内容量可达67.96 m^3，一般自重为3 800 kg，载重为26.68 t，总载重量30.48 t。IC型即20英尺干货集装箱，内容量为33.2 m^3，自重一般为2 317 kg，载重为17.9 t，总载重量20.32 t。

实训内容

设箱装货件(单件)尺寸为557 mm×407 mm×329 mm，现选择40尺货柜(内径：12 024 mm×2 352 mm×2 390 mm)。问如何装载(人工装载)集装箱内货件？该集装箱容损失是多少？并作出集装箱示意图(按1∶5作图)。

实训课时

4课时。

实训步骤

① 按货件尺寸对应的集装箱尺寸，计算集装箱内的装箱货件件数。

② 计算集装箱箱容损失：

$$集装箱箱容损失=集装箱容积-货物总体积$$

③ 按三视图要求和比例，绘制货物装箱示意图。

④ 编制集装箱装箱方案说明书。

检查标准

① 检查各步骤计算的准确性。

② 检查三视图的表达是否清楚，说明书的编制是否合理。

实训2 区域物流运输企业现状调查分析

实训目的

通过本次运输企业现状调查，了解区域物流运输企业的现状、运输工具、物流运输运营流程及单证的流转。

实训内容

① 学生问卷设计、团队合作意识；

② 联系专家进行现场讲解与小组座谈；

③ 了解区域物流运输企业的现状及物流运输运营流程等。

实训课时

4课时。

实训步骤

① 班级分成几个小组,老师选择几家区域物流企业,每3组针对一家企业进行调查,设计问卷表、拟调查的内容以及与企业专家座谈时想达到的目的;

② 教师现场进行引导与控制;

③ 小组撰写调查分析报告,并在班级分享;

④ 教师评定,并结合过程打分。

检查标准

① 调查问卷的设计占20%;

② 调查过程占20%;

③ 调查分析报告占40%;

④ 小组现场汇报情况及团队合作精神等占20%。

思考与练习

一、单项选择题

1. 克服产品生产与消费在时间上的差异,创造空间效益的物流活动是(　　)。

A. 运输　　B. 仓储　　C. 包装　　D. 加工

2. 商品运输本来可以走直线或最短的运输路线,但却采取绕道而行的不合理运输现象是(　　)。

A. 迂回运输　　B. 过远运输　　C. 对流运输　　D. 倒流运输

3. 铁路运输比公路运输更适合于长距离输送,是因为(　　)。

A. 铁路速度快　　B. 铁路运量大

C. 铁路装卸费用高　　D. 铁路可全天候运输

4. 水路运输适于(　　)。

A. 运距长,运量大,时间性不太强的运输

B. 运距短,运量大,时间性不太强的运输

C. 运距长,运量小,时间性不太强的运输

D. 运距长,运量大,时间性很强的运输

5. 人们将一次委托两家以上运输企业或用两种以上运输方式共同将某一批物品运送到目的地的运输方式叫作(　　)。

A. 直达运输　　B. 联合运输　　C. 直接换装　　D. 甩挂运输

6. 管道运输的主要不足之处是(　　)。

A. 运输物品受限制　　B. 运输费用较高

C. 运输管道造价太高　　D. 运输时间长

7. 下列运输方式中,哪一种运输方式能实现门到门的运输服务(　　)。

A. 铁路运输　　B. 公路运输　　C. 水路运输　　D. 航空运输

8. 公路运输的适用范围是(　　)。

A. 远距离、大批量　　B. 近距离、小批量
C. 远距离、小批量　　D. 近距离、大批量

9. 影响运输方式选择的因素有(　　)。
A. 价格、运输时间、灭失与损坏　　B. 价格、运输时间、运输质量
C. 价格、运输质量、灭失与损坏　　D. 运输质量、运输时间、灭失与损坏

10. 管道运输是使用管道来输送(　　)。
A. 流体货物　B. 液体货物　C. 气体货物　D. 固体货物

11. 一般而言,运输成本最低廉的运输方式是(　　)。
A. 铁路运输　B. 公路运输　C. 航空运输　D. 水路运输

12. (　　)是长距离、大批量、少量品种送货的物流功能。
A. 运输　B. 配送　C. 装卸　D. 流通加工

13. 多式联运与联合运输的区别在于(　　)。
A. 有无总承运人　B. 运输协作方式　C. 运输价格　D. 运输工具衔接

14. 货物运输分类有很多方法,其中最主要的是按(　　)进行分类。
A. 运输线路　B. 运输作用　C. 运输工具　D. 运输协作

二、多项选择题

1. 运输合理化的影响因素包括(　　)。
A. 运输距离　B. 运输环节　C. 运输工具　D. 运输时间

2. 下列(　　)是公路运输的优点。
A. 运输能力大　　B. 灵活性强
C. 运输成本低　　D. 可以实现“门到门”运输

3. 国际多式联运具有的优越性主要有(　　)。
A. 手续简便、节省费用。　　B. 节省时间、可靠性
C. 安全性和正确性　　D. 迅速快捷,有利于按期交货;合理运输

4. 按设备及工具不同分类,运输分为(　　)。
A. 公路运输　B. 铁路运输　C. 水运　D. 航空运输　E. 管道运输

5. 以下属于汽车运输优点的是(　　)。
A. 汽车运输可以实现“门到门”的直达运输
B. 汽车运输途中不需要中转,运送速度比较快
C. 线路投资少,且节省土地资源
D. 适合中短距离运输

6. 不合理的运输形式包括(　　)。
A. 空车行驶　B. 对流运输　C. 重复运输　D. 迂回运输

7. 海上运输包括(　　)。
A. 沿海运输　B. 远洋运输　D. 内河运输　D. 近洋运输

8. 以下属于航空货物运输特点的是(　　)。
A. 载运能力小　　B. 对货物包装要求高
C. 运输成本高　　D. 速度快

9. 公路运输适用于承担(　　)的运输。

A. 短距离　B. 中长距离　C. 大宗货物　D. 小批量货物　E. “门到门”

10. 运输合理化的有效措施有(　　)。
A. 提高运输工具实载率　B. 减少动力投入,增加运输能力
C. 发展直达运输　D. 配载运输
E. 发展特殊运输技术和运输工具

11. 运输的地位有(　　)。
A. 物流的主要功能要素之一　B. 社会物质生产的必要条件之一
C. 可以创造“场所效用”　D. “第三个利润源”的主要源泉
E. 运输是人和物的载运及输送

12. 以下(　　)和(　　)属于运输的功能。
A. 短时储存　B. 保护货物安全　C. 货物空间位移　D. 空间经济

13. 以下(　　)是水路运输的特点。
A. 速度慢　B. 安全性高　C. 运量大　D. “门到门”运输

14. 运输的参与者包括(　　)。
A. 托运人　B. 收货人　C. 承运人　D. 政府和公众

三、简答题

1. 运输的方式及各自的主要特点有哪些?
2. 不合理的运输现象有哪些?请简述该现象(不少于三种)。
3. 什么是联合运输与多式联运?它们有什么区别?

项目 4　仓储管理与技术

【学习目标】

知识要求：

- 了解仓储在物流中的作用。
- 熟悉仓储的相关技术。
- 掌握仓储合理化的措施。

技能要求：

- 了解仓库的基本种类。
- 熟悉库存管理的概念。
- 掌握库存管理的基本方法。

【项目案例】

深圳赤湾物流配送有限公司是一家大型的物流配送企业，仓库位于深圳西部港口群中心位置，距离赤湾集装箱码头、蛇口集装箱码头2千米内，距香港20海里(1海里=1.852千米)内，距离珠江三角洲地区的广州、珠海、东莞、佛山、中山、惠州等城市均不超过150千米。

该企业的优势在于：

现代化的设施：高层仓一座，楼高6层，每层3个区，每层高4.95米；另外建有两座平面仓，总面积为4.5万平方米；仓库内承重3吨的进口电梯有8部，电动升降装卸平台25部，叉车25台，可供全天候作业；仓库内配有自动报警、喷淋消防、抽风机调温系统和清扫吸尘机械，确保货物安全和存储质量。

全方位高效的配套服务系统：提供进口保税仓、出口监管仓和普通仓服务，并可代办报关、报检、保险、拼箱集运中转、转关公路运输、海陆运输等"全套储运服务"。仓库每日可完成80个40英尺货柜货物装卸和分拣、组板包装服务，有自备货柜拖车提供接送货转关运输服务。

便捷的交通：在陆路运输方面，有4车道疏港公路连接广深、深汕高速公路和107国道，保证货柜能快捷地往来于皇岗、盐田和内地各省市；在铁路运输方面，平(平湖)南(南头)铁路直达赤湾、连接广深铁路及国家铁路网；在海路和航空运输方面，紧邻的赤湾集装箱码头和蛇口集装箱码头具有直航欧洲、美洲、澳洲、非洲以及日本、东南亚等的国际航线和往返中国香港各货柜码头的众多驳船线。

该企业可为客户提供以下信息服务：①库存报告(定时)。为客户提供当天的库存清单、每月的盘点清单、每周的盘点清单。②进出记录的查询。为客户提供每天进出记录查询报告；提供每周一结的进出记录查询。③补货通知。为客户提供及时的补货通知和每天的出货通知。

案例来源：http://szcwcc.ypb.cn

任务4.1 仓储概述

4.1.1 仓储的概念及作用

1. 仓储的概念

"仓"也称为"仓库",是存放物品的建筑物和场地,可以为房屋建筑、大型容器、洞穴或者特定的场地等,具有存放和保护物品的功能;"储"表示收存以备使用,具有收存、保管、交付使用的意思,当适用于有形物品时,也称为"储存"。"仓储"是利用仓库存放、储存未及时使用的物品的行为。简言之,仓储就是在特定的场所储存物品的行为。仓储管理就是对仓库及仓库内的物品所进行的管理,是仓储机构为了充分利用仓储资源、提供高效的仓储服务所进行的计划、组织、控制和协调的过程。

2. 仓储的作用

物流仓储是产品在离开生产领域后,但未进入消费领域的间隔时间内的停留,其作用体现在以下四个方面。

① 仓储活动可以创造"时间效用"。通过调节商品的时间需求,进而消除商品的价格波动。一般来说,商品的生产和消费不可能是完全同步的,为了弥补这种不同步所带来的损失,就需要通过储存商品来消除这种时间性需求所产生的影响。

② 仓储活动可以降低运输成本,提高运输效率。通过物流仓储环节,可将运往同一地点的小批量商品聚集成较大的批量,然后再进行统一运输,到达目的地后,再分成小批量送到客户手中。这样虽然产生了一定的储存成本,但是可以更大限度地降低运输成本、提高运输效率。

③ 商品消费地的仓储活动,可以提高客户满意度。在商品生产出来之后,企业如果能够尽快地把商品运到目标消费区域的仓库中,那么目标消费区域的消费者产生对商品的需求时,就能尽快地得到商品。企业也能因此获得更高的消费者满意度,创造更佳的企业形象,为企业发展打下良好的基础。

④ 仓储是社会物质生产的必要条件之一。作为社会再生产各环节间的"物"的停滞,仓储构成了衔接上一步活动和下一步活动的必要条件。例如,在生产过程中,上一道工序生产与下一道工序生产之间不免有一定的时间间隔,上一道工序的零件总是要达到一定批量之后,才能经济合理地送给下一道工序加工,而下一道工序为了保持生产的连续性。也总是要有一定的半成品以作为最低储备保证。因此,无论对哪一道工序来说,仓储都是保证生产顺利的必要条件。

【小知识】"仓库"的由来

4.1.2 仓库的分类

仓库是保管、存储物品的建筑物和场所的总称。一般来说,仓库具有存储、保管、拣选、配送、流通加工、信息收集等功能。仓库是物流系统的基础设施、按照其功能、使用形态、保管物品的属性以及建筑结构可以分为不同的类型。

1. 按仓库的功能划分

（1）存储仓库

这类仓库的主要功能是对货物进行保管，主要用于长期保管或储备，同时也可用于解决生产和消费的不均衡，该类仓库内储藏的货物在库时间长、周转速度慢，如对季节性生产的粮食进行储存以进行常年均衡的销售。

（2）流通仓库

这类仓库除了有保管货物的功能以外，还有进行流通加工、分类、包装、中转组配、拣选、配送等功能。这类仓库的机械化程度一般较高，具有周转快、附加值高、时间性强、功能齐全等特点。

（3）保税仓库

保税仓库是指经海关批准，处于海关监管之下，专门用于存放未办理关税手续而入境或过境货物的场所。保税仓库存放的货物最后应复运出境。保税仓库外观如图 4－1 所示。

图 4－1　保税仓库外观

2. 按仓库的营运形态划分

（1）营业仓库

面向社会，为提供仓储服务而修建的仓库为营业仓库。这类仓库一般以出租库房和仓储设备，提供装卸、包装、送货等服务为经营目的，物流功能比较齐全，服务范围也很广泛。

（2）自用仓库

由生产企业、批发商、商店自建的仓库被称为自用仓库。这类仓库主要用来保管自己的原材料、燃料、工具、待出售的物品等。

（3）公用仓库

由政府部门建设，为社会公众提供服务的仓库为公用仓库，如港口码头的仓库、公路货运站的仓库、火车站的仓库等。这类仓库的特点是公共性、公益性强，面向各行各业、千家万户。其功能比较单一，结构相对简单，如图 4－2 所示。

图 4－2　公共仓库

3. 按仓库的保管条件划分

(1) 通用仓库

通用仓库是指常温下的一般仓库,用于存放一般性、通用的物资,对于存储没有特殊的要求。这类仓库的设备与库房建筑构造都较简单,使用范围较广。这类仓库备有一般性的保管设施,按照通常的货物装卸和搬运方法进行作业。在物资流通行业的仓库中,这种通用仓库所占的比重最大。

(2) 专用仓库

专用仓库是指专门用来储存某一类物品的仓库,这类物品或者是数量较多,或者是物品本身具有特殊的性质,如对温度湿度有特殊要求,或者容易对共同储存的其他物品产生不良影响,因此,要专库储存。例如,金属材料、机电产品、食糖等物品均用专用仓库储存。

(3) 特种仓库

特种仓库用于储存具有特殊性能,要求特殊保管条件的物品。这类仓库必须配备防火、防爆、防虫等专用设备,其建筑构造、安全设施都与一般仓库不同。特种仓库主要包括:①冷冻仓库(见图4-3),它可以人为地调节库房的温度和湿度,用来加工和保管食品、工业原料、生物制品以及医药品等。根据使用目的的不同,冷冻仓库又细分为生产性冷冻仓库、配给性冷冻仓库及综合性冷冻仓库三种。②石油仓库(见图4-4),它是接受、保管、配给石油和石油产品的仓库,由于石油产品具有易燃易爆等特性,这类仓库被指定为危险品仓库。③化学危险品仓库(见图4-5),它负责保管化学工业原料、炸药、烟花爆竹、化学药品、农药以及医药品。为了安全起见,这类仓库会根据物品的特性和状态以及受外部因素影响的危险程度对物品进行分类,分别储藏。这类仓库大都设置在远离人群的偏远地方。

图4-3 冷冻仓库

图4-4 石油仓库

图4-5 化学危险品仓库

（4）水上仓库

水上仓库是指漂浮在水面上储藏货物的趸船、囤船、浮驳或其他水上建筑，或划定水面保管木材的特定水域，以及沉浸在水下保管物资的水域，如图 4-6 所示。

图 4-6 水上仓库

4. 按仓库在社会再生产中的作用分类

（1）生产性仓库

生产性仓库是为保证生产企业正常进行生产而建立的仓库。这种仓库主要存放生产企业生产所需的原材料、设备、工具等，并存放企业生产的成品。按其存放物品性质的不同，又可分为原材料仓库和成品仓库。

（2）中转性仓库

中转性仓库是专为储存和中转业务而设的仓库。它处于运输系统的中间环节，用来存放那些等待转运的物品，一般来说，物品在此只是临时停放。这类仓库一般设置在公路、铁路的场站和水路运输的港口、码头附近，以方便物品在此等待装运。

（3）储备性仓库

储备性仓库是政府为了防止自然灾害、战争及国民经济比例严重失调而设立的仓库，主要用于储备粮食、石油、军事物资等战略物资。储备性仓库里存放的物品储存时间较长，对仓储条件、质量维护和安全保卫要求较高。

5. 按建筑结构分类

（1）地下仓库

地下仓库是指修建在地下的贮品建筑物。根据贮品的不同，地下仓库分为地下粮库，地下冷藏库，地下燃油、燃气库，地下军械、弹药库等。地下仓库具有防空、防爆、隔热、保温、抗震、防辐射，防止贮品变质、能耗少、维修和运营费用少、节省材料、占地面积小以及库内发生事故时对地面波及较小等优点。地下仓库如图 4-7 所示。

图 4-7 地下仓库

(2) 单层仓库

单层仓库一般只有一层建筑,不设楼梯,有效高度不超过6米,构造简单,全部作业都在一个层面上进行,装卸和搬运比较方便,而且各种设备的安装和维护方便,能够承受较重的货物堆放。

(3) 多层仓库

多层仓库指两层以上的仓库。多层仓库一般需要垂直输送设备,在有的多层仓库中,卡车可以直接开到楼上。多层仓库一般造价比较高,但是占地面积比较小,在土地昂贵的国家或地区使用较多。

(4) 立体仓库

立体仓库又称为高架仓库,是一种比较特殊的单层仓库。它利用高层货架来储存物品,而不是简单地将物品堆积在库房的地面上。在立体仓库中,由于货架一般比较高,所以物品的存取需要采用与之配套的机械化、自动化设备。

(5) 筒　仓

筒仓是指用于存放散装的小颗粒或粉末状物品的封闭式仓库,如存储粮食、水泥和化肥等。其库房为筒状。

(6) 露天堆场

露天堆场是指堆放物品的露天场所,一般用来堆放大宗原材料或不怕受潮的砖瓦、沙石等物品。

(7) 货　棚

货棚是用于存放货物的棚子,是一种简易的仓库,结构简单,建造时间短,不需要配备养护设施,但性能较差,使用年限较短。

6. 按仓库的作业程度分类

(1) 人力仓库

人力仓库规模较小,采用人工作业方式,无装卸机械设备。

(2) 半机械化仓库

半机械化仓库是指入库采用机械作业,但是出库采用人工作业方式的仓库。一般适合批量入库、零星出库的货物。

(3) 机械化仓库

机械化仓库是指入库和出库均采用机械作业的仓库,适合整批入库和出库、长、大且笨重的货物。一般机械化仓库配备有高层货架,有利于提高仓库空间利用率。

(4) 半自动化仓库

半自动化仓库配备有高层货架和输送系统,采用人工操作巷道堆垛机的方式,多见于备件仓库。

(5) 自动化立体仓库

自动化立体仓库是指以高层货架为主体,配备自动巷道作业设备和输送系统的无人仓库(见图4-8)。中国自动化立体仓库行业发展迅速,如联想、海尔、正泰等企业,根据中国物流技术协会信息中心统计,2019年中国自动化立体仓库保有量为6 000座左右,其中,电商、快递、零售、冷链行业等服务领域需求增速明显较工业制造领域强劲,服装、新能源

【小知识】 仓库的功能

等新兴行业亦开始发力。前瞻预计,未来五年平均增长率为10%,2025年,全国自动化立体仓库面积将达到6.2亿平方米左右。

图4-8　自动化立体仓库

任务4.2　仓储技术

4.2.1　仓库内部规划与设计

仓库内部规划与设计的主要任务就是合理地利用库房面积,既要提高仓库储存能力,又要尽可能地适应作业要求。因此,对仓库内部进行合理布局,可提高仓库平面和空间的利用率,提高物品保管质量,方便进出库作业,从而降低物品的仓储处置成本。

1. 仓库内部区域的规划要求

进行仓库内部区域规划,应满足以下要求:

① 遵守建筑及设施规划的各项法律法规;

② 最大限度地利用仓库面积;

③ 满足仓库作业流畅的要求,避免重复搬运的迂回运输;

④ 保障物资的储存安全;

⑤ 充分利用仓库设施和机械设备;

⑥ 符合安全保卫和消防工作要求;

⑦ 考虑仓库扩建的需要。

2. 仓库内部区域的规划

仓库内部区域一般可分为生产作业区和辅助作业区。

① 生产作业区是仓库的主体,是用来储存、检验、装卸物资的场所,包括库房、货场、货棚、磅房、检验室以及铁路、公路等。

② 辅助作业区可分为两个部分:一个部分是为物资的储存保管业务进行生产服务的设施,如车房、配电室、油库、材料室、维修车间、包装站等;另一部分是为仓库的生活和业务管理提供服务的设施,如宿舍、食堂、文化娱乐场所以及办公室等。

3. 仓库内部布局

仓库内部布局包括平面布局和空间布局。

(1) 仓库内部的平面布局

仓库内部平面布局是指对保管场所内的货垛(架)、通道、垛(架)间距、收发货区等进行合理规划,并正确处理它们的相对位置。货垛、货架的排列形式决定了库内平面布置的形式。仓库货位布置一般有横列式布置、纵列式布置和混合式布置3种类型。

(2) 仓库内部的空间布局

仓库内部空间布局也称为仓库内部竖向布局,是指储存物品在仓库立体空间上的布局,其目的在于充分有效地利用仓库空间。空间布局的主要形式有物品堆垛、利用货架和采用架上平台3种形式。

4.2.2 物资的检验技术

物资的检验工作贯穿于仓储全过程,如物资入库时的检验、保管期间的抽验、盘点检查中的查验、发货阶段的复验等。物资检验就是根据合同或标准的规定,对物资的质量、数量、包装等进行检查、检验。

1. 物资检验的方式

① 全检:全检也称为全部检验,是指对所有物资都进行检验。在物资批量小、规格复杂、包装不整齐的情况下可采用此法。数量和外观质量一般要求全验。全验需要耗费大量的人力、物力和时间,检验成本较高,但可以保证验收质量。

② 抽检:抽检是从一个批次中抽出几个作为样本进行检验。对于大批量、同包装、同规格、信誉较高的存货单位的物资可采用抽检的方式检验。

2. 物资检验的内容

(1) 数量检验

它是保证物资数量准确的措施,按物资性质和包装情况,数量检验一般分为三种形式:

① 捡斤。它是指对物资的重量进行检查、过秤,统计物品的重量。

② 计件。它是对按件数供货或以件数为计量单位的物资,在进行数量验收时清点件数。

③ 检尺求积。它是对以体积为计量单位的物资,先检尺后求体积的数量验收。

(2) 质量检验

① 物资的外观检验。它是检验人员利用视觉、听觉、触觉、嗅觉和味觉等感觉器官,检验物资的包装外形或装饰有无缺陷,检查包装的牢固程度,检查物资有无损伤,检查物资是否被雨、雪、油污等污染。物资的外观检验简便易行,大大简化了仓库的质量验收工作,节省了大量的人力、物力。但外观检验易受检验人员的经验、检验环境等因素的影响,主观性较强。

② 物资的尺寸检验。对于需要进行尺寸精度检验的物资,如金属材料中型材的直径和圆度、管材的壁厚和内径、部分机电产品等,需要仓库的检验技术人员进行尺寸检验。由于尺寸精度检验是一项技术性强且费时的工作,实际工作中可根据物资价值的大小、供应商的信誉等进行抽验。

③ 理化检验。它是指借助各种试剂、仪器和设备对物资的内在质量和物理、化学性质所进行的检验。物资内在质量的检验要求有一定的技术知识和检验手段,所以理化检验一般由专门的技术检验部门进行。

4.2.3 堆码苫垫技术

1. 物资堆垛技术

由于物资性质不同,外形多种多样,因此,堆码时就形成了各种不同的垛形。最常见的堆码方法有如下几种(见图4-9):

(1) 重叠式

逐件逐层地向上重叠码高,重叠式的特点是货垛各层的排列方法一致。

(2) 纵横交错式

对于狭长且长短规格一致的物资或其包装箱体,将上一层物资横放在下一层物资上面,纵横交错地上码,形成方形垛。

(3) 仰伏相间式

一层仰放、一层伏放,仰伏相间相扣,使堆垛稳固。也可伏放几层再仰放一层或仰伏相间成组。

(4) 压缝式

将垛底排列成正方形、长方形或环形,然后沿脊背压缝上码。

(5) 通风式

物资在堆码时,任意两件相邻的物品之间都留有空隙,以便通风。层与层之间采用压缝式或者纵横交错式。

(6) 栽柱式

码放物资前先在堆垛两侧栽上木桩或者铁棒,然后将物资平码在桩柱之间,每层或几层后用铁丝将两边相对的柱拴拉紧,再往上摆放物品。

(7) 衬垫式

在每层或每隔两层物资之间夹进衬垫物(如木板),使货垛的横断面平整、物资间互相牵制,以增强货垛的稳定性。此方法适用于四方整齐的物资。

(8) 直立式

将货物保持垂直方向码放,此法适用于不能侧压的货物,如玻璃、油毡、油桶、塑料桶等。

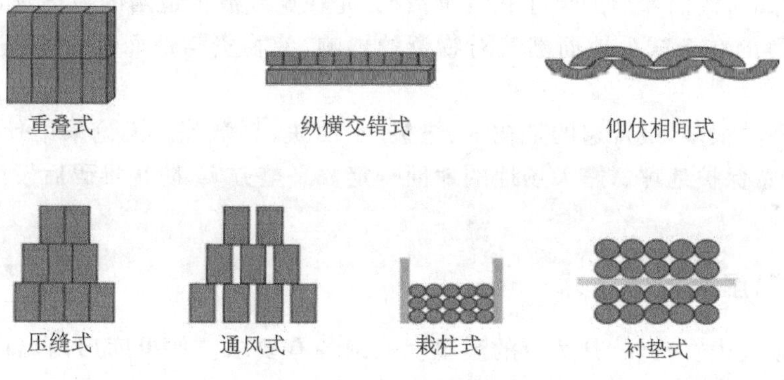

图 4-9 不同形式的垛形

在物资堆码作业中,常常运用"五五化"方法。所谓"五五化",是指以五为基本计算单位,根据物资的不同形状,码成各种垛形,其总数均是五的倍数。五五化只提出了数量的控制,并没有垛形的限制。凡适合五五化的垛形均可考虑采用。

2. 物资苫盖衬垫技术

(1) 物资的苫盖

在露天货场存放物资时,为防止雨淋、雪冻及日光曝晒等危害,垛上需加适当的苫盖物,这便是物资的苫盖。

仓库中常用的苫盖物有芦席、油毡、油布、苫布、铁皮等。无论使用何种苫盖物,苫顶都应平整,防止雨后积水;应注意垛底的垫木、石墩不要露在苫盖物外面,防止雨水渗入。同时,苫盖物下端应留有通风的空隙,以利空气流通。

苫盖的方法主要有以下几种:

① 就垛苫盖法:

就垛苫盖法是指直接将苫盖材料覆盖在货垛上遮盖的方法。该法操作简单,但通风条件较差,一般适用于起脊垛或大件包装货物。

② 鱼鳞式苫盖法:

鱼鳞式苫盖法是将苫盖材料从货垛的底部开始,自下而上呈鱼鳞式逐层交叠围盖货垛的方法。该法一般采用面积较小的席、瓦等苫盖材料,但每件苫盖材料都需要固定,操作比较烦琐复杂。

③ 隔离苫盖法:

隔离苫盖法是指苫盖材料与货垛不直接接触,用竹竿、木条、隔离板等架空苫盖材料,使苫盖材料与货垛之间留有一定空隙的方法。该法有利于隔热,便于排水通风,主要适用于怕热、怕潮物资。

④ 活动棚苫盖法:

活动棚苫盖法是将苫盖物制作成一定形状的棚架,并在棚柱底部装上轮子,令整个货棚可移动,在货物堆垛完毕后,通过移动棚架来遮盖货垛,或者采用即时安装活动棚架的方式来苫盖。此法较为快捷,具用良好的通风条件,且便于机械装卸作业。但活动棚本身需要占用仓库位置,也需要较高的购置成本。

(2) 物资的衬垫

在物资堆垛时,按照垛形的尺寸和负重情况,先在垛底放上适当的衬垫物,这种方法即为衬垫。衬垫的目的在于减少地面潮气对物资的影响,使物资与地面互有间隔,有利于垛底的通风。

衬垫物的种类很多,最普遍的是枕木、垫板、水泥块、石墩等。无论采用什么衬垫物,都应注意放平,并注意保护地坪。露天场地的地面一定要平整夯实,防止堆码后发生地面下沉及倒垛事故。

4.2.4 库房温湿度控制技术

各种物资按其内在特性,其适应的温湿度范围各有要求。如果库房内温湿度超过这个范围,就会引起或加速物资的质量变化。

1. 库房温湿度变化的观测

观测是了解温湿度的主要方法。一般采用干湿球温度计、毛发湿度表、电子湿度表等。

为了准确地测定库房的湿度,通常要根据库房面积的大小、物资性质特点及季节气候情况,确定安置温湿度计的地方和数量。一般来说,每日上下午各观测1次,并将记录结果作为调节库房温湿度的依据和研究温湿度变化规律的可靠资料。

2. 库房温湿度控制和调节方法

当库房内的温湿度适合物资的保管时,人们要尽力保持住这种有利的环境,当库房温湿度不适合物资储存保管时,就要考虑库房温湿度的调节。

(1) 通　风

通风是根据空气的流动规律,有计划地让库内外空气进行交换,以达到调节库内温湿度的目的。通风操作简单,对降低库内温湿度都可以起到一定的效果,同时还可以排除库房内的污浊空气。

(2) 密　封

密封是指采用一定的方式将物资尽可能地封闭起来,防止或减弱外界空气的不良影响,以达到安全保管的目的。

(3) 吸湿与加湿

不同的物资在储存时对湿度的要求是不同的,在不能采用通风来调节湿度或需要迅速改变湿度的情况下,可采用吸湿剂、吸湿设备来吸湿,或用洒水、加湿设备来加湿。

(4) 升温与降温

不同的物资在储存时对温度的要求是不同的,在不能采用通风的方法来调节温度时,既可采用暖气设备来提高仓库温度,也可用空调设备来升温或降温。

任务4.3　库存管理

4.3.1　库存与库存管理

1. 库存的概念

库存是指在仓库中处于暂时停滞状态的、闲置的、用于未来的、有经济价值的物资。广义的库存还包括处于制造加工状态和运输状态的物品。

从属性上看,库存具有二重性:一方面,库存是生产和生活的前提条件;另一方面,库存又是生产和生活的负担,是一种资金的占用,企业不仅要负担常规的货物保管费用,还要承担库存损失和库存风险。因此,库存不能没有,但也不能过多,在满足需要的前提下,库存应当越少越好。

2. 库存的优缺点

库存的优点体现在以下几个方面:

① 获得大量购买的价格折扣;

② 防止涨价、政策改变以及延迟交货等情况的发生;

③ 大量运输降低运输成本;

④ 避免由于紧急情况而发生停产;

⑤ 提高客户服务水平。

库存的不足之处则表现为:

① 占用企业大量资金,通常情况下,库存会达到企业总资产的20%～40%;

② 增加了企业的产品成本与管理成本;

③ 掩盖了企业众多管理问题,如计划不周、采购不力、生产不均衡、产品质量不稳定以及市场销售不力等。

3. 库存管理及其目标

库存管理是指在物流过程中对库存商品数量的管理。人们通常认为,库存管理的主要内容就是保持一定的库存数量。但是,就库存管理所包括的内容来说,数量管理仅仅是其中的重要一项,并不是库存管理的全部内容。库存物资应是良品,假如是过时的、陈旧的物品,这一情报便会迅速传到有关单位,势必会降低企业的信誉。另外,即使库存物资是良品,但如果存放数量过多,势必积压资金,影响资金周转,还要花费更多的人力、财力去保管。反之,若库存物资数量过少,外界又会怀疑企业实力不雄厚,也会影响企业的发展。因此,必须实行有效的库存管理。

因此,在实行库存管理之前,先要明确经营方针。例如,库存物品在何时入库为宜,库存数量保持在多少适宜,存放的起止日期应在何时为宜。应先针对上述具体问题确定经营方针,然后再开始进行库存管理工作。

由于企业类型和特点不同,库存管理的目标也不一样。然而,下述两个目标对于所有企业基本都是适宜的。

第一,应保证库存管理人员的安全。考虑人身安全,也就是体现"以人为本"。第二,促使企业获得更多的利润。企业经营的最终目的是要获得利润,如果不能实现利润,企业的经营活动就算失败。

4.3.2 库存管理的基本方法

要对库存进行有效管理,常用的方法有以下几种:

1. ABC库存管理法

ABC库存管理法又称为重点管理法或ABC分析法,是一种将库存按年度货币占用量分为三类,通过分析,找出主次,分类排队,并根据其不同情况分别加以管理的方法。该方法是在管理中对巴雷特曲线所揭示的"关键的少数和次要的多数"规律加以应用。

ABC库存管理法所需要的年度货币占用量,可以用每种库存的年度需求量乘以其库存成本得到。ABC库存管理法的内容及对应的管理策略如表4-1所列。

表4-1 不同类型库存的管理策略

库存类型	特点(按货币占用量)	管理方法
A	品种数约占库存总数的5%~15%,库存成本占库存总数的60%~80%	进行重点管理。现场管理要更加严格,应放在更安全的地方;为了保证库存记录的准确性,要经常进行检查和盘点;预测时要更加仔细
B	品种数约占库存总数的15%~25%,库存成本占库存总数的15%~25%	进行次重点管理。现场管理不必投入比A类更多的精力;库存检查和盘点的周期可以比A类的长一些
C	品种数约占库存总数的60%~80%,库存成本只占库存总数的5%~15%	只进行一般管理。现场管理可以更粗放一些;但是由于品种多,差错出现的可能性也比较大,因此也必须定期进行库存检查和盘点,周期可以比B类周期长一些

建立在ABC分类基础上的库存管理策略为:

① 花费在购买A类库存上的资金应大大多于花费在购买C类库存上的资金;

② 对A类库存的现场管理应更严格,它们应存放在更安全的地方,而且为了保证它们的记录准确性,更应对它们进行频繁地检验;

③ 预测A类库存应比预测其他类库存更为仔细精心。

除了按照货币占用量对库存进行分类外，企业还可以按照销售量、销售额、订货提前期、缺货成本、进出库频繁程度等指标对库存进行分类管理，进而采用相应的管理方法。

利用ABC分类法可以使企业更好地进行预测和现场控制，减少安全库存和库存投资。ABC分类法并不局限于分成三类，还可以增加种类；但实践经验表明，最多不超五类，过多的种类反而会增加管理成本。

2. CVA库存管理法

ABC库存管理法的不足之处通常表现为C类库存得不到应有的重视，而C类库存也会导致整个运作过程的中断。因此，一些企业在库存管理中引入了关键因素分析法，即CVA库存管理法，其库存种类及管理策略如表4-2所列。

表4-2　CVA库存管理法的库存种类及管理策略

库存类型	特　点	管理措施
最高优先级	经营管理中的关键物品，或A类重点客户的存货	不允许缺货
较高优先级	生产经营中的基础性物品，或B类客户的存货	允许偶尔缺货
中等优先级	生产经营中比较重要的物品，或C类客户的存货	允许合理范围内缺货
较低优先级	生产经营中需要，但可替代的物品	允许缺货

CVA库存管理法比ABC库存管理法更有目的性，在使用中不需要确定太多的最高优先级，因为确定太多最高优先级会使其种类变多，使得物品得不到应有的重视。在实际工作中，两种方法结合起来使用将会取得更好的效果。

3. 准时制存货管理法

(1) 准时制的概念与目标

JIT是Just In Time的缩写，意思是“准时制”，最早出现在制造业的生产过程，20世纪50年代由日本丰田汽车公司首创，1972年后被广泛应用于日本汽车和电子工业。准时制仓储管理为日本企业生产高质量、低成本的产品提供了保证。

准时制生产方式的基本思想是：“只在需要的时候，按需要的量生产所需的产品。”这种生产方式的核心是追求无库存的生产系统。

准时制生产方式的最终目标就是企业的经营目的——利润最大化。为了实现这一目的，降低成本就成了核心要求。准时制具体来说有以下表现：①零废品；②零库存；③准备时间最短；④提前期最短；⑤减少零件搬运。

(2) 准时制物流管理形式

① 计划管理：

计划管理就是按生产计划组织供货，它实际是计算计划消耗的一种要货方式。其遵循的原则是：在第M天的需求基础上进行预测，并计算出M+N天的供应量，依次循环滚动。计划管理模式适用于零件品种需求变化较小且消耗连续的汽车零部件。但计划管理的不足在于：当生产计划调整时，不能做出快速反应，易造成产品库存过多。

② 看板式管理：

看板式管理是电子技术与现代物流的完美结合，同时也是一种需求拉动型的管理模式。它采用条形码技术、网络技术进行生产物流管理，是一种反应速度较快、信息较为准确的新型管理模式。在这种管理模式下，信息的主要载体是看板，看板上记录着零件号、要货时间、零件名称、零件的储存地点、零件数量、所用工位器具的型号等,以此作为各工序进货、出库、运输、生产、验收的凭证。在看板式管理模式下,每一次物料的供应都是对实际消耗的合理补充。

③ 同步管理:

同步管理是准时制管理的高级方式,要求供应商与主机厂共享同一软件平台,单一零件按明确的方式备货,通过取样点对整车数据进行下载分析,按装配车间装配工位上零件的准确要求实现供货。信息共享是实现同步管理的前提条件。在流水线上,当车身通过某一工序时,它立即向下游工序发出需要装配某种零件的信息。同样,生产商收到要货信息后,就会根据要货指令将所需的品种、数量按要求的时间准时送达,不会产生多余库存。"同步管理"在企业的应用,标志着准时制拉动式生产方式已经进入了较高阶段。

4. 物料需求计划

物料需求计划(Material Requirement Planning,MRP)是美国著名生产管理和计算机应用专家欧·威特和乔·伯劳士在对多家企业进行研究后提出来的。它被看作是以计算机为基础的生产计划与库存控制系统。

(1) MRP 系统的基本原理

MRP 系统的基本原理是根据主生产进度计划和主产品的层次结构,逐层逐个地求出主产品所有零部件的出产时间、出产数量。其中,如果零部件是靠企业内部生产的,则需要根据各自的生产时间长短来提前安排投产时间,形成零部件投产计划;如果零部件需要从企业外部采购,则要根据各自的订货提前确定并提前发出各自订货的时间、采购的数量,形成采购计划。严格按照 MRP 系统进行生产和采购,可以实现所有零部件的出产计划,不仅能够保证产品的交货期,而且还能降低原材料的库存,减少库存对流动资金的占用。

(2) MRP 系统的运行步骤

① 根据市场预测和客户订单,编制可靠的生产计划,在计划中规定生产的品种、规格、数量和交货日期。同时,生产计划必须是与现有生产能力相适应的计划。

② 编制产品结构图和各种物料、零件的用料明细表。

③ 掌握各种物料和零件的实际库存量。

④ 规定各种物料和零件的采购交货日期、订货周期和订购批量。根据上述资料,通过系统的逻辑运算确定各种物料和零件的总需要量以及实际需要量。

⑤ 按照各种物料和零件的实际需要量以及规定的订购批量和订购周期,向采购部门发出采购通知单或向本企业生产车间发出生产指令。

5. 仓储管理系统

仓储管理系统(Warehouse Management System,WMS)是一个实时的计算机软件系统,它能够按照运作的业务规则和运算法则,对信息、资源、存货和分销运作等进行管理,使其最大化地满足有效产出和精确性的要求。仓储管理系统是现代企业进行仓储货物管理和处理的业务操作系统,一般由入库管理子系统、出库管理子系统、数据管理子系统、系统管理子系统等多个子系统组合构成。

(1) 仓储管理系统建立的必要性

仓储在企业的整个供应链中起着至关重要的作用,如果不能保证准确地进货、库存控制及发货,就会导致管理费用的增加,服务质量也难以得到保证,进而影响企业的竞争力。如今的仓库作业和库存控制作业已变得复杂化、多样化,传统的仓储管理方式已无法保证企业各种资源的高效利用,不但费时费力,而且容易出错,可能会给企业带来巨大损失。因此,在现代仓储作业中,仓储管理系统就成为提高工作效率,减少库存,提高服务水平的重要手段。

(2) 仓储管理系统的功能

① 计划功能。包括订货管理、运送计划、员工管理和仓库面积管理等。订货管理是顾客订货和顾客询问的登录点,通过使用 WMS 技术,企业可以登录系统,管理顾客的订货。当企业收到订货或询问时,订货管理就会存取所需要的信息,计算出适当的结果,然后对保留的可接受的订货进行处理。订货管理还能提供有关存货可行性的信息和交付日期,以获悉和确认顾客的期望。运送作业结合 WMS 技术来指导配送中心的实际活动,包括物料搬运、储存和订货选择等。另外,WMS 技术在规划仓库库容和搬运装卸的组织计划等方面也有十分重要的指导意义。

② 执行功能。包括进货接收、分拣配货、发货运送等。企业利用 WMS 技术,事先完成销售账单、发货票等单据的制作和发送工作,同时将备货清单传送到用户指定的店铺。备货作业按照不同的配送用户在物资上贴条形码,分拣作业时只要用扫描装置读取条形码,便能自动按不同的配送场所进行分拣。

(3) 仓储管理系统的作用

① WMS 技术能精确反映企业的当前状况和定期的活动,衡量存货水平。平稳的物流作业要求实际的存货与物流信息系统报告中的存货有极高的吻合度。增加仓储信息的精确性,可减少仓储管理中的不确定性,有利于减少存货。

② WMS 技术能及时提供快速的管理反馈。及时的信息能减少不确定性并帮助企业识别作业中出现的问题,从而减少存货,增加企业决策的精确性。

【典型案例】 走出传统仓储管理

③ WMS 技术能帮助管理人员发现异常情况。WMS 技术结合了决策规划,可以帮助管理人员把精力集中在需要引起注意的地方或为企业提供最佳机会来改善服务和降低成本。

任务 4.4　仓储合理化

4.4.1　仓储合理化的概念与主要标志

仓储合理化就是在保证储存功能实现的前提下,用各种办法实现仓储的经济性。仓储是物流的"第三利润源",仓储成本的降低意味着整个物流的成本降低。但是,仓储的基本任务是对需要的满足、实现储存商品的"时间价值",这又要求储存必须有一定储量。因此,如何协调仓储量与仓储成本之间的关系就成了仓储合理化要解决的主要问题。

仓储活动的不合理往往表现在对储存功能实现的过分强调,对储存力量和其他储存劳动的过度投入。所以,保持合理储存,是物流系统管理的重心之一。

仓储合理化的主要标志包括以下几个方面:

1. 质量标志

商品储存最重要的就是要保证在商品储存期间,商品的质量不会降低,只有这样,商品最后才能销售出去。所以,在商品储存合理化的主要标志中,为首的应当是质量标志。

2. 数量标志

在仓储数量和仓储成本之间找到一个平衡点,确定合理的仓储数量,使物流仓储活动既能保证基本功能的实现,又能有效地控制仓储成本。

3. 时间标志

在保证商品质量的前提下,必须寻求一个合理的储存时间。储存商品的效益越大、销售商品的速度越慢,则储存的时间必然越长,反之亦然。因此,商品存储必须有一个合理的时间范围,不能过长,过长则意味着商品积压,造成商品成本的增加。

4. 结构标志

被储存的不同商品之间总是存在一定的相互关系,特别是对于那些相关性很强的商品来说,它们之间必须保证一定的比例。如果比例不合理,例如某一种商品缺货,那么,与它相关的商品可能也卖不出去,传统的光学照相机和胶卷就是这样的关系。因此,商品储存的合理性也可以用结构标志来衡量。

5. 分布标志

不同的市场区域对于商品的需求也是不同的。因此,不同的地区所储存的商品数量也应该不同。各个区域的仓库只有根据商品的需求储存适量的产品,才能真正实现商品储存的经济性和合理性,才不会造成浪费。

6. 费用标志

根据仓储费、维护费、保管费、损失费以及资金占用利息支出等财务指标,都能判断储存合理与否。

4.4.2 仓储合理化的措施

存储合理化通过以下几个方面完成:

1. 对存储物品进行ABC管理

在ABC分析的基础上实施重点管理。ABC管理是实施仓储合理化的重要基础,在此基础上它可以解决存储量失衡、重点管理失控、技术措施不足等仓储不合理问题。

2. 采取有效的先进先出方式

保证每个存储对象的存储期不会太长,主要措施有:

(1) 贯通式货架系统

利用货架的每层形成贯通的通道,从一端存入物品,从另一端取出物品,物品在通道中自行按先后顺序排队,不会出现越位的现象,保证先进先出。

(2)"双仓法"存储

给每个存储对象都准备两个仓位或货位,轮流进行存储与取出,并规定必须在一个货位取完才可补充,也能保证先进先出。

(3) 计算机存取系统

采用计算机管理,在存放时输入时间,编写一个简单的按时间顺序输出的程序,取货时计算机就能按时间给予指示,以保证先进先出。

3. 提高储存密度,提高仓容利用率

采取高垛的方法,增加存储的高度;缩小库内通道宽度以增加存储有效面积;减少库内通道数量以增加存储有效面积。这样可以降低存储成本,减少土地占用。

4. 采用有效的仓储定位系统

仓储定位的含义是对存储对象的存储位置采用科学的记录方法。

(1)“四号定位方式”

“四号”指四个号码，即库号、架号、层号、位号。这种方式可使每个货位都有固定编号，在物品入库时，把位置编号记录在册，提货时按编号指示，很快就能把物品找出来。

这样做可以提高工作效率，减少差错，便于清点，能实行“订货点购进”的管理方式。“订货点购进”意味着在库存物品减少到一定水平时必须办理购进业务，以免发生库存不足的情况。因此，库存量的实时记录是很重要的。

“四号定位方式”不用对存储对象固定定位，可以采取自由定位，进货时充分利用空余货位，不需专位待货，有利于提高仓库的存储利用率。

(2) 电子计算机定位系统

该系统利用了电子计算机储存容量大、检索迅速的优势，在入库时，将存放货位输入电脑，出库时向电脑发出指令，并按电脑的指示人工或自动定位，找到存放货，拣选取货。电子计算机定位系统一般采取自由货位方式，电脑会将入库货物存放在就近易于存取之处，或根据入库货物的存放时间和特点，安排合适的货位，取货时也可就近就便。这种方式可以充分利用每一个货位，而不需专位待货，有利于提高仓库的储存能力。当吞吐量相同时，与常规方式相比，该系统有利于帮助企业减少存货占用面积。

5. 采用有效的监测清点方式

这种方法可以真实地反映出存储物品的数量与质量。具体方式有：

(1)“五五化”堆码

这是传统管理采用的科学方法，在存储物品堆垛时，以“五”为基本记数单位，堆成总量为“五”的倍数的垛型。平时清点时，有经验者可过目成数，加快人工清点速度，而且可减少差错。

(2) 光电识别系统

在货位上使用光电识别装置，利用该装置对被存物品进行扫描，并将准确数量自动显示出来，这种方式不需要人工清点就能准确掌握库存的实际数量。

(3) 电子计算机监控系统

用电子计算机指示存取，可以避免人工存取容易造成的差错。在被存物品上采用条形码认寻技术，使识别计数和计算机联结，每存取一件物品，识别装置自动识别条形码并输入计算机，计算机自动做出存取记录。这样一来，只需要向计算机查询，就可以了解所存物品的准确数量，无须再建立一套监测系统。

6. 采用现代储存保养技术，避免仓储物品质量的损坏

(1) 气幕隔潮

在潮湿地区或雨季，室外湿度高且持续时间长，仓库内如想保持较低的湿度，就必须防止室内外空气的频繁交换。一般来说，仓库打开库门进行作业时，便自然形成空气交换的通道，由于作业的频繁，室外的潮湿空气就会很快进入库内，而库门、门帘等设施隔绝潮湿空气的效果也不理想。

气幕隔潮是指在库门上方安装鼓风设施，使之在门口形成一道气流。由于这道气流有较高压力和流速，便能在门处形成一道气墙，可有效阻止库内外空气交换，防止湿气侵入，而不会妨碍人与设备出入。

气幕还可以起到保持室内温度的隔热作用。

(2) 气调存储

气调存储可以通过调节和改变环境空气成分,从而抑制被存储物品的化学变化和生物变化,抑制害虫生存及微生物活动,达到保持被存储物品质量的目的。

具体方法有:可以在密封的环境中更换配制好的气体;可以充入某种成分的气体;可以抽去或降低某种成分的气体,等等。气调法对于有新陈代谢作用的水果、菜、粮食等物品的长期保质、保鲜存储很有效。例如,采用气调存储技术后,粮食可以长期存储,苹果可存储三个月。

气调存储对于防止生产资料在存储期的有害化学反应也有一定作用。

(3) 塑料薄膜封闭

塑料薄膜虽不能完全隔绝气体,但是能隔水、隔潮,用塑料薄膜封垛、封袋、封箱,可有效地创造封闭小环境,阻隔内外空气交换,完全隔绝水分。在封闭环境内如果再加入杀虫剂,缓蚀剂或某种抑制微生物生存的气体,则其内部可以长期保持这种物质的浓度,形成一个长期稳定的小环境。

用这种方法对水泥、化工产品、钢材等进行防水封装,可防止变质与锈蚀。

仓储合理化的原则是以经济的方法实现存储的最佳效果。当然,如果造成存储功能的过剩,变成一种浪费,也就不合理了。

7. 采用集装箱、集装袋、托盘等储运装备一体化的方式

集装设施的出现也给储存带来了新变化。采用集装箱后,集装箱本身便是一个仓库,因此不需要再有传统意义的库房,在物流过程中,也就省去了入库、验收、清点、堆垛、保管以及出库等一系列储存作业,因而对改变传统储存作业很有意义,是仓储合理化的一种有效方式。

8. 适度集中库存

在形成了一定社会总规模的前提下,企业可以追求经济规模,适度集中库存。适度集中库存是合理化的重要内容,是利用储存规模优势,以适度集中储存代替分散的小规模储存来实现合理化。

实　训

实训目的

了解仓储的概念和仓库的分类,了解各种仓储技术的现实运用。

实训内容

① 了解仓储在现代物流中的作用;

② 了解各种仓储技术的运用。

实训课时

4 课时。

实训步骤

① 到物流企业的仓库进行参观调研,了解各种仓储技术的运用;

② 写出实训报告;

③ 教师总结。

检查标准

① 用实例说明各种库存管理控制方法的运用；

② 按格式要求写出实训报告；

③ 交流实训报告。

思考与练习

一、单项选择题

1. “关键的少数和次要的多数”是指(　　)库存控制方法。
   A. CVA 库存管理法　B. 准时制存货管理法
   C. ABC 库存管理法　D. 物料需求法
2. 捡斤、计件、检尺求积属于(　　)的检验形式。
   A. 抽检　B. 数量检验　C. 质量检验　D. 全检
3. 便于机械装卸作业的苫盖法是(　　)。
   A. 就垛苫盖法　B. 鱼鳞式苫盖法　C. 隔离苫盖法　D. 活动棚苫盖法

二、多项选择题

1. 按功能划分，仓库可分为(　　)。
   A. 存储仓库　B. 流通仓库　C. 保税仓库　D. 自用仓库
2. 仓库内部区域一般可分为(　　)。
   A. 生产作业区　B. 平面布局　C. 辅助作业区　D. 空间布局
3. 库存管理的目标包括(　　)。
   A. 促使企业获得更多的利润　B. 快捷
   C. 保证库存管理人员的安全　D. 限定资金
4. 仓库温湿度控制和调节方法包括(　　)。
   A. 通风　B. 密封　C. 吸湿与加湿　D. 升温与降温
5. 储存合理化的标志有质量标志、数量标志、结构标志以及(　　)。
   A. 节约标志　B. 技术标志　C. 时间标志　D. 费用标志　E. 分布标志

三、简答题

1. 仓储的作用有哪些？
2. 什么是库存管理？
3. 库存管理的基本方法有哪些？
4. 如何实现仓储的合理化？

四、案例分析题

一汽大众的“零库存”

工业生产过程的复杂程度是众所周知的，为适应复杂生产所形成的大量原材料、配件、在制品、各种零部件的库存,以及由此造成的大量资金占压,已成为许多企业急需解决的问题。一汽大众"零库存"的实现,无疑是一个有意义的启示。

(1) 进货的"零库存"处理流程

一汽大众零部件的送货形式有三种:

第一种是电子看板,即公司每月把生产信息用扫描的方式通过电脑网络传送到各供货厂,对方根据这一信息安排自己的生产,然后公司按照生产情况发出供货信息,对方则马上用自备车辆将零部件送到公司各车间的入口处,再由入口处分配到车间的工位上。

第二种叫作准时化,即公司按整车顺序把配货单传送到供货厂,对方也按顺序装货,并且直接把零部件送到工位上,从而取消了中间仓库环节。

第三种是批量进货,供货厂每月将那些不影响大局又没有变化的小零部件分批量地送1~2次。

(2) 在制品的"零库存"管理

一汽大众很注重在制品的"零库存"管理,在该公司流行着这样一句话"在制品是万恶之源",用以形容大量库存带来的种种弊端。在生产初期,捷达车的品种比较单一,颜色也只有蓝、白、红三种,公司的生产全靠大量的库存来保证。随着市场需求的日益多样化,传统的生产组织方式面临着严峻的挑战。

在整车车间,生产线上每辆车的车身上都贴着一张生产指令表,零部件的种类及装配顺序一目了然。计划部门通过电脑网络向各供货厂下计划以控制装车顺序,供货厂按照顺序生产、装货,生产线上的工人按顺序组装,从而保证工人一伸手拿到的零部件就是他正在操作的车上的。物流管理就这样使原本复杂的生产变成了简单而高效率的"傻子工程"。令人称奇的是,整车车间的一条生产线过去仅生产一种车型,其生产现场就已经拥挤不堪,如今在一条生产线上同时组装2~3种车型,却不仅做到了及时、准确,而且生产现场比原先节约了近10%。

(3) 实现无纸化办公

随着物流控制系统的逐步完善,电脑网络由控制实物流、信息流延伸到公司的决策、生产、销售、财务核算等各个环节中,使公司的管理步入了科学化、透明化。公司已实现无纸化办公,各部门之间均通过电子邮件联系。

案例来源:https://logistics.nankai.edu.cn/2016/0624/c5227a43875/page.htm

问题:

我国的制造业企业应如何利用现代物流方式,实现低库存和"零库存"?

项目5　装卸搬运

【学习目标】

知识要求：

- 了解装卸搬运的定义。
- 掌握装卸搬运方式的分类。

技能要求：

- 熟悉装卸搬运的几种方法。
- 掌握装卸搬运的主要设备。
- 掌握装卸搬运合理化的相关措施。

【项目案例】

云南双鹤医药有限公司是北京双鹤医药这艘“航母”部署在西南战区的一艘“战舰”，是一家以市场为核心、以现代医药科技为先导、以金融服务为框架的新型公司，也是西南地区一家药品品种较多、较全的专业医药公司。

虽然云南双鹤已形成规模化的产品生产和网络化的市场销售，但在其流通过程中，物流管理严重滞后，造成物流成本居高不下，不能形成价格优势。过高的物流成本严重阻碍了物流服务的开拓与发展，成为公司业务发展的“瓶颈”。

装卸搬运活动是衔接物流各环节的关键，而云南双鹤却忽视了这一点，其搬运设备的现代化程度低，只有几个小型货架和手推车，大多数作业仍处于以人工作业为主的原始状态，工作效率低，且易损坏物品。另外，公司的仓库设计得也不合理，造成长距离的搬运，且库内作业流程混乱，形成重复搬运，无效搬运率高达70%，过多的搬运次数不但损坏了商品，也浪费了时间。

案例来源：http://www.cbismb.com/articlehtml/20131464.htm

任务5.1　装卸搬运概述

5.1.1　装卸搬运的概念

装卸是指物品在指定地点以人力或机械装入运输设备或从运输设备上卸下的活动，是以垂直移动为主的物流作业。

搬运是指在同一场所内对物品进行以水平移动为主的物流作业。

装卸搬运是指在同一地域范围内进行的、以改变物的存放（或支承）状态为主要内容和目的的活动。在一般情况下，存放状态和空间位置是密不可分的。所以，习惯上人们常常以“装卸”或“搬运”来代替“装卸搬运”这个词。

装卸搬运是伴随运输和储存等活动而产生的物流活动,是对运输、储存、包装、流通加工、配送等物流活动进行衔接的一个中间环节,包括装车(船)、卸车(船)、准垛、入库、出库以及连接以上各项活动的短途搬运。

如果说储存功能是静态的,运输与配送功能是平面的,那么,装卸搬运功能则是立体的、动态的。在装卸搬运功能的实施过程中,既有同一地域(一般是库、场区)内前后左右的搬与运,又有上上下下的装与卸。装卸搬运功能一般出现在“动”与“静”“动”与“动”相结合的部分,起着承上启下的作用。

5.1.2 装卸搬运的作业内容

装卸搬运主要是由以下六个步骤组成:

① 装卸:将货物从运输工具中装上卸下。

② 搬运:货物在短距离内的移动。

③ 堆码:对物品或包装物进行码放、堆垛等。

④ 取出:将货物从保管场所内取出。

⑤ 分类:对货物按照品种、顾客要求、发生方向、类别等进行分门别类。

⑥ 理货:将货物装备齐全以便随时装货、方便提货。

5.1.3 装卸搬运的特点

装卸搬运是生产过程中不可缺少的环节,是物流活动的重要内容。想要有效地完成装卸搬运工作,就必须充分了解其特点,只有这样才能合理组织装卸搬运作业,提高装卸搬运的效率。装卸搬运特点如下:

1. 附属性和伴生性

装卸搬运是在物流每一项活动的开始及结束时必然发生的活动,因而具有附属性、伴生性,不是为搬运而搬运,为装卸而装卸。

2. 保障性和服务性

装卸搬运贯穿物流过程的始末,保障了各环节的顺利进行。不能将装卸搬运的保障性理解为被动的。实际上,装卸搬运对其他物流活动有一定的决定作用,会影响其他物流活动的质量和速度。

3. 衔接性和及时性

装卸搬运将物流各阶段有机结合成一体,起到桥梁的作用。因此,装卸搬运是整个物流的“瓶颈”,是物流各阶段能否有机联系和紧密衔接的关键。一个有效的物流系统是否能建立,取决于装卸搬运这一衔接是否有效。另外,为了使物流能顺利进行,各环节的装卸搬运作业一般都会对作业时间提出一定的要求,要求在规定的时间内完成。

4. 均衡性和波动性

生产领域的装卸搬运与生产的节奏一致,由于均衡是生产的基本原则,所以生产领域的装卸搬运作业基本上也是均衡的、平稳的、连续的;流通领域的装卸搬运是随车船的到发和货物的出入库而进行的,所以作业常具有突击性、波动性和间歇性。对作业波动性的适应是流通领域装卸搬运的特点之一。

5. 稳定性和多变性

生产领域的装卸搬运的作业对象是稳定的，或略有变化但有一定规律，故生产领域的装卸搬运具有一定的稳定性。而流通领域的装卸搬运的作业对象是随机的，如货物品种、形状、尺寸、重量、体积、包装、性质等千差万别，车型、船型、仓库类型也各不相同。对多变的作业对象的适应是流通领域装卸搬运作业的一个特点。

6. 局部性和社会性

生产领域的装卸搬运作业的设备、设施、工艺、管理等因素涉及的面基本上局限于企业的内部，故其具有局限性。而流通领域的装卸搬运的因素牵涉整个社会，如装卸搬运的收货、发货，车站、港口，货主、收货人等都在变动，因此设备、设施、管理、工艺、作业标准等必须与它相互协调，才能发挥更大作用。

7. 单一性和复杂性

生产领域的装卸搬运仅仅是改变物品的存放状态和几何位置，作业方式比较单一。流通领域的装卸搬运是与运输、储存紧密连接的。为了安全地、充分地利用车船的装载量与库容，装卸搬运时基本上都要进行堆码、加固、计量、检验、分拣等作业，比较复杂，这些作业又都成为装卸搬运作业的分支和附属作业。合理地安排这些分支作业也成了流通领域装卸搬运的特点之一。

8. 增值性

对于传统物流而言，物流过程中出现的多次装卸搬运活动不仅延长了物流时间，而且要投入大量的活劳动和物化劳动，这些劳动不能给物流对象带来附加价值，只会增加物流的成本。装卸搬运反复进行的次数越多，其成本越高。

【背景资料】

5.1.4 装卸搬运方式的分类

1. 按装卸搬运施行的物流设施、设备分类

按照装卸搬运施行的物流设施、设备分类，装卸搬运方式可分为仓库装卸、铁路装卸、港口装卸、汽车装卸、飞机装卸等。

2. 按操作特点分类

按操作特点分类，装卸搬运方式可分为堆码拆取作业、分拣配货作业、挪动移位作业等。

3. 按机械的作业方式分类

按照机械的作业方式分类，装卸搬运方式可分成使用吊车的吊上吊下方式、使用叉车的叉上叉下方式、使用半挂车或叉车的滚上滚下方式、移上移下方式及散装散卸方式等。

4. 按装卸搬运对象分类

按装卸搬运的对象分，装卸搬运方式可分为单件装卸、集装装卸、散货装卸。

5. 按装卸设备作业原理分类

按装卸设备作业原理分类，装卸搬运方式可分成连续装卸与间歇装卸两类。

任务5.2 装卸搬运机械

5.2.1 装卸搬运机械的概念及分类

装卸搬运机械主要是用来搬移、升降、装卸和短距离输送货物或物料,是物流机械中重要的设备。装卸搬运机械是实现装卸搬运合理化、效率化、省力化的重要手段,要求适应性强、工作能力强、安全性高。装卸搬运机械的分类形式如下:

1. 按作业性质分类

按装卸及搬运两种作业性质的不同,装卸搬运机械可分为装卸机械、搬运机械及装卸搬运机械。

① 装卸机械,包括电动葫芦、单梁起重机、卡车吊和悬臂吊等。

② 搬运机械,包括搬运车、手推车、托盘和输送机等。

③ 装卸搬运机械,包括叉车、铲车、跨运车、龙门吊车和气力输送机等。

2. 按机具工作原理分类

按机具工作原理装卸搬运机械可分为叉车类、吊车类、输送机类、作业车类和管道输送机类。

① 叉车类,包括通用叉车、高架叉车、专用叉车和无人控制叉车等。

② 吊车类,包括门式、桥式、履带式、轮胎式、岸壁式和巷道式等。

③ 输送机类,包括皮带式、辊道式、链式、轮式和悬挂式等。

④ 作业车类,包括无人搬运车、手推车、普通搬运车、笼车和台车等。

⑤ 管道输送机类,包括粉状、颗粒状和液体等输送管道。

3. 按动力分类

按动力分,装卸搬运机械可分为动力式装卸搬运机具、重力式装卸输送机、人力式装卸搬运机具。

① 动力式装卸搬运机具,有分燃式和电动式两种。

② 重力式装卸输送机,有辊式和滚轮式等。

③ 人力式装卸搬运机具,有手动叉车、手推车和手动升降平台等。

4. 按装卸搬运货物的种类分类

按装卸搬运货物的种类,装卸搬运机械可分为笨重货物的装卸搬运机械、散装货物的装卸搬运机械、成件包装货物的装卸搬运机械、集装箱货物的装卸搬运机械。

5. 按主要用途或结构特征分类

按主要用途或结构特征,装卸搬运机械可分为起重机械、连续运输机械、装卸搬运机械、专用装卸搬运机械。

5.2.2 装卸搬运机械的选择

1. 根据作业性质和作业场合进行配置、选择

明确作业是单纯的装卸还是单纯的搬运,或者是装卸和搬运都有。举例来说,在铁路专用线、仓库等场合,可选择龙门起重机;在库房、车间内,可选择桥式起重机;在集装箱港口码头,可选择岸边集装箱装卸桥、集装箱跨运车等。

2. 根据作业运动方式进行配置、选择

根据作业场地、作业规划，确定作业时的运动方式。水平运动可选用卡车、牵引车、小推车等；垂直运动可选用提升机、起重机等；垂直水平运动可选用叉车起重机、升降机等；多平面运动可选用旋转起重机等。

3. 根据作业速率进行配置、选择

按物料及物流速度、进出量要求来确定作业类型，是高速作业还是平速作业，是连续作业还是间歇作业，从而配置选择相应的机械设备。

4. 根据作业对象形体及重量进行配置、选择

按作业对象形体可分为粉粒状、液体、散块体、包装体等，包装体又分为袋装体、箱装体、罐装体等不同类型，这些都是选择机械及工作方式的依据。

5. 根据搬运距离进行配置、选择

一般来说，搬运距离在 500 m 以下，可分为若干距离长度，依此选择不同搬运能力的机械。

5.2.3　主要的装卸搬运机械

1. 叉　车

叉车又称铲车、叉式举货车，是物流领域最常用的装卸搬运机械。叉车按结构特点可分为平衡叉车、前移式叉车、高货位叉车、侧面叉车和多方向堆垛叉车等，如图 5-1 所示。

平衡重式叉车

前移式叉车

侧面式叉车

图 5-1　叉　车

2. 牵引车

牵引车简单说就是车头和车厢之间是用工具牵引的。(也就是说，该车车头可以脱离原来的车厢从而牵引其他的车厢，而车厢也可以脱离原车头被其他的车头所牵引。)一般的大型货车(半挂车)可分为全挂牵引车和半挂牵引车，如图 5-2 所示。

半挂牵引车

全挂牵引车

图 5-2　牵引车

3. 起重机

起重机属于起重机械的一种,是一种做循环、间歇运动的机械。根据其构造和性能的不同,一般可分为门式起重机、桥式起重机和臂架起重机三大类,如图 5 - 3 所示。

门式起重机　　桥式起重机　　臂架起重机

图 5 - 3　起重机

4. 输送机

输送机是以搬运为主要目的的载运设备,有些兼装卸功能。输送机是对物品进行连续运送的机械,可以将物资从装载起点到卸载终点以恒定或变化的速度进行输送。常见的输送机类型如图 5 - 4 所示。

辊式输送机　　悬挂式输送机　　带式输送机

图 5 - 4　输送机

5. 堆高机

堆高机以功能来分,有:手动式堆高机、配重式堆高机、伸缩式堆高机、窄道式堆高机(侧叉式)、拣货式堆高机、薄片托盘专用堆高机、无人堆高机等,如图 5 - 5 所示。

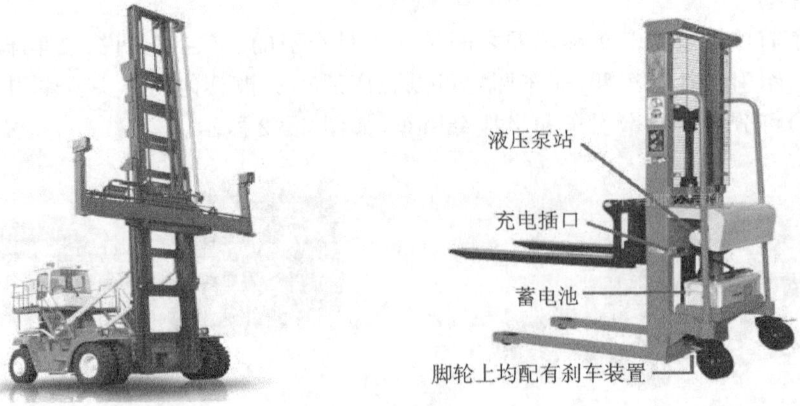

图 5 - 5　堆高机

任务5.3 装卸搬运合理化

5.3.1 装卸搬运合理化的目标与原则

装卸搬运必然要消耗劳动,包括人力劳动和物化劳动。这种劳动消耗要以价值形式追加到装卸搬运对象的价值中去,从而增加产品的物流成本,装卸搬运合理化的目标就是减少和消除劳动中的无效作业,尽可能减少装卸搬运中的劳动消耗,尽力提高装卸作业的经济效益。

装卸搬运作业应遵循以下原则:

1. 有效作业原则

有效作业原则是指进行必需的装卸搬运作业,尽量减少和避免不必要的装卸搬运,只做有用功,不做无用功。

2. 集中作业原则

集中作业包括搬运场地的集中和作业对象的集中两个方面。前者是在有条件的情况下,把作业量较小的、分散的作业场地适当集中,以利于装卸搬运设备的配置及使用,提高机械化作业水平;后者是把分散的零星的货物汇集成较大的集装单元,以提高作业效率。

3. 简化流程原则

简化装卸搬运作业流程包括两个方面:一是尽量实现作业流程在时间和空间上的连续性;二是尽量提高货物放置的活载程度。

4. 安全作业原则

在装卸搬运作业流程中,不安全因素比较多,必须确保作业安全。作业安全包括人身安全、设备安全。装卸搬运作业应尽量减少事故。

5. 系统优化原则

装卸搬运作业组织的目标是实现装卸搬运合理化。合理化的目标是系统的整体优化,充分发挥系统中各要素的功能,从作业质量、效率、安全、经济等方面对装卸搬运系统进行评价。

5.3.2 装卸搬运合理化的措施

1. 减少无效装卸

(1) 尽量减少装卸次数

货损主要发生在装卸环节,而在整个物流过程中,装卸作业又是反复进行的,从发生的次数来讲,超过其他任何活动。所以,过多的装卸次数必然导致损失的增加。同时,装卸还会大大减缓整个物流的速度,是降低物流速度的重要因素。

采用集装方式进行多式联运,能够有效地避免对于单件货物的反复装卸搬运处理,是减少无效装卸的有效办法。

(2) 包装适宜

在装卸时,过大过重的包装会消耗较大的劳动,这一消耗不是必需的,因而形成无效劳动。

(3) 提高装卸物料的纯度

进入物流过程的货物,有时混杂着没有使用价值或对用户来讲使用价值不匹配的各种掺杂物,如煤炭中的矸石、矿石中的水分、石灰中的未烧熟石灰及过烧石灰等。在反复装卸时,实际上是在对这些无效物质消耗劳动，因而形成无效装卸。

2. 充分利用重力和消除重力影响

在装卸时，可以利用货物本身的重量，进行有一定落差的装卸，以减少或根本不消耗装卸的动力，这是合理化装卸的一种重要方式。

在装卸时尽量消除或削弱重力的影响，也会获得减少体力劳动及其他劳动消耗的合理性。将货物从甲工具平移到乙工具上，这就能有效地消除重力影响，实现装卸合理化。

3. 充分利用装卸搬运机械

对装卸机械来讲，在降低单位装卸工作量的成本时，也有"规模"问题，当装卸机械的能力达到一定规模时，才会有最优效果。追求规模效益的方法是通过各种集装实现间断装卸时一次操作的最合理装卸量，从而使单位装卸成本降低，同时也通过散装实现连续装卸的规模效益。

4. 提高"物"的装卸搬运活性

物料或货物平时存放的状态是各式各样的，可以是散放在地上，也可以是装箱放在地上或放在托盘上。装卸搬运作业的灵活性是指货物的存放状态对装卸搬运作业的影响程度，亦称货物的"活性"。在物流过程中，对货物的活性，常用"搬运活性指数"来衡量。搬运活性指数分0、1、2、3、4共5个级别，如表5-1所列。

0级——物料杂乱地堆在地面，没有做任何预处理。

1级——物料装箱或经捆扎后的状态。操作时需支起、穿绳、挂索，因而装卸搬运前预操作要占用时间，不能达到很快的装卸搬运速度。

2级——集装成箱或捆扎后的物料下面放有枕木或其他衬垫，便于叉车或其他机械叉入或起吊。

3级——将物料放于搬运车、台车、可移动的挂车上，或用起重机吊钩钩住，动力车辆能随时将车、货拖走。

4级——装卸、搬运的物料已经被启动，可以直接作业。

表5-1 活性指数

放置状态	需要进行的作业				活性指数
	整理	架箱	提起	拖运	
散放地上	需要	需要	需要	需要	0
置于一般容器	不需要	需要	需要	需要	1
集装化	不需要	不需要	需要	需要	2
无动力车	不需要	不需要	不需要	需要	3
动力车辆或传送带	不需要	不需要	不需要	不需要	4

由于装卸搬运是在物流过程中反复进行的活动，因而其速度能决定整个物流速度，缩短单次装卸搬运的时间，其累计效果则十分可观。因此，提高装卸搬运活性对装卸搬运合理化来说是很重要的。

从理论上讲，活性指数越高越好，但也必须考虑到实施的可能性。例如，物料在储存阶段，活性指数为4的输送带和活性指数为3的车辆，在一般的仓库中很少被采用，这是因为大批量的物料不可能存放在输送带和车辆上。

5. 减少不必要的装卸环节，提高装卸作业的连续性

从物流过程来看，装卸作业环节不仅不会增加货物的价值和使用价值，反而有可能增加货物的破损和相应的物流成本。系统地分析和研究物流过程各个装卸作业环节的必要性，取消、合并不必要的装卸作业，避免重复的或可有可无的装卸作业，是装卸环节合理化的重要保证。

同时，必须进行的装卸作业应按流水作业原则运作，各工序间应密切衔接，必须进行的换装作业也应尽可能采用直接换装方式。

6. 加强装卸组织工作

(1) 装卸地点相对集中

装载、卸货地点的相对集中，可以提高装卸效率，方便采用机械化作业方式。在货物堆场上，应将同类货物的作业集中在一起进行，以便采用装卸的机械化、自动化方式。

(2) 力求装卸设备、设施、工艺等标准化

为了促进物流各环节的衔接，装卸作业各阶段间的工艺、设备、设施、效率与组织管理工作应相协调。装卸作业的工艺、设备、设施、货物单元或包装、运载工具、集装工具、信息处理等作业的标准化、系列化、通用化，是装卸作业实现机械化、自动化的基本前提。

(3) 做好装卸现场组织工作

装卸现场的作业场地、进出口通道、作业线长度、人机配置等布局设计得合理，能使现有的和潜在的装卸能力充分发挥出来，不会产生因组织管理工作不当而造成装卸现场拥挤、阻塞、紊乱的现象，确保装卸工作能够安全顺利地进行。

【小知识】“六不改善法”物流原则

实　训

实训目的

加深对装卸搬运及其机械、设备的认识，掌握生活、工作中见到的各类装卸搬运设备以及发生的事故案例。

实训内容

进一步了解物流领域有哪些装卸搬运设备和机械，掌握物流领域主要的装卸搬运设备和机械的性能和特点。

实训课时

2课时。

实训步骤

① 查找有关资料，了解目前物流领域主要的装卸搬运设备和机械有哪些；

② 叉车、起重机和输送机各有哪些特点，它们是如何分类的；

③ 写出实训报告；

④ 教师总结。

检查标准

① 提供查找的资料(网站、书籍、论文等)2～3个；

② 按格式要求写出实训报告；

③ 交流实训报告。

思考与练习

一、单项选择题

1. 叉车属于(　　)。

A. 起重机械　B. 装卸搬运机械　C. 连续输送机械　D. 散装装卸机械

2. 装在输送带上的货物的活性指数是(　　)。

A. 1　B. 2　C. 3　D. 4

3. 货物装卸搬运的活性指数共(　　)个。

A. 3　B. 4　C. 5　D. 6

4. 因为装卸搬运对物流有重大作用,所以在物流过程中(　　)。

A. 尽量增加装卸搬运次数　B. 尽量减少装卸搬运次数

C. 延长装卸搬运时间　D. 不要进行装卸搬运

二、多项选择题

1. 装卸搬运的作业内容包括(　　)。

A. 装卸　B. 搬运　C. 堆码

D. 取出　E. 分类　F. 理货

2. 按装卸设备作业原理分类,装卸搬运方式可分为(　　)。

A. 连续装卸　B. 吊上吊下方式　C. 间歇装卸　D. 叉上叉下方式

3. 装卸搬运的合理化原则包括(　　)。

A. 有效作业原则　B. 集中作业原则　C. 简化流程原则　D. 安全作业原则

E. 系统优化原则

三、简答题

1. 装卸搬运的特点有哪些?
2. 装卸搬运是怎样分类的?
3. 装卸搬运机械该如何选择?
4. 如何做到装卸搬运合理化?

四、案例分析题

联华便利物流中心装卸搬运系统

联华公司创建于1991年5月,是上海首家发展连锁经营的商业公司。经过11年的发展,联华已成为中国最大的连锁商业企业。2001年销售额突破140亿元,连续3年位居全国零售业前列。联华公司的快速发展,离不开高效便捷的物流配送中心的大力支持。目前,联华共有4个配送中心,分别是2个常温配送中心、1个便利物流中心、1个生鲜加工配送中心,总面积超过7万平方米。

联华便利物流中心总面积8 000平方米,由4层楼的复式结构组成。为实现货物的装卸搬运,公司配置的主要装卸搬运机械设备为:电动叉车8辆、手动托盘搬运车20辆、垂直升降机1台、笼车1 000辆、辊道输送机5条、数字拣选设备2 400套。在装卸搬运时,操作过程如下：卸下来货后，将其装在托盘上，由手动叉车将货物搬运至入库运载处，入库运载装置上升，将货物送上入库输送带。接到向第一层搬送指示的托盘在经过升降机平台时，不再需要上下搬运，而是直接从当前位置经过一层的入库输送带自动分配到一层入库区等待入库；接到向二至四层搬送指示的托盘，将由托盘垂直升降机自动传输到所需楼层。当升降机到达指定楼层时，由各层的入库输送带自动搬送货物至入库区。货物下平台时，由叉车从输送带上取下托盘入库。出库时，根据订单进行拣选配货，拣选后的出库货物用笼车装载，由各层平台通过笼车垂直输送机送至一层的出货区，装入相应的运输车上。

先进实用的装卸搬运系统，为联华便利店的发展提供了强大的支持，使联华便利物流中心的运作能力和效率大大提高。

案例来源：http://www.docin.com/p-319047600.html

问题：

该物流配送中心先进的自动化装卸搬运系统是如何实现装卸搬运作业的？

项目6　现代包装与包装技术

【学习目标】

知识要求：

➢ 了解包装的定义。

➢ 理解包装的功能、分类、材料、技术。

技能要求：

➢ 熟悉包装的各种材料和技术。

【项目案例】

山姆森玻璃瓶——一个价值600万美元的玻璃瓶

说起可口可乐的玻璃瓶包装，至今仍为人们所称道。1898年鲁特玻璃公司一位年轻的工人亚历山大·山姆森在同女友约会时，发现女友穿着一套筒型连衣裙，显得臀部突出，腰部和腿部纤细，非常好看。约会结束后，他突发灵感，根据女友穿着这套裙子的形象设计出一个玻璃瓶。

经过反复的修改，亚历山大·山姆森不仅将瓶子设计得非常美观，很像一位亭亭玉立的少女，他还把瓶子的容量设计成刚好能装一杯水。瓶子试制出来后，获得大众交口称赞。有经营意识的亚历山大·山姆森立即到专利局申请专利。

当时，可口可乐的决策者坎德勒在市场上看到了亚历山大·山姆森设计的玻璃瓶后，认为非常适合作为可口可乐的包装。于是他主动向亚历山大·山姆森提出购买这个瓶子的专利。经过一番讨价还价，最后可口可乐公司以600万美元的天价买下此专利。要知道在100多年前，600万美元可是一项巨大的投资。实践证明，可口可乐公司这一决策是非常成功的。

亚历山大·山姆森设计的瓶子不仅美观，而且使用非常安全，易握不易滑落。更令人叫绝的是，其瓶型的中下部是扭纹型的，如同少女所穿的条纹裙子；而瓶子的中段则圆满丰硕，如同少女的臀部。此外，由于瓶子的结构是中大下小，当它盛装可口可乐时，给人的感觉是饮料分量很足。采用亚历山大·山姆森设计的玻璃瓶作为可口可乐的包装以后，可口可乐的销量飞速增长，在两年的时间内，销量翻了一倍。从此，采用山姆森玻璃瓶作为包装的可口可乐开始畅销美国，并迅速风靡世界。600万美元的投入，为可口可乐公司带来了数以亿计的回报。

案例来源：http://abc.wm23.com/liying901227/1179735.htm

任务6.1　包装概述

6.1.1　包装的相关概念

可以说，从有产品的那一天起，就有了包装。包装已成为现代商品生产不可分割的一部分,也成为商家竞争的利器。各厂商纷纷打着“全新包装,全新上市”的口号去吸引消费者,绞尽脑汁,不惜重金,以期改变其产品在消费者心中的形象,从而进一步提升企业自身的形象。就像唱片公司为歌星全新打造、全新包装,以此来改变其在歌迷心中的形象一样,而今,包装已融合在各类商品的开发设计和生产之中,几乎所有的产品都需要经过包装才能成为商品,进入流通环节。

在我国国家标准《包装通用术语》GB 4122—1983 中,包装的定义是:为在流通过程中保护产品、方便储运、促进销售、按一定技术方法而采用的容器、材料及辅助物等的总体名称,也指为了达到上述目的而采用容器、材料和辅助物的过程中施加一定技术方法等措施。因此,包装是包装物和包装操作的总称。包装的目的主要是保护产品、方便储运、促进销售。随着集装化运输的发展,包装也发挥着货物集散的功能。

美国:包装是为产品的运出和销售所做的准备行为。

加拿大:包装是将产品由供应者送达顾客或消费者手中而能保持产品完好状态的工具。

英国:包装是为货物的运输和销售所做的艺术、科学和技术上的准备工作。

对一个企业而言,包装不仅有保护商品、方便运输的功能,还有实现企业商业目的的功能,是使产品增值的一系列经济活动的一个信息载体。企业通过包装来树立品牌形象,促进商品的销售,增加产品的附加值。商品的前包装是一种意识层面上的包装理念。它将会指导功能包装,避免商品包装的随意性,避免企业设备投资的盲目性。这是包装的理论提升,是无形包装的概念。功能包装之后的商品还要通过商业活动去实现这个包装理念。这里包括广告媒体、营销、服务、信息、网络等各种商业活动手段,是商品的后包装。因此,一个完整的包装概念由商品的前包装、功能包装、商品的后包装 3 部分组成。其中,商品的前包装和商品的后包装是无形包装,蕴含着企业的品牌价值理念,功能包装是有形包装,有形包装是无形包装的信息载体。因此,包装要从有形和无形两个方面来考虑。

6.1.2 包装的功能

一般而言,商品内在的品质是首要的,包装属于外在形式,是次要的。但在现代商业活动中,情况却发生了很大的变化。包装不仅影响商品的价格,而且保护和美化了商品,对商品的市场销售量有着直接的影响。有些商品不能卖个好价钱,不能进入世界市场,很大的原因在包装。可见商品包装的重要性。

1. 保护功能

物资在流动过程中,会受到日晒、风吹、雨淋、灰尘沾染等自然因素的影响,加上产品的某些特性,如挥发、渗漏、溶化、玷污、易散失性等,易造成物资的损失。从生产出来到送至消费者手中,商品要经过反复的装卸搬运、多次运输和存放保管。商品在装卸搬运过程中,受到冲击、碰撞、按压、被挤;在运输途中,受震动、颠簸、倒置;在仓储保管期间,如果保管条件不当,容易发生变质、发霉、生锈、鼠咬虫食、异味侵入等。合理的包装材料、包装容器和恰当的操作方法可以起到保护商品的作用。

2. 方便与集装功能

在物流过程中,包装可以为仓储环节提供方便。例如,包装上的各种标志和标记能够方便分拣人员拣货、装卸搬运工人装货。一些有特殊要求的物资,如易碎、易燃易爆物品,其包装上的标记有助于引起人们注意。便于使用、携带、存放的商品包装,能够拉近企业和消费者的关系。如人们打开易拉罐装的饮料时,都很享受开盖时"啪"的一声带来的快感。

物资在装卸搬运和运输的过程中,往往会进行集合包装,包装可为运输提供集装性。例如,在运输瓶装酒水时,可以将易碎的酒瓶放在较大的货运容器中,如用一个箱子来盛放24瓶酒,代替24个独立的酒瓶包装。将箱子堆放在托盘上,大大提高了装载效率。如果每个托盘可以放30个箱子,叉车一次性就可以搬运720瓶酒。而且,箱子还可以放在更大的容器中,如集装箱,方便进行批量运输。另外,包装的规格、形状、重量等与货物运输的关系十分密切,所以在进行包装设计的时候,要考虑包装尺寸与运输车辆、船、飞机等运输工具以及仓库容量的吻合度,方便装卸和运输工作。

3. 销售与增值功能

好的包装能够诱导消费者产生购买动机,促进销售。首先,包装的形状、构造和功能能使消费者产生购买欲望;其次,包装运用文字、图案、色彩等吸引消费者的注意,起到宣传公司和商品的作用。

包装的最大功用在于增加产品的附加值。包装的附加值被多数企业经营者及包装设计者所追捧。包装可以使商品变得生动美观,满足顾客心理上、精神上、文化上的需求,从而促进销售。这不是欺骗,而是包装设计赋予商品的额外价值。另外,"买椟还珠"的故事告诉我们,顾客看重的可能不仅仅是产品本身,而是高档、自信、青春和美貌等隐含价值。而包装设计恰恰能满足顾客的这些心理需求,从而促进销售。

6.1.3 包装的分类

正如人们常说的一样,"包装是沉默的商品推销员"。商品种类繁多、形态各异,其功能作用、外观设计也五花八门。所谓内容决定形式,包装也不例外。所以,为了区分上的方便,我们对包装进行如下分类:

① 按产品销售范围分:内销产品包装、出口产品包装;

② 按包装在流通过程中的作用分:单件包装、中包装和外包装等;

③ 按包装制品材料分:纸制品包装、塑料制品包装、金属包装、竹木器包装、玻璃容器包装和复合材料包装等;

④ 按包装使用次数分:一次用包装、多次用包装和周转包装等;

⑤ 按包装容器的软硬程度分:硬包装、半硬包装和软包装等;

⑥ 按产品种类分:食品包装、医疗品包装、机电产品包装、危险品包装等;

⑦ 按功能分:运输包装、储存包装和销售包装等;

⑧ 按包装技术方法分:防震包装、防湿包装、防锈包装、防霉包装等;

⑨ 按包装结构形式分类:贴体包装、泡罩包装、热收缩包装、可携带包装、托盘包装、组合包装等。

【小知识】 欧洲对包装设计的要求

任务 6.2　包装材料与标识

6.2.1　包装材料

1. 包装材料的种类

包装材料是指用于制造包装容器和包装装潢、包装印刷、包装运输等满足产品包装要求所使用的材料，包括金属、塑料、玻璃、陶瓷、纸、竹木、天然纤维、化学纤维、复合材料等主要包装材料，还包括涂料、黏合剂、捆扎带、装潢材料、印刷材料等辅助材料。

(1) 塑料包装材料

塑料是一种人工合成的高分子材料，是以合成树脂为主要原料，加入适当的增塑剂、着色剂、稳定剂、润滑剂、抗静电剂等，在一定的温度、压力条件下制成的。塑料具有阻隔水分和水蒸气、透明性好、加工性好和美观、便于印刷等特点。塑料以其独特的性能广泛用于产品包装中。塑料袋和塑料编织袋（俗称蛇皮袋，见图 6-1）是最常见的包装物，塑料包装材料一般用在食品材料的运输包装中。

具有环保性能的塑料包装材料将成为今后的一种发展趋势，如中空板（见图 6-2），又称万通板，就是一种绿色塑料包装材料。

图 6-1　蛇皮袋

图 6-2　中空板(万通板)

(2) 木制包装材料

木制包装材料一般作为外包装材料，具有抗压、抗震等优点。木制包装材料一般有木箱、木笼、木桶等，如图 6-3 和图 6-4 所示。但由于木材资源有限，且用途又比较广泛，作为包装材料前景不佳，正逐渐被塑料、复合材料、胶合板等取代。

图 6-3　花盆容器

图 6-4　木包装箱

(3) 纸制包装材料

纸制包装材料是使用最为广泛的一种包装材料。这种材料具有价格低、质地细腻均匀、耐摩擦、耐冲击、容易黏合、不受温度影响、无毒、无味、适于包装生产的机械化等优点。缺点是防潮、防湿性较差。纸制包装材料包括牛皮纸、白板纸、瓦楞纸等制成的大型纸袋、纸箱等,如图6-5所示。

(4) 金属包装材料

把金属压制成薄片,用于物资包装。常见的金属包装材料有白铁皮罐、金属圆桶、储气瓶、金属丝网、金属盒等,如图6-6所示。优点是防水、防潮、防污染、抗腐蚀、易进行机械加工等。用量最大的是马口铁(镀锡薄钢板)和金属箔。

图6-5 瓦楞纸箱

图6-6 金属盒

(5) 纤维包装材料

指用各种纤维制作而成的袋状容器。天然的纤维有黄麻、红麻、大麻、青麻、罗布麻、棉花等。经工业加工的有合成树脂、玻璃纤维等。

(6) 陶瓷与玻璃包装材料

此类包装材料的优点是耐风化、不变形、耐热、耐酸、耐磨等,尤其适合用来包装各种液体物资。可回收重复使用,有利于包装成本的降低,易洗刷、消毒、灭菌。缺点是易碎。

(7) 复合包装材料

复合材料就是将两种以上具有不同性质的材料复合在一起,以改进单一包装材料的性能。应用最广泛的合成材料是塑料与玻璃纸复合、塑料与塑料复合、金属箔与塑料复合、金属箔、塑料和玻璃纸复合,纸与塑料复合等,如图6-7和图6-8所示。

2. 绿色物流包装

绿色包装也称环保包装,是指节省资源,用后可回收利用,焚烧时不产生毒害气体,填埋时少占耕地并能生物降解的包装。如今,全球正兴起一股"绿色浪潮",如绿色产品、绿色消费、绿色营销等,绿色物流正是这股绿色运动向物流领域渗透的结果。绿色物流强调了全局和长远的利益,强调了环境保护,体现了企业的绿色形象,是一种全新的物流形态。国外有人形象地把绿色包装归纳为4R,即Reduce,减少包装材料消耗量;Refill,大型容器可再次填充使用;Recycle,可循环使用;Recover,可回收使用。

图6-7　铝箔复合包装材料

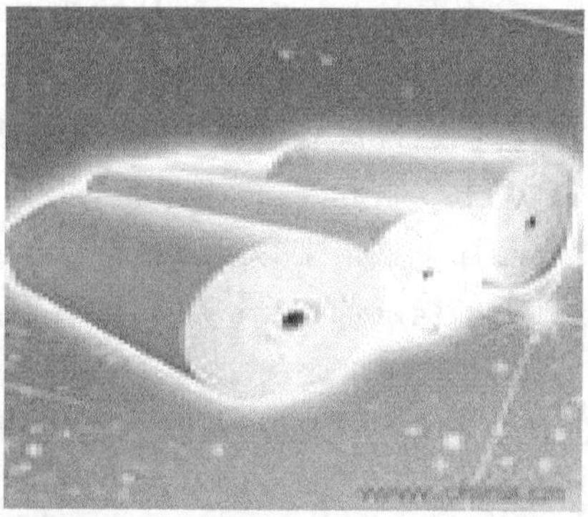

图6-8　纸塑复合包装材料

6.2.2　包装标识

【小知识】　绿色包装材料的种类

商品在包装时，会在外部印刷、粘贴或书写标识，其内容包括：商品名称、牌号、规格、等级、计量单位、数量、重量、体积等，收货单位、发货单位、装卸、搬运、存放注意事项，图案和特定的代号等。

包装的标识是判别商品特征、组织商品流转和保证商品质量的依据，对保障商品储运安全、加速流转、防止差错有着重要作用。

商品包装的标志通常分为两种：一是商品包装的标记；二是商品包装的标志。

1. 商品包装的标记

商品包装的标记是指根据包装袋内商品的特征和商品收发事项在外包装上用文字和数字标明的规定记号。它包括以下几种：

(1) 商品标记

商品标记是注明包装内的商品特征的文字记号，反映的内容主要是商品名称、规格、型号、计量单位、数量。

(2) 重量体积标记

重量体积标记是注明整体包装的重量和体积的文字记号，反映的内容主要是毛重、净重、皮重和长、宽、高尺寸。

(3) 收发货地点和单位标记

收发货地点和单位标记是注明商品起运、到达地点和收发货单位的文字记号，反映的内容是收发货的具体地点和收发货单位的全称。例如：国外进口商品在外包装表面刷上标记，标明订货年度、进口单位和要货单位的代号、商品类别代号、合同号码、贸易国代号以及进口港的地名等。

2. 商品包装的标志

商品包装的标志是用来指明包装内容物的性质，是出于运输、装卸、搬运、储存、堆码过程中的安全要求或理货分运的需要，在外包装上用图像或文字标明的规定记号。它包括指示标志和危险品标志两类。

(1) 指示标志

这是为了保证商品安全，指示运输、装卸、保管的作业人员应如何进行安全操作的图像、文字记号。它主要是为了标示商品性质,指明商品在堆放、开启、吊运等的方法。

根据国家标准《包装储运图示标志》GB/T 191—2008 的规定,机电设备的外包装(简称包装)上,应有在运输保管过程中,表明注意事项的明显标志。

(2) 危险品标志

危险品标志是用来表示该种危险品的物理、化学性质以及其危险程度的图像和文字记号。它主要是为了标示爆炸品、易燃品、有毒品、腐蚀品等。

(3) 标志的使用方法

① 用坚韧纸张、木板、塑料、布条或铁皮印刷标志,挂、钉或粘贴在包装上。

② 用坚韧纸片、铁皮刻出标志漏板,刷在包装上。

③ 做标志模印,打印在包装上。

④ 在包装上直接写标志。

标志颜色与标底颜色要明显区别开,易于看清。

标志位置一般应在包装两端或两侧上部,切忌在包装的顶盖上,以避免重叠高码时看不见指示标志。特定的指示标志,如“由此吊起”“重心点”的标志位置应在包装的实际位置上。标志图样如图 6-9 所示。

图 6-9 标志图样

任务 6.3 现代包装技术与包装机械

6.3.1 包装技术

由于包装技术众多,而且随着现代科技的发展,新的包装技术还将不断产生和发展,这里仅讲述与物流密切相关的几个包装技术。

1. 防震包装技术

防震包装是指为了减缓内装物所受的冲击和振动,保护其免受损坏所采取的一定防护措施的包装。产品从生产出来到开始使用要经过一系列的运输、保管、堆码和装卸过程,置于一定的环境之中。不论在什么环境中,都会有力作用在产品之上,并使产品发生机械性损坏。为了防止产品遭受损坏,就要设法减少外力的影响。

2. 防潮包装技术

防潮包装是指物品在流通过程中,为防止因空气中的潮气(水蒸气)侵入而发生变质、潮湿、凝结,以及进一步发生霉变等情况而采取的防护性包装。具体方法是:采用透湿度低或透湿度为零的材料来包装,使包装物与外界潮湿气体相隔绝,或者预先排除包装容器内湿气、在包装中封入干燥剂。干燥剂分化学干燥剂(利用化学反应)和物理干燥剂(利用吸附特性)。在现代防潮包装中,应用最广泛的材料为聚乙烯、聚丙烯、聚氯乙烯,聚苯乙烯、聚酯、聚偏二氯乙烯等。

3. 防水包装技术

防水包装指防止物品受水侵蚀而采用的包装技术。其做法是:采用某些防水材料作阻隔层,并用防水黏结剂或衬垫、密封等措施,以阻止水浸入包装内部。防水包装所选用的、包装外壁的框架材料有木材、金属、瓦楞纸板三大类,内材材料有各种防水包装用纸、涂布复合塑料薄膜、铝箔及铝塑复合膜等,防水涂料有石蜡、清漆等以及密封材料及外层覆盖材料等。

4. 防锈包装技术

金属锈蚀是由于空气中的污染物质或溶解在水蒸气中的物质附着于金属表面,发生化学反应。防锈蚀最常采用的方法就是使用防锈剂,防锈剂分为防锈矿油和气化性防锈剂两种。方法是:先清洗处理金属制品表面并涂封防锈材料,再用透湿率小且易封口的防潮包装材料进行包装。

5. 防虫、鼠害等包装技术

在包装主物品时,放入一定量的驱虫剂以达到防虫害的目的。包装物品的容器也应当做防虫处理。例如,竹片或条筐必须经过消毒或蒸煮,所用糨糊应加放防腐剂,防止害虫滋生。注意:不要让处理包装材料的药剂直接接触所包装的物品。

6. 危险品包装技术

危险品包装技术是指按照危险品的性质、特点,按照有关法令、标准和规定,专门设计的包装技术与方法。危险品的运输包装上必须出现不同性质、类别的危险货物标志,以及装卸搬运的要求标志。

对于易燃易爆物品,如过氧化氢,有强烈的氧化性,遇有微量不纯物质或受热,就会急剧分解引起爆炸。此类物品的防爆包装方法是采用塑料桶包装,然后将塑料桶装入铁桶或木箱中,每件净重不超过 50 kg,并装上自动放气的安全阀,当桶内的压力达到一定气体压力时,能自动放气。

对于腐蚀性物品,注意避免物品与包装容器的材料发生化学作用。如金属类的包装容器,要在容器内壁涂上涂料,防止腐蚀。

对于有毒物品,主要措施是严密包装,不透气。包装上要有明显的有毒标志,并标明装卸搬运的要求。

7. 气体置换包装与真空包装技术

(1) 气体置换包装技术

该技术是指采用不活泼气体(如氮气、二氧化碳等)置换包装容器中空气的包装技术。目的是通过改变密封容器中气体的组成成分,降低氧气的浓度,从而抑制微生物的活动,达到防霉、防腐和保鲜的目的。

(2) 真空包装技术

该技术是指在封口之前将容器抽成真空,使密封后的容器内基本没有空气的包装技术。目的是避免或减少氧化,抑制某些霉菌和细菌的生长。

8. 收缩与拉伸包装技术

(1) 收缩包装技术

该技术是用收缩薄膜将物品裹包,然后,对收缩薄膜进行处理(如适当加热处理,使薄膜收紧且紧贴于物品)的包装技术。其作用主要有两方面:一是使内装物品形体突出、形象鲜明、质感好,有利于销售;二是有利于提高装卸搬运效率。如使用收缩包装技术把物品固定于托盘上,不仅有利于提高物流过程的效率,而且方便保管与使用。收缩包装机如图6-10所示。

(2) 拉伸包装技术

该技术是用机械装置在常温下将弹性薄膜拉伸,再将待包装件紧裹的一种包装技术。该技术可提高物流效率,方便仓储与使用。全自动拉伸包装机如图6-11所示。

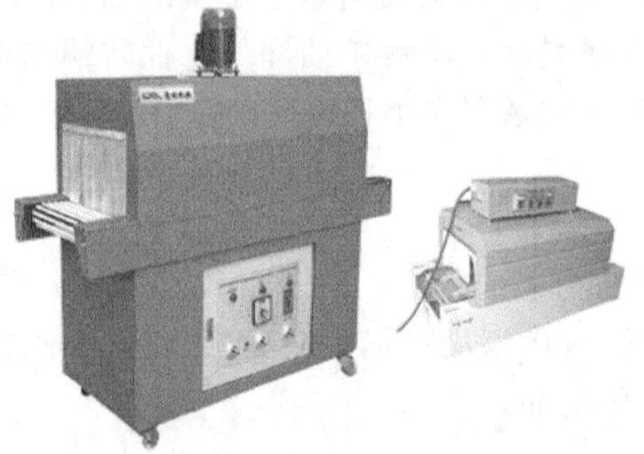

图6-10 收缩包装机

图6-11 全自动拉伸包装机

9. 集合包装技术

集合包装是指将若干包装件或商品组合在一起,形成一个适合运输的单元。此技术能促使装卸合理化、包装合理化,方便运输及保管,便于管理,能有效利用运输工具和保管场地的空间,改善环境。

集合包装主要以集装箱为主,可以将装满货物的托盘和集装容器、集装货捆一起装进大型集装箱内,以便搬运、装卸和运输。

6.3.2 包装机械

1. 包装机械的定义

包装机械是指能完成全部或部分产品包装过程的机械。包装过程包括充填、裹包、封口等主要工序以及与其相关的前后工序,如清洗、干燥、杀菌、计量、成形、标记、紧固、多件集合、集装组装、拆卸等。使用包装机械包装产品,可提高生产率,减轻劳动强度,既能适应大规模生产的需要,也满足清洁卫生的要求。

2. 包装机械的分类

(1) 按包装机械的自动化程度分类

① 全自动包装机,是自动供送包装材料和内装物,并能自动完成其他包装工序的机器。

② 半自动包装机,是由人工供送包装材料和内装物,能自动完成其他包装工序的机器。

(2) 按包装产品的类型分类

① 专用包装机,是专门用于包装某一种产品的机器。

② 多用包装机，是通过调整或更换工作部件，包装两种或两种以上产品的机器。

③ 通用包装机，是在指定范围内用于包装两种或两种以上不同类型产品的机器。

(3) 按包装机械功能分类

① 充填机械，是将精确数量的包装品装入各种容器内的机器。

② 罐装机械，是将液体产品按预定的量充填到包装容器内的机器。

③ 裹包机械，是用挠性材料全部或局部裹包产品的机械。

④ 封口机械，是将容器的开口部分封闭起来的机器。

⑤ 贴标机械，是在产品或包装件上加贴标签的机器。

⑥ 清洗机械，是用来清洗包装材料、包装件等，使其达到预期清洁程度的机器。

⑦ 干燥机械，是用来减少包装材料、包装件的水分，使其达到预期干燥程度的机器。

⑧ 杀菌机械，是用来清除或杀死包装材料、产品或包装件上的微生物，使其降到允许范围内的机器。

⑨ 捆扎机械，是通过捆扎或结扎封闭包装容器的机器。

⑩ 集装机械，是将数个产品或包装件集合包装并形成一个销售或搬运单元的机器。

⑪ 多功能包装机械。它是具有两种或两种以上功能的包装机器。

3. 包装机械的基本结构和种类

包装机械的基本结构为进给机构、计量装置、传动机构、输送装置、动力部件、控制系统。常见的产品包装机械有以下几种：

① 填充包装机械，如装箱机械、装盒机械、装袋机械、灌装机械、填充机械。

② 裹包和捆扎机械，如裹包机械、捆扎机械、封条和加标机械、封口机械。

③ 包装技术机械，如收缩包装机械、热成包装机械、拉伸包装机械。

4. 包装机械的作用

(1) 提高劳动生产率

如糖果包装，手工包糖 1 分钟只能包十几块，而糖果包装机每分钟可包数百块甚至上千块，效率提高数十倍。

(2) 有效地保证包装质量

机械包装可根据包装产品的要求，按照需要的形态、大小得到规格一致的包装物，而手工包装是无法达到这个要求的。这对出口产品尤为重要，只有机械包装，才能达到包装规格化、标准化，符合集合包装的要求。

(3) 实现手工包装无法实现的操作

如真空包装、充气包装、贴体包装、等压灌装等，这些都是手工包装无法实现的，只能用机械包装实现。

(4) 降低劳动强度，改善劳动条件

手工包装的劳动强度很大，如用手工包装既大又沉的产品，既耗体力，又不安全；而对于轻小产品的包装，由于频率较高，动作单调，易使工人得职业病。

(5) 有利于保护工人

粉尘严重、有毒、有刺激性、有放射性的产品，用手工包装难免会危害工人健康，而机械包装则可避免这种伤害，还能有效地使环境不被污染。

(6) 降低包装成本,节省储运费用

对松散产品,如棉花、烟叶、丝、麻等,采用压缩包装机压缩打包,可大大缩小体积,从而降低包装成本。同时,由于产品体积缩小,既节省仓容,减少保管费用,也有利于运输。

(7) 可靠地保证产品卫生

根据《卫生法》的规定,食品、药品是不允许用手工包装的,因为这会污染产品,而机械包装避免了人手直接接触食品、药品,保证了此类产品的卫生质量。

(8) 促进相关工业的发展

包装机械是一门综合性学科,涉及材料、工艺、设备、电子、电器、自动控制等多方面,任何一块出现问题都将影响包装机械的整体性能。因此,包装机械的发展将有力地促进相关学科的进步。另外,为满足包装机械高速包装的需要,与其相关的前后工序也要相应改进,这也推动了相关工序的同步发展。

5. 包装机械的发展趋势

(1) 包装机械的更新换代是包装机械发展的总趋势

更新换代的主要特点是:大量采用民用和军用工业中的各种现代化高精技术,如电子技术、微电子技术、边缘技术、模糊技术,进一步提高包装机械装备和生产线的可靠性、安全性、无人作业性。

更新换代的方式是:采取更换局部部件、关键性部件、关键性技术,从而达到更换机组的目的,使原包装机械装备或生产线的生产能力、性能、效率得到提高,机型和组装方式得到优化。大部分部件、机组零件的重复利用,既能提高装备价值,又能节省原材料和大量劳动力,降低成本。这种发展趋势表明,包装机械装备、生产线越来越向标准化、系列化、综合化、组装化、联机化的模式发展。民用、军用高精技术也将更加广泛地进入包装机械装备领域。激烈的市场竞争,无疑将加速包装机械装备在各行各业中的更新换代和技术改造。

(2) 包装机械装备机电一体化进程

不少包装机械装备、生产线制造集团和跨国公司,都在投入巨额资金和组织专业人员进行研发,以求加快包装机械装备机电一体化的进程。开发研究的重点可归纳为以下几个方面:

① 开发节能(水、电、油、汽等)、节约资源(原材料、辅助材料等)以及废料再生利用的机种。

② 开发耗能小、输出功率大、动态稳定性好、噪声低、污染小的机种。

③ 开发多种形状包装机,可对正方形、长方形、圆形、椭圆形、三角形、枕形、条形等包装物进行多功能包装。

④ 开发多料态包装机,如充填机、灌装机,可对液态、半流态、粘态、浆汁态和固态的微粒状、颗粒状、粉状、片状、块状、条状等物品进行多功能包装。

⑤ 开发多种基材袋的包装、充填、灌装以及封装的多功能机种,可对纸、塑料、铝箔、复合材料等基材的多功能包装进行作业。

⑥ 开发多种基材制袋机,可对单一多层纸袋与塑料薄膜袋、铝箔或纸塑等复合袋加工制造。

⑦ 开发多种树脂成型机,如树脂挤出机、吹膜机以及树脂流涎的多功能机种。

⑧ 开发减轻自重、减少占有空间、结构紧凑、安装更换方便、少维护、无(少)故障作业以及在线快速修复与不停机修复的生产线。

⑨ 开发多范围称重机,可更换称重、料斗,除进一步改善机械、电子传感称重外,开发无干扰的光传感器件,确保对物料的称重精确度。

(3) 开发纸、塑料、涂布、印刷等设备是包装机械行业发展的需求

① 开发多种瓦楞形瓦楞机组、生产线,可以通过快速更换对接压辊,达到生产 A 型、B 型、C 型和 E 型瓦楞纸板生产线的目标。

② 开发多种树脂双向位伸机组、生产线,主要通过更换挤出回杆,扩大对模唇的粗调范围,根据各种树脂的性能设计长径比、双向拉伸比等有关机械装置。

③ 开发多种涂布机,既能做刮刀涂布,也能做气刀涂布与计量涂布,同时可做各种涂料的不同涂层,对涂层厚度可做精调。

④ 开发多功能印刷机,既能胶印,也能凹印和苯胺印(柔性版印刷),不仅能印纸,也能印塑料薄膜、复合塑料、复合材料、铝箔(含真空镀铝)、装潢材料等。

任务 6.4　集装化与集装单元器具

6.4.1　集装化概述

1. 集装化的概念

集装化也称为集装单元化,我国国家标准《物流术语》GB/T 18354—2006 对集装化的定义是:用集装器具或采用捆扎方法,把物品组成集装单元的物流作业方式。其中用于集装物品的器具被称为集装单元器具,它应具备两个条件:一是能使物品集装成一个完整、统一体积或重量的单元;二是具有便于机械装卸搬运的结构,如托盘的叉入口、集装箱的脚件吊孔等。集装化有效地将各项分散的物流活动集结成一个整体,是物流系统合理化的核心内容和主要方式。

2. 集装化的类型

常见的集装单元主要有以下几种类型:

(1) 托　盘

平托盘是一种通用型托盘,也是使用量最大的一种托盘。此外,还有柱式托盘、轮式托盘、箱式托盘及其他特种专用托盘。

(2) 集装箱

集装箱是当前集装单元发展的最高阶段,是为便于物品运输而专门设计的,具有经久耐用、可循环使用的特点。最典型的集装箱是通用干货集装箱。除此之外,还有保温集装箱、罐式集装箱、台架式集装箱、敞顶集装箱等多种形式的集装箱。

(3) 其他集装容器

其他集装容器包括柔性集装袋、集装网络、集装货捆等集装容器。

3. 集装化的条件

标准化和批量化是现代化生产的两项基本原则。前者是生产社会化、机械化和自动化的前提,后者是降低生产成本的主要途径。集装化是这两项基本原则在物流过程中的具体运用。在现代化生产中,虽然同一产品已经在本企业甚至全国范围内实现了标准化和批量化,但成千上万种产品同时进入物流系统,对物流系统来说是非标准化的。通过集装化手段,不仅实现了

物流的标准化和批量化,而且也降低了物流成本。因此,现代的集装化应具备以下三个条件:

(1) 通用化

通用化即集装化要与物流全过程的设备与工艺相适应,不同形式的集装化方法之间、同一种集装化方法中不同规格的集装工具之间也要相互协调,以便在物流全过程中畅通无阻。

(2) 标准化

标准化即从集装化术语的使用,集装工具的外形和重量,集装工具材质、性能、试验方法,装卸搬运加固规则,一直到编号和标志都必须标准化(包括国家标准和国际标准),以便进行全社会和国际间的流通和交换。

(3) 系统化

系统化即指包括集装工具在内的成套物流设施、设备、工艺和管理的总和,是一个联系生产与生产、生产与消费的动态系统。

4. 集装单元化技术

集装单元化技术是指实施集装化作业所涉及的各种技术,是物流管理硬技术与软技术的有机结合。硬技术包括集装器具的制作、检测与维修,以及与运输、装卸搬运等物流设备有关的技术。软技术包括与实施集装单元化有关的一系列作业方法、程序、制度和系统的规划与设计等。

集装单元化技术是物流系统中的一项先进技术,是适合机械化大生产,便于采用自动化管理的一种现代科学技术。但是,在推广应用集装单元化技术的过程中必须注意三个问题:一是集装单元化系统必须具有配套的装卸搬运设备和运送设备;二是必须注意集装箱和托盘等集装器具的合理流向及回程货物的合理组织;三是必须实行集装箱具的标准化、系列化和通用化。

6.4.2 集装单元器具

集装单元器具主要包括集装箱、托盘和其他集装器具三大类。

1. 集装箱

集装箱是指具有一定强度、刚度和规格,专供周转使用的大型装货容器。

(1) 集装箱的种类

装载具有不同理化性质的货物时需要不同种类的集装箱,它们在外观、结构、强度、尺寸等方面都不尽相同。集装箱一般常从以下几个方面进行分类。

1) 按用途分类

① 干货集装箱。干货集装箱也称杂货集装箱,是最具代表性的一种通用集装箱,也是最常见的集装箱。它适用于一般杂货的装运,箱体为封闭式结构,其箱门设于箱体的一端或侧面。

② 保温集装箱。该箱内有隔热层,箱顶有能调节角度的进出风口,可以利用外界空气和风向来调节箱内温度,紧闭时能在一定时间内不受外界气温影响,适宜装运对温湿度敏感的货物。保温集装箱一般又可分为冷藏集装箱、隔热集装箱和通风集装箱三种类型,如图6-12～6-14所示。

图6-12　冷藏集装箱

图6-13　隔热集装箱

图6-14　通风集装箱

③ 罐式集装箱。它是适用于装运各种液体、气体及部分颗粒体的特殊形式的集装箱，常用于运输石油化工类液体。此类集装箱在一个金属框架内固定一个液罐，由罐体和箱体框架两部分组成。装货时，货物由罐顶部的装货孔进入；卸货时，则由排货孔流出或从顶部装货孔吸出。

④ 散装货集装箱。它是专门装运散料的、封闭式的集装箱。一般在散装集装箱的顶部设有2～3个装货口，以便装货，在装货口会设置水密性较好的盖，以防止雨水浸入箱内。端壁门下部开有两个卸货口，以便卸货。散装货集装箱的底部大多装有升降装置，可使箱体倾斜，更有利于卸货。

⑤ 台架式集装箱。台架式集装箱没有箱顶和侧壁，甚至有的连端壁也去掉，只留底板和四个角柱。台架式集装箱有很多类型，它们的主要特点是：为了保持其纵向强度，箱底较厚，箱底的强度比普通集装箱大，而其内部高度则比一般集装箱低；在下侧梁和角柱上设有系环，可把装载的货物系紧；台架式集装箱没有水密性，不能装运怕水的货物，适合装载形状不一的货物。台架式集装箱可分为敞侧台架式、全骨架台架式、有完整固定端壁的台架式、无端壁仅有固定角柱和底板的台架式集装箱等。

⑥ 敞顶集装箱。它也称为"开顶集装箱"，其主要特点是：没有箱顶，可利用起重机从箱子上方装卸货物，装运时用防水布覆盖顶部，其水密要求和干货箱一样，适合装载体积过大的物品。

⑦ 汽车集装箱。它是一种专门用来运输各种类型的小型汽车的特种集装箱。这种集装箱一般有单层和双层两种，其结构都是在箱体框架内安有简易箱底，无侧壁，但制造材料要有足够的强度和刚度。

⑧ 动物集装箱。它是一种专门装运牲畜的集装箱。为了遮蔽太阳，箱顶采用胶合板露盖，侧面和端面都有用铝丝网制成的窗，以求良好的通风；侧壁下方设有清扫口和排水口，并配有上下移动的拉门，有的还装有喂食口。

⑨服装集装箱。它又称"挂衣集装箱"，其特点是在箱内的侧梁上装有许多根横杆，每根横杆上垂下若干条皮带扣、尼龙带扣或绳索，成衣利用衣架上的钩，直接挂在带扣或绳索上。这种服装装载法属于无包装运输，它不仅节约了包装材料和包装费用，而且减少了人工劳动，提高了服装的运输质量，专门针对一些易皱不宜折叠的高档服装，例如西装、衬衫等进行装运，以保证运输过程中服装的质量。

2）按制造材料分类

① 钢制集装箱。钢制集装箱的框架及壁板皆由钢材制成，优点是强度高、结构牢、焊接性和水密性好，且价格低廉、易维修、不易损坏；缺点是自重大、防腐性差。钢制集装箱是目前使

用最多的集装箱。尤其是通用大型集装箱,大部分都是钢制集装箱。

② 铝制集装箱。铝制集装箱的主要材料是轻铝合金,其主要优点是自重轻、不生锈、弹性好、外表美观,主要缺点是造价高、受碰撞时易损坏、焊接性差。

③ 玻璃钢集装箱。玻璃钢集装箱是在钢制集装箱框架上装上玻璃钢复合板,其主要优点是强度大、刚性好,能承受较大重力,具有良好的隔热性、防腐性和耐化学性,容积大、易清扫、便于维修;缺点是自重大、造价高、易老化。

3) 按结构分类

① 固定式集装箱。固定式集装箱是指把集装箱的全部部件或其中一部分部件(如端壁)和箱底固定成一个整体的集装箱,一般包括密闭式集装箱、敞顶集装箱、台架式集装箱等。

② 折叠式集装箱。折叠式集装箱是一种能把集装箱的侧壁、端壁及箱顶等主要部件在空箱运输时折叠或分解并放到台座上的集装箱,当需要装载货物时可方便地组合成箱。这种集装箱适于单程运输,以减少运力的占用。

③ 薄壳式集装箱。薄壳式集装箱是把所有部件组成一个钢体,它的优点是重量轻,可以适应扭力但不会引起永久变形。

4) 按规格尺寸分类

目前,国际上通常使用的干货柜有:外尺寸为20英尺×8英尺×8英尺6英寸,简称20英尺货柜;外尺寸为40英尺×8英尺×8英尺6英寸,简称40英尺货柜;外尺寸为40英尺×8英尺×9英尺6英寸,简称40英尺高柜。此外,还有一些国家自行制定集装箱的标准,以及一些开展集装箱运输业务较早的公司(如美国的海陆公司和麦逊公司等)根据自身情况,制定自己的集装箱使用标准。

(2) 集装箱的标准

集装箱的标准按使用范围分,有国际标准、国家标准、地区标准和公司标准4种。

1) 国际标准集装箱

国际标准集装箱是指根据国际标准化组织第104技术委员会(ISO/TC 104)制定的国际标准来制造和使用的国际通用的标准集装箱。现行的集装箱国际标准共有13种,其宽度均相同(2 438 mm),长度有4种(12 192 mm、9 125 mm、6 058 mm、2 991 mm),高度有4种(2 896 mm、2 591 mm、2 438 mm、2 438 mm)。

2) 国家标准集装箱

各国政府参照国际标准并考虑本国的具体情况制定了本国的集装箱标准。我国现行国家标准《集装箱外部尺寸和额定重量》GB 1413—2008中对集装箱各种型号的外部尺寸、极限偏差及额定重量做了详细表述,其中5 t(1 t=1 000 kg)、10 t集装箱主要用于国内运输,20 t和30 t集装箱主要用于国际运输。

3) 地区标准集装箱

此类集装箱标准是由各地区根据本地区的特殊情况制定的,仅适用于本地区,如根据欧洲国际铁路联盟所制定的集装箱标准而建造的集装箱。

4) 公司标准集装箱

某些大型集装箱船公司会根据本公司的具体情况和条件来制定公司的集装箱标准,这类集装箱主要在公司运输范围内使用,如美国海陆公司的35英尺集装箱。

此外,世界上还有不少非标准集装箱。如总统轮船公司的45英尺及48英尺集装箱。非标准高度集装箱主要有9英尺和9.5英尺两种高度。非标准宽度集装箱有8.2英尺宽度。目前,世界上总重达24 t的20英尺集装箱受到普遍欢迎。

2. 托　盘

托盘作为集装器具已被广泛应用于生产、运输、仓储等各领域,被认为是20世纪物流产业中的关键性创新之一。国家标准《物流术语》GB/T 18354—2006中对托盘的定义是:托盘是用于集装、堆放、搬运和运输的放置,作为单元负荷的货物和制品的水平平台装置。

(1) 托盘的特点

托盘和集装箱在许多方面可以优缺点互补。托盘主要有以下几个方面的优点:

① 自重小。用于装卸、运输时,托盘本身所消耗的劳动强度相对集装箱而言较小。

② 返空容易,返空时占用的运力较小。由于造价低,又容易互为代用,因此托盘可以互以对方的托盘做抵补,减少返空量,即使有返空也较容易操作。

③ 装盘容易。托盘台面面积有限,装盘时不用像集装箱那样深入箱体内部,而且装盘后可采用捆扎、紧包等技术处理,操作简单方便。

④ 装载量有限。受外形尺寸的限制,托盘的装载量不可能像集装箱那样大,但也能集中一定的数量,比一般包装的组合量大得多。

⑤ 简化包装,降低包装成本。托盘也有一些缺点,比如保护性差、不适合露天存放、需要有仓库等配套设施。

(2) 托盘的分类

按照制造材料分类,托盘可分为木制托盘、钢制托盘、塑料托盘、纸制托盘等种类。但在大多数情况下,托盘是以结构特征来分类的。根据结构特征,托盘可分为如下五种。

① 平托盘。人们平时所说的托盘一般就是指平托盘,它是通用型托盘,其结构简单,使用方便,是使用量最大的一类托盘。国际标准化组织(ISO/R 455)对平托盘的定义是:在承载面和支撑面间夹以纵梁,构成可集装物料,可使用叉车或搬运车等进行作业的货盘。按台面和叉车叉入方式,平托盘可分成各种形式的托盘。平托盘如图6-15所示。

② 柱式托盘。柱式托盘是在平托盘的基础上发展起来的,其特点是:在不压货物的情况下可进行码垛(一般为四层),多用于包装物料、棒料管材等的集装。柱式托盘的基本结构是在托盘的四个角装上钢制的柱子,柱子之间可用横梁连接以形成框架结构(见图6-16)。按照柱子固定与否,柱式托盘可分为固定柱式托盘和可卸柱式托盘两种。

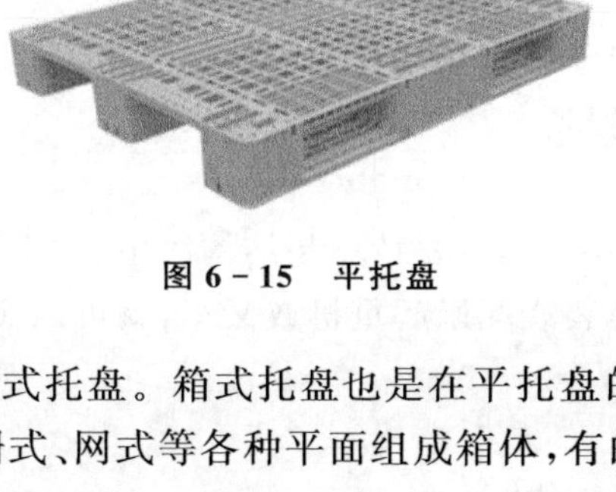

图6-15　平托盘

图6-16　柱式托盘

③ 箱式托盘。箱式托盘也是在平托盘的基础上发展起来的,其基本结构是:沿托盘四周用板式、栅式、网式等各种平面组成箱体,有的箱体有顶板,有的没有顶板。箱板有固定式、折

叠式和可卸式三种。箱式托盘的主要特点:一是防护能力强,可有效防止塌跺及货损;二是装运范围较大,可用于散装料的集装。如图6-17所示。

图6-17 箱式托盘

④ 轮式托盘。轮式托盘的基本结构是在平托盘、柱式托盘或箱式托盘的底部装上脚轮。这种托盘不但具有一般柱式托盘和箱式托盘的特点,而且还可以利用轮子做短距离的移动。

⑤ 特种专业托盘。除了上述具有通用性质的常见托盘之外,还有一些在个别领域使用以满足特殊物品装载要求的专用托盘,比较典型的有航空托盘、平板玻璃专用托盘、桶形物专用托盘、轮胎专用托盘和长尺寸物托盘等。

(3) 托盘的标准

作为衔接不同作业环节的纽带,托盘的尺寸与货架、包装、车厢及集装箱的尺寸等应互相匹配,以实现整个物流系统的合理化。但是,目前各个国家制定的托盘尺寸标准各不相同,如,美国是1 219 mm×1 016 mm,欧洲各国以1 200 mm×800 mm为标准的居多,加拿大为1 000 mm×1 000 mm。

为了达到国际联运的目的,托盘的规格应具有国际统一标准。但由于托盘规格的标准影响着不同国家和地区的经济利益,很难实现国际唯一标准,因此《联运通用平托盘主要尺寸及公差》ISO 6780—2003规定了四个系列的托盘标准,以此作为全球通用的国际标准。

① 1200系列。1200系列托盘有两种尺寸,即1 200 mm×800 mm和1 200 mm×1 000 mm。其中,1 200 mm×800 mm托盘也称欧洲托盘,其应用广泛,欧洲各国、加拿大多采用此规格托盘。

② 1100系列。1100系列托盘的尺寸为1 100 mm×1 100 mm。这一尺寸系列是根据国际集装箱的最小宽度尺寸2 330 mm制定的。1100系列的托盘与130国际标准集装箱相匹配,因此其使用程度普遍较高。

③ 1140系列。1140系列托盘的尺寸为1 140 mm×1 140 mm。此系列托盘是对1100系列托盘的改进,目的在于充分利用集装的内部空间。

④ 1219系列。1219系列托盘的尺寸为1 219 mm×1 016 mm,这是美国托盘的标准。

此外,我国颁布的国家标准《联运通用平托盘主要尺寸及公差》GB/T 2934—2007将联运托盘的平面尺寸定为800 mm×1 000 mm、800 mm×1 200 mm和1 000 mm×1 200 mm三种,载重量均为1 t。

3. 其他集装器具

除了集装箱和托盘这两种运用范围广、适用于多种货物装运的主要集装单元器具外,还有集装袋、集装网络、货捆等应用于特殊领域的集装器具。

(1) 集装袋

集装袋又称柔性集装袋,是集装单元器具的一种,其主要特点是结构简单、自重轻、可以折叠、密闭隔绝性强、返空所占空间小、价格低廉。集装袋配以起重机或叉车,就可以实现集装单元化运输,尤其适用于装运大宗散装粉粒状物料。

(2) 集装网络

集装网络是使用高强纤维材料制成的集装器具,它的装运方式与集装袋相似。集装网络主要用于装运包装货物和无包装的块状货物,每单位集装网络经常一次性装运 500～1 500 千克,在装卸中采取吊装方式。它比集装袋更轻,因而无效运输更少,价格较低,节省集装费用。集装网络的主要缺点是对货物的防护能力差,因而应用范围受到较大限制。

(3) 货　捆

货捆是通过捆扎的方式将货物组合成集装单元。捆扎主要适用于条形及柱形,且强度比较高,不用外加防护的物品,如钢材、木材等。

实　训

实训目的

加深认识包装、集装箱和托盘的使用情况。

实训内容

到物流公司实地调查,了解该公司包装、集装箱和托盘的使用情况。

实训课时

4 课时。

实训步骤

① 到物流公司实地调查,了解该公司包装、集装箱和托盘的使用情况;

② 写出实训报告;

③ 教师总结。

检查标准

① 按格式要求写出实训报告,用实例说明该公司的优势和不足之处。

② 交流实训报告。

思考与练习

一、多项选择题

1. 包装的功能包括(　　)。
   A. 保护功能　B. 方便功能　C. 销售功能　D. 集装功能　E. 增值功能
2. 按功能分,包装可分为(　　)。
   A. 内包装　B. 运输包装　C. 销售包装　D. 外包装　E. 储存包装
3. 绿色包装的材料有(　　)。
   A. 重复再用和再生的包装材料　B. 可食性包装材料
   C. 可降解材料　D. 纸材料
4. 商品包装的标志包括(　　)。
   A. 商品标记　B. 指示标志　C. 商品的名称　D. 危险品标志
5. 包装的标志位置应该在(　　)。

A. 包装两端　　B. 包装两侧上部　　C. 包装的顶盖上

6. 下列属于集装单元器具的是(　　)。

A. 集装箱　　B. 托盘集装袋　　C. 集装网络　　D. 货捆

二、简答题

1. 包装的定义是什么?
2. 包装机械的作用是什么?
3. 现代的包装技术有哪些?

三、案例分析题

物流包装也应“绿色化”

包装是物流活动对环境造成污染的重要环节之一。在物流过程中,发展绿色物流包装不仅是必要的,也是迫切的。

物流包装是将物流需要、加工制造、市场营销、产品设计要求以及绿色包装结合在一起考虑的文化表现形式。它的主要目的是在物流运输阶段保护物流商品。绿色包装包括两层含义:一是整个包装过程对生态环境、人体和牲畜的健康不会造成污染与损害;二是使用的包装材料必须是可再生利用的可持续发展物资。要实现物流包装的绿色化,必须将物流包装与绿色包装结合起来。

物流包装绿色化的具体方式表现如下:

1. 强化绿色包装意识

在“绿色浪潮”席卷全球的今天,企业应清醒地认识到,发展绿色包装不但可以降低能耗和成本、减少污染,还能提高企业形象、增加消费者对企业的认同感和信任感,从而增强产品的国际竞争力。如一些出口的整机仪器、家用电器的包装以瓦楞纸板、蜂窝纸板、竹胶板等环保材料替代木质托盘、包装箱和EPS(又称苯板、泡沫板)发泡塑料缓冲衬垫。

2. 积极开发绿色物流包装材料

绿色包装材料是发展绿色物流包装的关键,开发高强度、大板面、环境性能好、无公害、易回收再利用、轻量化的绿色物流包装材料,已成为决定绿色物流包装顺利发展的技术关键。目前,在物流包装过程中,常见的绿色包装材料如下:

① 竹材。竹材纤维条理结构相互垂直。按经纬编织成席后经干燥、涂胶、组坯、热压合而制成的竹编胶合板具有强度高、价格低、重量轻、废弃物易回收、不污染环境等特点,是一种优良的绿色包装材料。竹编胶合板节省资金,成本比木材包装的成本降低一半左右,可逐渐代替木材。

② 纸质绿色包装材料。产品在物流过程中,为了减轻内装物受到的碰撞和冲击,必须利用缓冲包装材料对产品进行缓冲包装设计。目前,常用的缓冲包装材料有瓦楞纸板、蜂窝纸板、纸浆模塑等。

在包装上,瓦楞纸板是一种应用最广的以纸代木的板材。瓦楞纸板的强度高、缓冲性能好,可以避免产品在运输过程中受到碰撞和冲击,特别适合机械、机电等产品的运输包装。近几年来,随着对楞型微型化研究的深入,一种用于代替厚纸板的微型瓦楞纸板材料已经成为一些小型家电产品包装的新宠。比如,在美国,数码和小家电产品对微型瓦楞包装的用量正以每年2%的速度增长；在欧洲，2004年微型瓦楞包装用量估计占到包装总量的12%。

蜂窝纸板是根据自然界蜂巢结构原理制作的，纸芯是由无数个空心立体六角形组成，以牛皮纸、再生纸等为原料。蜂窝纸板具有结构新颖、强度高、承重大、弹性好、重量轻、成本低、节省资源、保护生态环境等一系列特点，同时经过特殊处理后能够阻燃、防潮、防水、防霉、防静电等。

纸浆模塑是一种立体造纸技术，它以废纸浆或植物纤维浆为原料，在压力、时间等条件下，用带滤网的模具，通过纸浆脱水、纤维成型而生产出所需产品的一种加工方法。纸浆模塑制品除具有质轻、价廉、防震等优点外，还具有透气性好、有利于生鲜物品的保鲜等特点，被广泛用于蛋品、水果、玻璃制品等易碎、易破、怕挤压物品的周转包装上。

③ 植物纤维制品。以农作物废弃物、草本植物和废纸为主要原料的植物纤维，经粉碎、脱色、着色、发泡、成型等工艺，可以制成一种可完全降解的绿色缓冲包装材料。这种材料被用来作为工业包装的内衬，瓷器、洁具、玻璃器具等产品的缓冲包装材料。

④ 降解塑料。新研制出的可降解塑料，改善了塑料包装材料的回收再循环利用，目前出现的种类有生物降解塑料、水解降解塑料、氧化降解塑料以及光降解塑料。它们是分别在微生物、水解、氧化以及自然光的条件下，因化学结构发生明显变化而引起某些性质损失的一类塑料。它们的用途涉及食品包装内衬、医用材料和个人卫生用品等领域。

⑤ 轻量化玻璃包装材料。通过对玻璃成分的改性、合理的结构设计、正确的工艺安排以及有效的表面处理等强化措施可以达到瓶壁薄、强度高的目标。目前，无铅玻璃、微晶玻璃、无机抗菌玻璃等绿色包装材料也纷纷投入使用。

⑥ 铝箔及喷铝包装材料。铝罐、纯铝箔、喷铝膜是一类对环境无污染、可再生的轻量金属包装材料。它成为食品、饮料、医药、烟草等行业不可缺少的包装原材料，其市场前景十分可观。

3. 可重复使用的物流包装容器

可重复使用的物流包装容器在其储存和运输上一定要方便、成本低，并具有一定的承载力。一般在容器的适当地方采用活动的连接方式使其可折叠、可拆卸。

4. 充分利用可回收容器

我国包装废弃物总量高，生态环境污染严重。另外，我国经济实力不强、人均资源不足，然而废弃物利用率却很低，纸的回收率仅为15%。为解决这一问题，在物流包装中应广泛采用可回收容器。它们有一个共同点：有一个完整的标记系统以控制容器的流通。在可回收包装系统中，各方必须明确地使用这种标记以达到容器的使用最大化。否则，容器会丢失、误放或被遗忘。

5. 集合包装方式

集合包装是将一定数量的包装件或产品，装入具有一定规格、强度和能长期周转使用的更大包装容器内，形成一个合适的搬运单元的包装技术。它能节约包装材料、降低包装成本，还能促使物流包装标准化和规格化。它包括集装箱、集装袋、托盘集装、无托盘集装、框架集装等。

6. 有效管理绿色包装物流

绿色物流管理作为当今经济可持续发展的重要组成部分，对经济的发展和人民生活质量的改善具有重要的意义。好的物流管理是保证物流系统顺畅运行和降低物流成本的关键所在。无论是政府有关部门还是企业界,都应强化物流管理,共同构筑绿色物流包装发展的框架。

案例来源:中国包装报/2008/01104 第005版《物流包装绿色化》

问题:

1. 从可持续发展的角度出发,简要说明绿色包装的意义和必要性。
2. 绿色包装有哪些主要包装方式?
3. 绿色包装材料主要有哪些?分别适用于哪些包装领域?

项目7 流通加工

【学习目标】

知识要求：

➢ 了解流通加工的定义、流通加工合理化措施。

➢ 熟悉流通加工种类、形式。

技能要求：

➢ 能针对不同商品采取与之相适应的流通加工方法。

【项目案例】

丽水蔬菜加工企业:净菜从这里走向千家万户

疫情期间，对于居家隔离的人们来说，买菜这样的寻常小事也成了困扰。2月初，丽水山耕梦工厂与饿了么团队合作，推出净菜宅配服务，不用洗、不用切、开袋即下锅的半成品菜肴让宅家的丽水人享受了便利。

记者实地探访丽水山耕梦工厂净菜加工车间

作为碧湖工业园区里第一家复工的企业，丽水山耕梦工厂的运输车一直奔走在各个基地，一边帮忙抢收农产品，一边为医护人员家属和居家隔离的人们提供配送服务。丽水山耕梦工厂有一条净菜加工的生产线，平时这条生产线主要为一些企事业单位的食堂服务。特殊时期，丽水山耕梦工厂瞄准C端消费市场，针对丽水主城区推出了净菜宅配服务。点开“丽水山耕梦工厂”微信小程序，一道道半成品菜肴一目了然，当中不仅有鱼豆腐炒芹菜、杏鲍菇炒肚片这样的家常菜，也有稀卤鱿鱼这样的丽水本帮菜。莲都区范围内的消费者只需在下午5时前下单，次日11时前就能收到货。

高压蔬菜冲洗机是番薯、土豆等表面凹凸的根茎类蔬菜的“澡池子”，哪怕是地里埋、一身泥，“出浴”了也能出落得干干净净。皮糙肉厚的根茎类蔬菜用的是硬毛刷搓澡，细皮嫩肉的绿叶蔬菜洗的则是“泡泡浴”。在另外一条生产线上，一个个花菜被传送带抛进水槽，在流动的气泡水中来回打转……蔬菜经过去头、摘叶等前期处理后,会经过超声降解农残、气泡清洗、臭氧杀菌、清水漂洗、强力风干、沥干等环节,而这一切都是在这条生产线上一气呵成的。

洗净后的蔬菜需要改刀的,会被放进一个多功能切菜机。切片、切块,还是切丝儿,不过是操控台上一个按钮的事。机器一转动,三下五除二,一条条莴苣就成了薄片。依靠这条自动化生产线,车间每小时可以加工1吨左右的蔬菜。

来源:https://zjnews.zjol.com.cn/zjnews/lsnews/202003/t20200326_11818765.shtml

任务7.1 流通加工概述

7.1.1 流通加工的概念

我国国家标准《物流术语》GB/T 18354—2006中规定,流通加工是指:根据顾客的需要,在流通过程中对产品实施的简单加工作业活动(如包装、分割、计量、分拣、刷标志、拴标签、组装等)的总称。简言之,在流通过程中辅助性的加工活动称为流通加工。

流通加工是为了提高物流速度和物品的利用率,在物品进入流通领域后,按客户的需求进行的加工活动。即在物品从生产者向消费者流动的过程中,为了促进销售、维护商品质量和提高物流效率,对物品进行一定程度的加工。流通加工通过改变或完善流通对象的形态,来实现"桥梁和纽带"的作用。因此,流通加工是流通中的一种特殊形式。随着经济增长,国民收入增多,消费者的需求出现多样化,促使企业在流通领域开展流通加工。目前,在许多国家和地区的物流中心或仓库中存在大量流通加工业务。

7.1.2 流通加工的种类

1. 按照加工对象不同

流通加工与生产者、运输者和用户直接相关,较为典型的流通加工种类有以下几种:

(1) 食品流通加工

流通加工最多的是食品。现代生活中,由于专业化分工、生产与消费分隔,因此,为了便于保存,食品的流通加工是不可缺少的。比如:鱼和肉类的冷冻、生奶酪的冷藏、将冷冻的鱼肉磨碎以及蛋品加工、生鲜食品的原包装、大米的自动包装和牛奶的灭菌和摇匀等。食品流通加工的具体项目主要有冷冻加工、分选加工、精制加工、分装加工等。

(2) 钢材流通加工

钢材的加工包括钢板的切割、使用矫直机将薄板卷材展平、纵向切割薄板卷使之成为窄幅(钢管用卷材)、气割厚板、切断成型钢材。这种加工以适应顾客需求的变化、服务顾客为目的。各种钢材(钢板、型钢、线材等)的长度、规格有时不能满足客户需求,如热轧厚钢板等板材最大交货长度可达7~12 m,有的是成卷交货。对于使用钢板的用户来说,使用时必须进行剪板再加工。剪板加工是用剪板机,或切割设备将大规格钢板裁小,或切裁成毛坯。

汽车、冰箱、冰柜、洗衣机等生产制造企业每天需要大量的钢板。除了大型汽车制造企业外,一般规模的生产企业如果自己单独剪切,难以解决因用料高峰和低谷的差异引起的设备忙闲不均和人员浪费问题。如果委托专业钢板剪切加工企业,就可以解决这个矛盾。专业钢板剪切加工企业能够利用专业的裁切设备,按照用户设计的规格尺寸和形状进行套裁加工,并做到精度高、速度快、废料少、成本低。专业钢板剪切加工企业在国外数量很多，大部分由流通企业经营。这种流通加工企业不仅提供剪切加工服务，还出售加工原材料和加工后的成品以及提供配送服务。采用委托加工方式，可以使用户省心、省力、省钱。

(3) 木材流通加工

木材的流通加工一般有两种情况。一种情况是树木在生长地被伐倒后，不在当地使用，不可能连枝带叶地运输到外地，所以先在原处去掉树杈和树枝，再将原木运走。剩下来的树杈、树枝、碎木、碎屑掺入其他材料，在当地木材加工厂进行流通加工，做成复合木板。也有将树木在产地磨成木屑，采取压缩方法加大容重后，运往外地造纸厂造纸。另一种情况是在消费地建木材加工厂，将原木加工成木材，或按用户需要加工成各种形状的材料，供给家具厂、木器厂。木材进行集中流通加工、综合利用，出材率可提高到72%，原木利用率达到95%，经济效益相当可观。

(4) 平板玻璃流通加工

平板玻璃流通加工的主要方式是“集中套裁、开片供应”，可提高平板玻璃利用率，有利于玻璃生产厂家简化规格，实现大量生产，提高生产效率。

(5) 煤炭流通加工

煤炭流通加工有多种形式，如除矸加工、煤浆加工、配煤加工等。除矸加工可提高煤炭运输效益和经济效益，减少运输能力浪费。煤浆加工可以采用管道运输方式运输煤浆，减少煤炭消耗，提高煤炭利用率。配煤加工将各种煤及其他一些发热物质，按不同配方进行掺配加工，生产出各种不同发热量的燃料，配煤加工可以防止热能浪费，便于计量控制。

(6) 水泥流通加工

此类加工的方法较多，集中搅拌混凝土是其中的一种主要方法。实践证明，这种流通加工的效益，优于直接供应或购买水泥到工地现场搅拌制作混凝土的技术经济效益。因此，这种流通加工方式已受到许多国家重视。

(7) 组装产品的流通加工

有些产品若在生产过程中完全组装好，不但包装成本高，而且运输及装卸效率也会下降。所以，针对一些技术要求不高的产品，如自行车，可在流通加工中完成组装。

(8) 生产延续的流通加工

一些产品因其本身特性的要求，需要较宽敞的仓储场地或设施，而在生产场地建设这些设施又不经济，因此，可将部分生产领域中的作业延伸到仓储环节完成。如时装的检验、分类等作业，可以在配装仓库专用悬轨体系中完成。

2. 按加工目的不同

(1) 为适应多样化需要的流通加工

从需求角度看，需求存在多样性和变化性两个特点。为满足多样性和变化性，经常是用户自己设置加工环节。从生产角度看，生产部门为了实现高效率、大批量的生产，其产品往往不能完全满足用户的要求。为了满足用户对产品多样化的需要、同时又要保证高效率的大批量生产，可将生产出来的单一化、标准化产品进行多样化的改制加工。例如，对钢材卷板的舒展、剪切加工，平板玻璃按需要规格的开片加工，木材改制成枕木、板材、方材等。

(2) 为方便消费所进行的流通加工

这种流通加工形式在加工的深度上更接近于消费，能使消费者感到更加方便。其主要是根据下游生产的需要将商品加工成生产直接可用的状态。例如,根据需要将钢材定尺、定型,按要求下料,将木材制成可直接投入使用的各种型材,将水泥制成混凝土拌合料,使用时只需稍加搅拌即可使用等。

(3) 为保护产品所进行的流通加工

在物流过程中,在用户使用前都存在对产品的保护问题。为保护产品所进行的流通加工,是指为了使商品得到妥善保存,延长商品在生产和使用期间的寿命,防止商品在运输、储存、装卸搬运、包装等过程中遭受损失所进行的相关加工活动。例如,为水产品、肉类、蛋类的保鲜、保质而进行的冷冻加工、防腐加工等,丝、麻、棉织品的防虫、防霉加工等。还有,为防止金属材料的锈蚀而进行的喷漆、涂防锈油等措施,运用手工、机械或化学方法除锈,木材的防腐朽、防干裂加工,煤炭的防高温自燃加工,水泥的防潮、防湿加工等。

(4) 为弥补生产领域加工不足而进行的流通加工

由于受到各种因素的限制,许多产品在生产领域的加工只能完成到一定程度,而不能完全实现最终的加工。例如,木材如果在产地完成成材加工或制成木制品的话,就会给运输带来极大的困难,所以,在生产领域只能加工到圆木、板、方材这个程度,进一步的下料、切裁、处理等加工则由流通加工完成;钢铁厂大规模的生产只能按规格生产,以使产品有较强的通用性,从而使生产能有较高的效率,取得较好的效益。因而这种流通加工实际上是生产的延续,是生产加工的深化,对弥补生产领域加工不足有重要意义。

(5) 为促进销售所进行的流通加工

流通加工也可以起到促进销售的作用。例如,将过大包装或散装物分装成适合一次销售的小包装的分装加工;将以保护商品为主的运输包装改换成以促进销售为主的销售包装,以起到吸引消费者、促进销售的作用;将蔬菜、肉类洗净切块,以满足消费者要求;将零配件组装成用具、车辆,以便直接销售等。

(6) 为提高加工效率所进行的流通加工

由于数量有限,加工效率不高,许多生产企业的初级加工难以投入先进的技术。而流通加工以集中加工的形式,解决了单个企业加工效率不高的问题。它以一家流通加工企业的集中加工代替了若干家生产企业的初级加工,促使生产水平得到了一定的提高。

(7) 为提高物流效率、降低物流损失所进行的流通加工

有些商品本身的形态决定其难以进行物流操作,而且商品在运输、装卸搬运过程中极易受损。因此,需要进行适当的流通加工加以弥补,从而使物流各环节易于操作,提高物流效率,降低物流损失。例如,造纸用的木材磨成木屑的流通加工,可以极大地提高运输工具的装载效率;自行车在消费地区的装配加工可以提高运输效率,降低损失;石油气的液化加工,使很难输送的气态物转变为容易输送的液态物,也可以提高物流效率。这种加工往往会改变产品的物理状态,但并不改变其化学特性,并最终仍能恢复成原来的物理状态。

(8) 为衔接不同运输方式、使物流更加合理所进行的流通加工

在干线运输和支线运输的节点设置流通加工环节,可以有效解决大批量、低成本、长距离的干线运输与多品种、少批量、多批次的末端运输和集货运输之间的衔接问题。在流通加工点与大生产企业之间形成大批量、定点运输的渠道,以流通加工中心为核心,组织对多个用户的配送,也可以在流通加工点将运输包装转换为销售包装,从而有效衔接不同目的的运输方式。例如,散装水泥中转仓库把散装水泥装袋、将大规模散装水泥转化为小规模散装水泥的流通加

工，就衔接了水泥厂大批量运输和小批量装运的需要。

(9) 生产—流通一体化的流通加工

依靠生产企业和流通企业的联合，或者生产企业涉足流通，流通企业涉足生产，形成的对生产与流通加工进行合理分工、合理规划、合理组织，统筹进行生产与流通加工的安排，这就是生产流通一体化的流通加工形式。这种形式可以促成产品结构及产业结构的调整，充分发挥企业集团的经济技术优势，是目前流通加工领域的新形式。这种流通加工形式是配送中心为了实现配送活动，满足客户的需要而对物资进行的加工。例如，混凝土搅拌车可以根据客户的要求，把沙子、水泥、石子、水等各种不同材料按比例要求装入可旋转的罐中。在配送路途中，汽车边行驶边搅拌，到达施工现场后，混凝土已经均匀搅拌好，可以直接投入使用。

7.1.3　流通加工的特点

流通加工是在流通领域从事的简单生产活动，具有生产制造活动的性质。流通加工与一般性的生产加工在加工方法、加工组织、生产管理等方向并无显著区别，但在加工对象、加工程度方面差别较大。流通加工与生产加工的区别如表 7-1 所列，主要表现在以下几个方面：

① 从加工对象看，流通加工的对象是进入流通过程的商品，具有商品的属性。流通加工的对象是商品，而生产加工的对象不是最终商品，而是原材料、零配件或半成品。

② 从所处环节看，流通加工处于流通过程，生产加工处于生产过程。

③ 从加工程度看，流通加工大多是简单加工，而不是复杂加工。一般来讲，如果必须进行复杂加工才能形成人们所需的商品，那么这种复杂加工应该专设生产加工过程。生产过程理应完成大部分加工活动，流通加工则是对生产加工的一种辅助及补充。需要特别指出的是，流通加工绝不是对生产加工的替代。

表 7-1　流通加工与生产加工的区别

区　别	流通加工	生产加工
加工对象	进入流通过程的商品	原材料、零配件、半成品，而非最终产品
加工程度	简单的，辅助的、补充性的加工	复杂的、完成大部分加工
附加价值	完善其使用价值，并在不做大改变的情况下提高价值	创造价值和使用价值
加工责任人	流通加工由商业或物资流通企业完成	生产企业
加工目的	消费、流通	交换、消费
所处环节	流通过程	生产过程
加工范围	有局限性	较大

④ 从加工附加价值看，生产加工是创造商品的价值及使用价值，而流通加工则是完善其使用价值，并在不做大的改变的情况下提高价值。

⑤ 从加工单位看，流通加工的组织者是从事流通工作的人员，能密切结合流通的需要进行加工活动，一般是由商业或物资流通企业完成，而生产加工则由生产企业完成。

⑥ 从加工目的看，生产加工是以交换、消费为目的的商品生产，而流通加工是除了以消费为目的所进行的加工，有时候也以自身流通为目的来进行加工，纯粹是为流通创造条件。

【典型案例】　阿迪达斯的流通加工中心

7.1.4 流通加工的作用

1. 提高原材料利用率

通过流通加工进行集中下料,将生产厂商直接运来的简单规格产品,按用户的要求进行下料。例如,将钢板进行剪板、切裁;将木材加工成各种长度及大小的板材、方材等。集中下料可以优材优用、小材大用、合理套裁,明显地提高原材料的利用率,有很好的技术经济效果。

2. 方便用户

用量小或满足临时需要的用户,不具备进行高效率初级加工的能力,通过流通加工可以使这部分用户省去为进行初级加工而投入的设备、人力,方便了用户。目前发展较快的初级加工有:将水泥加工成生混凝土,将原木或板材、方材加工成门窗,钢板预处理、整形等。

3. 提高加工效率及设备利用率

在分散加工的情况下,加工设备由于生产周期和生产节奏的限制,设备利用时松时紧,使得加工过程不均衡,设备加工能力不能得到充分发挥。而流通加工面向全社会,加工数量大、加工范围广、加工任务多。因此,可以通过建立集中加工点,采用一些效率高、技术先进、加工量大的专业机具和设备,一方面提高了加工效率和加工质量,另一方面提高了设备利用率。

4. 弥补生产加工的不足

流通加工实际上是生产加工的延续和深化,它对于弥补生产加工的不足具有十分重要的意义。由于现实的生产系统中存在很多限制性因素,生产环节的各种加工活动往往不能完全满足消费者的要求,如产品的品种成千上万,规格型号极其复杂,要完全做到产品统一标准化极其困难。而流通企业往往对生产领域的物品供应情况和消费领域的商品需求最为了解,这为其从事流通加工创造了条件。因此,要弥补生产环节加工活动的不足,流通加工是一种理想的方式。

5. 为流通企业增加利润

大多数生产企业的初级加工规模有限,也不愿投入更为专业化的技术装备,所以,往往加工效率低下。流通加工企业可以通过集中加工的方法,以一家流通加工企业代替若干生产企业的初级加工工序,以解决多个企业初级加工效率不高的问题。流通加工通过专业化设备提高劳动生产率、原材料利用率和加工设备利用率,可以获得丰厚的直接的经济效益。同时,它还可以通过规模化加工有效地提高加工效益,缩短生产时间,减少全社会的加工费用,产生直接的经济效益。

6. 能充分发挥各种运输手段的最高效率

流通加工环节一般设置在消费地。在流通过程中,生产地的大批量、高效率、长距离的输送和消费地的多品种、少批量、多用户、短距离的输送之间,存在着很大的供需矛盾,而通过流通加工就可以较为有效地解决这个矛盾。以流通加工为分界点,从生产地到流通加工点可以利用火车、船舶形成大量的、高效率的定点输送。而从流通加工点到消费者则可以利用汽车和其他小型车辆形成多品种、多用户的灵活输送,这样可以充分发挥各种输送手段的最高效率,加快输送速度,节省运力运费,使物流更加合理。

任务 7.2 流通加工合理化

流通加工合理化的含义是实现流通加工的最优配置,也就是对设置流通加工环节、设置流通加工地点、流通加工的类型、技术装备的类型等问题做出正确抉择。这样做不仅要避免各种不合理的流通加工形式，而且要做到最优。

7.2.1　不合理流通加工

流通加工是流通领域对生产的辅助性加工，它不只是生产过程的“延续”，还是生产本身或生产工艺在流通领域的延续。同时，这个延续由于所处环境的不同，产生出不同的效应，在补充完善的同时，也带来了消极的负面作用。存在于流通加工中的不合理措施主要有以下几个方面：

1. 流通加工地点设置不合理

流通加工地点设置（即布局状况）是影响整个流通加工有效性的重要因素。一般而言，为衔接单品种大批量生产与多样化需求的流通加工，加工地设置在需求地区，才能实现大批量的干线运输与多品种末端配送的物流优势。为了更好地方便物流，应将流通加工环节设在产出地，即未进入社会物流之前。如果将其设置在物流之后，即消费地，不但不能解决物流问题，又在流通中增加了中转加工环节，使物流成本提高。即使在产地或需求地设置流通加工的选择是正确的，还存在流通加工在小地域范围的正确选址问题，这也会在一定程度上影响物流成本，并表现为交通不便，流通加工与生产企业或用户之间距离较远，流通加工点的投资过高（如受选址的地价影响），加工点周围社会、环境条件不良等。

2. 流通加工方式选择不当

流通加工方式包括流通加工对象、流通加工工艺、流通加工技术、流通加工程度等。流通加工方式的确定实际上是与生产加工的合理分工。本来应由生产加工完成的，却错误地由流通加工完成；本来应由流通加工完成的，却错误地由生产过程去完成，都会造成不合理。

3. 流通加工冗余环节增长

有的流通加工过于简单，对生产及消费者作用不大，甚至有时因流通加工的盲目性，不仅未能解决品种、规格、质量、包装等问题，而且会使实际环节增加，使物流成本提高。

4. 流通加工成本过高，效益不好

流通加工之所以能有生命力，是因其有较大的产出投入比，因而有效地起到了补充完善的作用。如果流通加工成本过高，则不能实现以较低投入获得较高使用价值的目的，难以实现物流成本的优化。

7.2.2　流通加工合理化措施

流通加工合理化的含义是实现流通加工的最优配置，不仅做到避免各种不合理，使流通加工有存在的价值，而且做到最优的选择。为避免各种不合理现象，对是否设置流通加工环节，在什么地点设置，选择什么类型的加工，采用什么样的技术装备等，需要人们做出正确抉择。根据目前国内在进行流通加工合理化方面所积累的经验，我国流通加工的合理化有了一定的应用措施：

1. 加工和配送结合

这是将流通加工设置在配送点中，一方面按配送的需要进行加工，另一方面加工又是配送业务流程中分货、拣货、配货中的一环。加工后的产品直接投入配货作业，这就无须单独设置一个加工的中间环节，使流通加工有别于独立的生产，并使流通加工与中转流通巧妙结合在一起。同时,由于配送之前有加工,可使配送服务水平大大提高。这是当前对流通加工做合理选择的重要形式,在煤炭、水泥等产品的流通中已表现出较大的优势。

2. 加工和配套结合

在对配套要求较高的流通中,配套的主体来自各个生产单位。但是,完全配套有时无法全部依靠现有的生产单位。进行适当流通加工,可以有效促成配套,大大增强流通的桥梁与纽带作用。

3. 加工和合理运输结合

如前所述,流通加工能有效衔接干线运输与支线运输,促进两种运输形式的合理化。利用流通加工,在支线运输转干线运输或干线运输转支线运输这种本来就必须停顿的环节,不进行一般的支转干或干转支,而是按干线或支线运输合理的要求进行适当加工,从而大大提高运输及运输转载水平。

4. 加工和合理商流相结合

通过加工有效促进销售,使商流合理化,这也是流通加工合理化的有效措施之一。加工和配送的结合,通过加工,提高了配送水平,强化了销售,是加工与合理商流相结合的一个成功的例证。此外,通过简单改变包装的加工,形成方便的购买量,通过组装加工解除用户使用前进行组装、调试的麻烦,都是有效促进商流的显著措施。

5. 加工和节约相结合

节约能源、节约设备、节约人力、节约耗费是流通加工合理化重要的考虑因素,也是目前我国设置流通加工,考虑其合理化的普遍形式。

实　训

实训目的

加深对流通加工的认识,更好地理解流通加工的目的和方法,掌握生活、工作中见到的各类流通加工的形式。

实训内容

① 了解流通加工的各种形式;

② 掌握不同形式流通加工的目的和方法。

实训课时

2课时。

实训步骤

① 走访相关企业,并通过网络查找有关资料,了解目前流通领域主要的流通加工方式有哪些;

② 每种流通加工形式分别有什么作用,用的什么加工方法;

③ 写出调查报告;

④ 教师总结。

检查标准

① 提供查找的资料(网站、图片、视频)2～3个;

② 按格式要求写出调查报告;

③ 交流实训报告。

思考与练习

一、单选题

1. 流通加工是指根据顾客的需要，在流通过程中对产品实施的(　　)加工作业活动(如包装、分割、计量、分拣、刷标志、拴标签、组装等)的总称。
   A. 综合　　B. 复杂　　C. 简单　　D. 主要
2. 水产品、肉类、蛋类的保鲜、保质的冷冻加工、防腐加工等，是为(　　)所进行的流通加工。
   A. 方便消费　　B. 保护商品　　C. 促进销售　　D. 弥补生产领域的不足
3. 与生产加工相比，流通加工的对象是(　　)。
   A. 商品(最终产品)　B. 原材料　　C. 零配件　　D. 半成品
4. 从加工附加值看，流通加工是(　　)使用价值。
   A. 创造　　B. 降低　　C. 提高　　D. 完善
5. 将过大包装或散装物分装成适合一次销售的小包装的分装加工，体现流通加工具有(　　)的作用。
   A. 保护商品　　B. 促进销售
   C. 提高加工效率　　D. 弥补生产领域的不足

二、多选题

1. 流通加工的目的有(　　)。
   A. 适应多样化需求　　B. 方便消费
   C. 保护商品　　D. 创造价值和使用价值
2. 与流通加工相比，生产加工的对象是(　　)。
   A. 原材料　　B. 零配件　　C. 最终产品　　D. 半成品
3. 从加工程度来看，流通加工是(　　)的加工，而生产是完成大部分的复杂加工。
   A. 主要　　B. 简单　　C. 辅助　　D. 补充性
4. 流通加工具有(　　)的作用。
   A. 方便用户　　B. 提高原材料利用率
   C. 提高加工效率及设备利用率　　D. 为流通企业增加利润

三、简答题

1. 流通加工与生产加工的区别有哪些？
2. 流通加工的合理化措施有哪些？

项目8　配送与配送中心

【学习目标】

知识要求：

- 理解配送的概念、配送中心的概念。
- 掌握配送的功能、配送中心的作业流程。
- 了解配送的种类、配送合理化的措施。

技能要求：

- 能针对不同企业设计配送作业流程。
- 能正确判断配送组织是否合理。

【项目案例】

战“疫”中让你安心的红旗连锁——日均配送量2 000吨

红旗连锁温江天府配送中心是一个占地近 2.4×10^4 m^2 的物流配送中心，3月7日，这里和往常一样，一片热闹繁忙。据红旗连锁温江天府配送中心负责人介绍，温江天府配送中心目前有470人，疫情期间，全体员工从大年初一便坚守岗位，全力以赴地保证了市民的消费和超市的供货。

这个配送中心的配送区域为成都主城区、温江、蒲江、大邑及雅安、乐山、眉山等地，负责1 300余家门店的商品配送服务，品类上万种。“温江天府配送中心在红旗的三大配送中心中算是较大的。疫情期间，三大配送中心日均配送4 000吨，温江的配送日均可能接近2 000吨。”

红旗连锁温江天府配送中心

疫情期间，配送中心员工一直坚守岗位，工人们有的架着前移式叉车在不同的货架间来回穿梭，有的开着搬运车把一件件货品装上车，一辆辆装满了各种生活用品的运输车有序发出。日均工作时间超过13 h，24 h待命，97台配送车基本上每天都要来回跑三趟，才能满足门店商品的需求。“这段时间的来货至少是以前的 3 倍，出货量也是以前的 3 倍，就这个区域内，每天我们至少能走 2 万步。”一名配送员说道。

来源：https://sichuan.scol.com.cn/amsc/202003/57505298.html

任务 8.1　配送概述

8.1.1　配送的概念及特点

1. 配送的概念

我国国家标准《物流术语》GB/T 18354—2006 对配送的定义是：根据客户要求，在经济合理区域范围内，对物品进行拣选、加工、包装、分割、组配等作业，并按时送达指定地点的物流活动。

配送是在整个物流过程中的一种既包含集货、储存、拣货、配货、装货等的物流活动，也包括输送、送达、验货等以送货上门为目的的商业活动。配送是商流与物流紧密结合的、综合的、特殊的供应链环节，也是物流过程的关键环节。由于配送直接面对消费者，最直观地反映了供应链的服务水平，所以，配送“在恰当的时间、地点，将恰当的商品提供给恰当的消费者”的同时，也应将优质的服务传递给客户。作为供应链的末端环节和市场营销的辅助手段，配送将日益受到重视。配送的概念可以从以下两个方面来认识。

(1) 从经济学资源配置的角度认识配送

根据配送在社会再生产过程中的位置及配送的本质，可以把配送描述为是以现代送货形式来实现资源最终配置的经济活动。

这个概念包括了以下 4 点内涵：

① 配送是资源配置的一部分，因而它是经济体制的一种形式。

② 配送是最终资源配置，是接近顾客的配置。在经营战略中，接近顾客是至关重要的内容。美国兰德公司对《幸福》杂志评选出的 500 家大公司所做的一项调查表明“经营战略和接近顾客至关重要”，证明了这种配置方式的重要性。

③ 配送的主要经济活动是现代送货。配送是以现代生产力、劳动手段为支撑，依靠科技手段实现“配”和“送”的有机结合。因此，它不同于传统意义上的简单送货。

④ 在社会再生产过程中，配送处于接近用户的那一段流通领域。因此，可以说配送是具有其重要的战略价值的，但是由于其局限性，配送并不能解决流通领域的所有问题。

(2) 从实施形态的角度认识配送

从配送最终实现的环节来看，可以把配送描述为按用户订货要求在配送中心或其他物流节点进行货物配备，并以最合理的方式将货物送交用户的过程。

配送的内容可以概括为以下 5 点：

① 描述了接近用户资源配置的全过程。

② 配送的实质是一种从物流节点至用户的特殊送货形式。它区别于一般送货，具有中转的特性。

一般送货可以是一种偶然的行为，而配送却是一种有固定的形态，甚至是一种有确定组织、确定渠道，有一套装备和管理力量、技术力量，有一套制度的体制形式。所以，配送是高水平的送货形式,即前面所提到的现代送货。

从送货功能看,配送的特殊性表现为从事送货的不是生产企业,而是专职流通企业。一般送货,尤其从工厂至用户的送货往往是直达型的,而配送是中转型送货。一般送货是有什么送什么,配送则是根据企业的需要送货。所以,要做到按需送货,就必须在一定中转环节筹集这种需要,因此配送必然以中转形式出现。当然,许多人也将非中转型送货纳入配送范围,将配送外延从中转扩大到非中转。

③ 配送是"配"和"送"有机结合的形式。在运送货物过程中,如果不进行分拣、配货,有一件运一件,需要一点送一点,就会大大增加劳动力,而配送是有效利用分拣、配货等理货工作,使送的货达到一定的规模,并利用规模优势降低送货成本。所以,要发挥整个配送的优势,分拣、配货等工作是必不可少的。

④ 配送以用户要求为出发点。配送定义中强调了"按用户的订货要求",明确了用户的主导地位。配送是从用户利益出发、按用户要求进行的一种活动。因此,在观念上必须明确配送企业的地位是服务地位而不是主导地位,配送企业应从用户利益出发,在满足用户利益的基础上取得本企业的利益,即做到"用户第一"和"质量第一"。更重要的是,配送企业不能利用配送损伤或控制用户,更不能利用配送作为部门分割、行业分割、割据市场的手段。

⑤"以最合理方式"配送,目的是避免过分强调"按用户要求"。因为有时在实际中,用户本身的局限性会损失自我或双方的利益。因此,对于配送者来说,必须以"用户要求"为据,但是不能盲从,应该追求合理性,指导用户实现共同收益。

2. 配送的特点

从以上对配送的概念的分析中可以看出,配送既不同于运输,也不同于旧式送货,它有着物流大系统所特有的特点,具体包括以下几个方面:

(1) 配送不仅仅是送货

在配送业务中,除送货外,还有拣选、分货、包装、分割、组配、配货等多项工作,这些工作难度很大,必须在发达的商品经济和现代的经营管理的支撑下才能做好。在商品经济不发达的国家及历史阶段,很难按用户要求实现配货,要实现广泛的高效率配货就更加困难。因此,一般意义的送货和配货存在着时代的差别。

(2) 各种业务的有机结合

配送是送货、分货、配货等多项业务活动有机结合的整体,同时还与订货系统紧密联系。要实现有机结合这一点,就必须依赖现代化的信息网络,建立和完善整个大系统,使其成为一种现代化的作业系统。这也是以往的送货方式无法比拟的。

(3) 技术手段现代化

配送的全过程要以现代化技术手段为基础。现代化技术和装备的采用使配送在规模、水平、效率、速度、质量等方面远远超过以往的送货方式。在配送活动中,由于大量采用各种传输设备及识码、拣选等机电装备,使得整个配送作业像工业生产中广泛应用的流水线,实现了流通工作的部分工厂化。因此,可以说配送也是科学技术进步的一个产物。

(4) 分工专业

配送采用的是一种专业化的分工方式。配送为客户提供定制化的服务,根据客户的订货要求准确及时地为其提供物资供应保证,在提高服务质量的同时,可以通过专业化的规模经营获得单独送货无法得到的低成本。

8.1.2　配送作业环节

从总体上讲，配送是由备货、理货和送货三个基本环节组成的。

1. 备　货

(1) 备货的概念与意义

备货指准备货物的系列活动，它是配送的准备工作和基础环节，又是决定配送成败、规模的基础环节。同时，它也是决定配送效率的关键环节。如果备货不及时或不合理、成本较高，会大大降低配送的整体效益。

(2) 备货的具体活动内容

严格来说，备货应当包括两项具体活动：筹集货物和存储货物。

1) 筹集货物

在不同的经济体制下，筹集货物（又称为"组织货源"）是由不同的行为主体去完成的。若生产企业直接进行取货，筹集货物的工作自然是由企业自己去组织的。而在专业化的流通体制下，组织货源和筹集货物的工作则会出现两种情况：其一，由提供配送服务的配送企业直接承担，一般是通过向生产企业订货或购货完成此项工作；其二，选择商流、物流分开的模式进行配送，订货、购货等筹集货物的工作通常是由货主自己去做，配送组织只负责进货和集货等工作，货物所有权属于货主（接受配送服务的需求者）。

总体而言，筹集货物都是由订货、进货、集货及相关的验货、结算等一系列活动组成的。配送的优势就是，可以集中用户的需求进行一定规模的备货。备货是决定配送成败的初期工作。如果备货成本太高，会大大降低配送的效益。

2) 存储货物

存储货物是购货、进货活动的延续。在配送活动中，货物存储有两种表现形态：一种是暂存形态，一种是储备形态。暂存形态的存储是按照分拣、配货工序要求，在理货场地储存少量货物。这种形态的货物存储是为了适应日配、即时配送的需要而设置的，其数量多少对下一个环节的工作方便与否会产生很大影响，但不会影响储存活动的总体效益。储备形态的存储是按照一定时期配送活动要求和货源的到货情况（到货周期）有计划地确定的，它是使配送持续运作的资源保证。

如上所述，用于支持配送的货物储备有两种具体形态：周转储备和保险储备。然而不管是哪一种形态的储备。相对来说，数量都比较多。据此，货物储备合理与否，会直接影响配送的整体效益。

2. 理　货

(1) 理货的内容

理货是配送的一项重要内容，包含分拣、配货和包装等多项活动。

(2) 分拣的主要方式

采用适当的方式和手段，从储存的货物中选出用户所需要的货物，此活动称为分拣。分拣货物一般采取两种方式来操作：一种是摘取式；另一种是播种式。

所谓的摘取式分拣，就像在果园中摘果子那样去拣选货物。具体做法是：作业人员拉着集货箱或分拣箱，在排列整齐的仓库货架间来回走动，按照配送单上所列的品种、规格、数量等，将客户所需的货物拣出并装入集货箱内。

播种式分拣类似于田野中的播种操作。其具体做法是:将数量较多的同种货物集中运到发货场,然后根据每个货物的发送量分别取出货物,并分别投放到每个代表用户的货位上,直至配货完毕。

3. 送　货

送货是配送活动的核心,也是备货和理货工序的延伸。由于配送中的送货须面对众多的客户,并且要多方向运动。因此,在送货过程中,应认真考虑三个方面:运输方式、运输路线和运输工具。按照配送合理化的要求,必须在全面计划的基础上,制订科学的、距离较短的运输路线,选择经济、迅速、安全的运输方式,选用适宜的运输工具。配送中的送货一般都把汽车作为主要的运输工具。

在配送过程中,根据用户要求或配送对象的特点,有时需要在配货之前先对货物进行加工,如:钢材剪切、木材加工等,提高配送质量,更好地满足用户需要。在配送中的货物加工是流通加工的一种特殊形式,其主要目的是使配送的货物完全适合用户的需要和提高资源的利用率。

8.1.3　配送的形式

配送的形式是指配送所采取的具体方式。配送有很多形式,且各有不同的特点。

1. 按配送机构的不同分类

(1) 配送中心配送

配送中心配送是指通过配送中心这一专门的配送组织机构来完成配送业务。配送中心是一个以物流配送活动为核心的经营组织,通常拥有较大规模的存储、分拣及输送系统和设施,而且要建立较大的商品储备,风险和投资都比较大。其设施及工艺流程一般是根据配送活动的特点和需要而专门设计和建设的。

(2) 仓库配送

仓库配送是以一般仓库为据点进行的配送。它可以将仓库完全改造成配送中心,也可以在保持仓库原功能的前提下,以仓库原功能为主,再增加一部分配送职能。仓库配送可以利用原仓库的储存设施及能力、收发货场地、交通运输线路等,比较容易利用现有条件,不需大量投资。但是由于其并不是按配送中心的要求而专门设计和建立的,所以一般来讲,仓库配送的规模较小,配送的专业化比较差。但是,由于可以利用原仓库的储存设施及能力、收发货场地、交通运输线路等,所以,仓库配送是开展中等规模的配送可以选择的形式。

(3) 配送点配送

配送点是在某一特定区域设置的专门从事该区域配送业务的网点。一般来说,配送点大都为配送中心的分支机构或下属机构,不独立对外进行商业活动,配送主要是根据配送中心的指令来进行。配送点配送的地理区域相对较小,距离也较近,配送的品种数量较少,一般为小件商品,配送设备主要为运输设备和必要的仓储设施。

(4) 商店配送

商店配送的组织者是商业零售企业。这些企业主要负责零售工作,规模一般不大,但经营的商品品种较齐全。除日常零售业务外,还可根据客户的要求将商店经营的商品品种配齐,或代客户订购一部分商店平时不经营的商品,与商店经营的商品品种一起配齐送给客户。这种配送组织者实力很有限,往往只进行小量、零星商品的配送,商品种类繁多但用量不大,有些商品只是偶尔需要。很难与大配送中心建立稳定配送关系的客户可以利用这种配送方式。商店配送半径较短，灵活机动，可承担企业重要货物的配送和消费者个人的配送，对配送系统的完善起着较重要的作用，是配送中心配送的辅助及补充形式。

(5) 生产企业配送

这种配送形式的组织者是生产企业，尤其是生产多种产品的企业。这种配送方式越过了配送中心，直接由生产企业进行配送。由于具有直接、避免中转的特点，所以，这种配送方式在节省成本方面具有一定的优势。但是，由于生产企业往往实行大批量低成本生产，品种较为单一。所以，此方式无法像配送中心那样依靠产品凑整运输取得优势。这种配送方式多适用于大批量、单一产品的配送，不适用于多种产品"划零为整"的配送，因而具有一定的局限性。生产企业配送在地方性较强的产品生产企业中应用较多，如就地生产、就地消费的食品、饮料、百货等。在生产资料方面，某些不适合中转的化工产品及地方建材也可采取这种方式。

2. 按配送商品种类及数量不同分类

(1) 少品种、大批量配送

少品种、大批量配送是指按照用户的要求，将其所需要的单种商品进行配送的方式。一般来讲，对于企业需要量较大的商品，由于单独一个品种或几个品种就可达较大输送量，可以实行整车运输，在这种情况下，不需要再与其他商品进行搭配。由于配送时商品品种少，所以配送机构内部在组织、策划等管理工作上较为简单。而且，配送数量大、易于配载，车辆使用效率高，配送成本较低，商品可以从生产企业直接运抵用户。

(2) 多品种、小批量配送

多品种、小批量配送是指按照用户的要求，将其所需要的多种商品通过集货、分拣、配货、流通加工等环节分期分批地进行配送的方式。这种配送方式相对来说作业难度较大，技术要求高，配送中心设备，特别是分拣设备复杂，配货送货计划难度大，为实现预期的服务目标必须制定严格的作业标准和管理制度。而且在实际中，多品种、少批量配送往往伴随多用户、多批次的特点，配送频率往往较高。

(3) 配套成套配送

配套成套配送是指按照企业的生产需要，将所需要的多种商品配备齐全后直接运送到生产企业和其他所需用户的手中。此方式一般适用于需要配套或成套使用的产品。例如，按照装配型企业的生产需要，将生产每一件产品所需要的全部零部件配齐，按照生产节奏定时送达生产企业，生产企业随即可将此成套零部件送入生产线以装配产品。在这种配送方式中，配送企业承担了生产企业大部分的供应工作，使生产企业可以专注于生产，它与多品种、少批量的配送效果相同。

3. 按配送的时间和数量分类

(1) 定时配送

定时配送是指按规定的时间间隔进行配送。配送的货物种类及数量按计划执行或按顾客的订单要求执行。这种方式由于时间固定，双方比较容易安排作业计划。但也可能由于配送品种和数量的临时性变化增加管理和作业难度。

(2) 定量配送

定量配送是指按规定的批量，在一个指定的时间范围内进行配送。这种方式数量固定，备货工作较为简单，可以依据托盘、集装箱及车辆的装载能力规定配送的定量，能够有效利用托盘、集装箱等集装方式,可以做到整车配送,配送效率高。由于定量配送的时间没有严格限定,所以可以将多个用户的货物凑成整车后配送,有效利用运力。对于用户来讲,每次接货都处理同等数量的货物,也有利于人力、物力上的准备。

(3) 定时定量配送

定时定量配送是指按照规定的配送时间和配送数量进行配送。这种方式兼有定时和定量两种方式的优点,但特殊性强,计划难度大,适合采用的用户不多。一般适合大量且稳定生产的汽车、家用电器、机电产品的供应物流,按协议或采用“看板方式”来决定配送的时间和数量。

(4) 定时定路线配送

定时定路线配送是指在规定的运行路线上制订运行时间表,按照运行时间表进行配送。用户可以按规定的路线站及规定的时间接货,以及提出配送要求。这种方式有利于安排车辆和人员。在配送用户多的地区,可以免去过分复杂的配送要求所造成的配送组织工作及车辆安排的困难。对于用户来讲,既可以对一定路线、一定时间进行选择,又可以有计划地安排接货力量。一般适用于零售店、连锁商业企业的配送。

(5) 即时配送

即时配送是指完全按用户提出的配送时间和数量进行配送的方式。这种方式基本做到用户随时提出供货要求,企业随时满足供应的高服务质量的配送,但实施难度大,物流企业成本高,主要应对由于事故、灾害、生产计划的突然变化等因素产生的突发性需求。

4. 按配送企业专业化程度分类

(1) 综合配送

综合配送是指配送商品种类较多,不同领域的产品在一个配送网点组织对客户的配送。综合配送可减少客户组织所需全部物资进货的负担,只需和少数配送企业联系便可解决多种需求。但是,由于产品性能、形状差别很大,在组织时技术难度较大。因此,一般只有在形状相同或相近的不同类产品之间实行综合配送,差别过大的产品难以综合化。

(2) 专业配送

专业配送是指按产品性质不同,适当划分的配送方式。其可按某类产品的共同要求优化配送设施、优选配送机械及配送车辆,制定适用性强的工艺流程,从而大大提高配送各环节的效率,如金属材料、水泥、木材、平板玻璃、生鲜食品的配送。

5. 按加工程度不同分类

(1) 加工配送

加工配送是指和流通加工相结合的配送,即在配送据点设置流通加工环节,或是流通中心与配送中心建在一起。当社会上现成的产品不能满足客户需要,客户根据自身工艺需要使用经过某种加工的产品时,可以在加工后通过分拣、配货再送货到户。流通加工与配送相结合,使流通加工更有针对性,减少了盲目性。配送企业不但可以依靠送货服务、销售经营取得收益,还可通过加工增值取得收益。

(2) 集疏配送

集疏配送是指只改变产品数量组成而不改变产品物理形态的配送方式,如大批量进货后多批次发货,零星集货后形成一定批量再送货等,适用于需先集货后分配的产品,如农产品等。

6. 按经营形式分类

(1) 销售配送

这种配送的主体是销售企业，配送的对象一般是不固定的，客户也不固定，配送对象和客户取决于市场的占有情况。因此，这种配送的随机性较强，大部分商店配送就属于这一类。

(2) 供应配送

这是企业为了自己的供应需要而采取的配送方式，它往往是由企业组建配送据点，集中组织大批量进货，然后向本企业或企业集团内若干成员配送。商业经营中的连锁商店广泛采用这种方式。这种方式可以提高供应水平和供应能力，可以通过大批量进货取得价格折扣的优惠，达到降低供应成本的目的。

(3) 销售供应一体化配送

这种配送方式是销售企业对于那些需求基本固定的客户，在进行销售的同时还承担客户有计划的供应职能，起到既是销售者同时又是客户的供应代理人的双重作用。这种配送有利于双方形成稳定的供需关系，有利于采取先进的计划手段和技术，有利于保持流通渠道的稳定等。

(4) 代存代供配送

这种配送是客户把属于自己的货物委托配送企业代存、代供或代订，然后配送。这种配送的特点是货物所有权不发生变化，所发生的只是货物的位置转移，配送企业仅从代存、代供中获取代理收益，而不能获得商品销售的利润。

8.1.4　配送的意义

1. 推行配送有利于实现物流合理化

配送不仅能够把流通推上专业化、社会化的道路，更重要的是，它能以其特有的运动形态和优势调整流通结构，使物流运动演化为规模经济运动。所以，推行配送制可以获得高效率和高效益，并减少车辆的空驶，达到减少空气污染的目的。

2. 配送完善了输送及整个物流系统

配送环节处于支线运输，灵活性、适应性、服务性都较强，可使运输过程得以优化和完善。

3. 配送提高了末端物流的经济效益

采用配送方式，可以做到经济地进货。它将各种商品配齐集中向用户发货，也可将多个用户小批量商品集中在一起进行发货，降低单位物流成本。配送可使企业实现低库存或零库存。

4. 可使企业实现低库存或零库存

通过集中库存，可使企业实现低库存或零库存。生产企业可以释放大量储备资金，改善财务状况，降低成本。

5. 简化手续、方便用户

用户只需要向配送中心一处订购，就能达到向多处采购的目的，减少了订货等一系列费用开支。

6. 提高商品供应保证程度

用户缺货的风险减小了，提高了商品供应保证程度。

任务8.2 配送合理化

物流配送难度大,在实际操作中会出现很多不合理的配送形式,如进货不合理、库存决策不合理、价格不合理、配送与直达的决策不合理、送货中运输不合理、经营观念不合理等。配送合理化是配送系统要解决的问题,也是配送管理的重要原则之一。配送合理化是指以尽可能低的配送成本获得可以接受的配送服务,或以可以接受的配送成本达到尽可能高的服务水平。

8.2.1 不合理配送的表现形式

配送合理与否不能简单判定,也难有一个绝对标准。例如,经济效益是配送的重要衡量标志。但是,企业在决策时常常会综合考虑各方面因素,所以有时合理的配送甚至会导致亏损,可见配送的决策应全面、综合地考虑。在决策时,要避免由于不合理配送造成损失。但配送是个系统的概念,有时为了追求总体或某些环节的合理,就可能导致某些环节的不合理,所以对不合理配送要具体分析,这里只单独论述不合理配送的表现形式。但是,要防止绝对化。

1. 资源筹措不合理

配送可以集合多个客户的需求,形成较大批量来筹措资源。通过筹措资源的规模经济来降低资源筹措成本,使配送资源筹措成本低于用户自己筹措资源的成本,从而取得优势。假如不是集中多个用户需要而进行批量筹措资源,而仅仅是为某一两户代购代筹,对用户来讲就不仅不能降低资源筹措费用,反而要多支付一笔配送企业的代购代筹费,因而是不合理的。

资源筹措不合理还有其他表现形式,如配送量计划不够,资源筹措过多或过少,资源筹措时没有考虑建立与资源供给者之间长期稳定的供需关系等。

2. 库存决策不合理

实现了高水平的配送后,配送中心的集中库存代替了客户的分散库存。实行集中库存后,其库存总量应该远低于不实行集中库存时各企业分散库存的总量。如果集中库存总量等于或者高于各用户分散库存总量,则不能实现集中库存节约社会财富、降低用户库存负担的功能。因此,配送企业必须依靠科学管理来实现一个低总量的库存,否则,就只是库存转移,起不到配送应有的作用。

库存量过多是库存决策不合理的表现形式之一,同样,储存量不足也是一种库存决策不合理。因为库存量不足就不能满足一些客户出现的临时或随机需求,影响客户服务水平和客户满意度。

3. 价格不合理

配送的价格应低于不实行配送时用户自己购买、提货、运输、进货所形成的费用,这样才能使用户有利可图。有时候,由于配送有较高服务水平,价格稍高,用户也是可以接受的,但这不能是普遍的情况。假如配送价格普遍高于用户自己进货的价格,损害了用户利益,就是一种不合理表现。价格定得过低,使配送企业处于无利或亏损状态,会损伤销售者,也是不合理的。

4. 配送与直达的决策不合理

配送与直达相比,虽然增加了环节,但是这个环节的增加可降低用户平均库存水平,产生的效益要大于增加的费用。然而,假如使用批量大,直接通过社会物流系统批量进货,较之通过配送中转送货,可能更节省费用,因此在这种情况下,不直接进货而通过配送就属于不合理范畴。

5. 送货中运输不合理

与用户自提相比，配送可以集中配装一车送几家，尤其对于多个小用户来讲，这比一家一户自提更节省运力和运费。假如不能利用这一优势，仍然是一户一送，而且车辆达不到满载（即时配送过多过频时会出现这种情况），则属于不合理运输。此外，不合理运输的若干表现形式在配送中都可能出现，会使配送变得不合理。

6. 经营观念不合理

在实施配送时，有许多是经营观念不合理。例如，配送企业利用配送手段向用户转嫁资金、库存风险，即库存大时，企业强迫用户接受货物以缓解自己的库存压力；当资金紧张时，长期占用用户资金；在资源短缺时，将用户委托的资源挪作他用或用于牟利等，使配送优势无从发挥，也损坏了配送企业的形象，这是在开展配送业务时尤其需要注意避免的不合理现象。

8.2.2 配送合理化的判断标志

对于配送合理化与否的判断是配送决策系统的重要内容，目前国内外尚无一定的技术经济指标和判断方法，按一般认识，以下标志是应当纳入配送合理化范畴的：

1. 库存标志

库存是判断配送合理与否的重要标志。其具体指标有以下两个方面。

① 库存总量。库存总量在一个配送系统中，从分散于各个用户转移给配送中心，配送中心库存数量加上各用户在实行配送后库存量之和，应低于实行配送前各用户库存量之和。

此外，从各个用户的角度来判断，各用户在实行配送前后的库存量比较也是判断配送合理与否的标准，某个用户库存量上升而总量下降也是一种不合理。

库存总量是一个动态的量，上述比较应当是在一定经营量的前提下。在用户生产有发展之后，库存总量的上升则反映了经营的发展，必须扣除这一因素才能对总量是否下降做出正确判断。

② 库存周转。由于配送企业的调剂作用，以低库存保持高的供应能力，配送后的库存周转一般总是快于各企业之前的库存周转。此外，从各个用户角度进行判断，用户在实行配送前后的库存周转速度也是判断配送合理与否的标志。

为统一比较标准，以上库存标志都以库存储备资金来计算。

2. 资金标志

① 资金总量。资源筹措所占用的流动资金总量，随储备总量的下降及供应方式的改变，必然有一个较大的降低。

② 资金周转。从资金运用的角度来讲，由于整个节奏加快，资金充分发挥作用。同样数量的资金，过去需要较长时期才能满足一定供应要求。配送之后，在较短时期内就能达此目的，所以资金周转是否加快是衡量配送合理与否的标志。

③ 资金投向的改变。资金分散投入还是集中投入是资金调控能力的重要反映。配送后，资金必然应当从分散投入改为集中投入，以增加调控作用。

3. 成本和效益标志

总效益、宏观效益、微观效益、资源筹措成本都是判断配送合理化的重要标志。对于不同的配送方式，可以有不同的判断侧重点。例如，如果配送企业、用户都是各自独立的、以利润为中心的企业,则不但要看配送的总效益,而且还要看对社会的宏观效益及两个企业的微观效益,不顾及任何一方都必然出现不合理。又如,如果配送是由用户集团自己组织的,配送主要强调保证能力和服务性,那么效益主要从总效益、宏观效益和用户集团企业的微观效益来判断,不必过多顾及配送企业的微观效益。

由于总效益及宏观效益难以计量,在实际判断时,配送常按国家政策进行经营,以是否完成国家税收及配送企业和用户的微观效益来判断。

对于配送企业而言(投入确定的情况下),企业利润反映了配送合理化程度。对于用户企业而言,在保证供应水平或提高供应水平(产出一定)的前提下,供应成本的降低,反映了配送的合理化程度。

成本及效益对配送合理化的衡量还可以具体到储存、运输等具体配送环节。

4. 供应保证标志

在实行配送时,各用户最大的担心是供应保证程度降低,这是个心态问题,也是承担风险的实际问题。配送中重要的一点是必须提高而不是降低对用户的供应保证能力,只有这样才算实现了合理化。供应保证能力可以从以下几个方面来判断:

① 缺货次数。实行配送后,对各用户来讲,该到货却未到货以致影响用户生产及经营的次数必须下降才算合理。

② 配送企业集中库存量。对每一个用户来讲,由数量形成的供应保证高于配送前单个企业的供应保证程度,从供应保证来看才算合理。

③ 即时配送的能力及速度。即时配送是用户出现特殊情况时的特殊供应保障方式,这一能力及速度必须高于未实行配送前用户紧急进货能力及速度才算合理。

特别需要强调一点,配送企业的供应保证能力是一个科学合理的概念,而不是无限的概念。具体来讲,如果供应保证能力过高,超过了实际的需要,也属于不合理。所以,追求供应保障能力的合理化也是有限度的。

5. 社会运力节约标志

末端运输是目前运能、运力使用不合理,浪费较大的领域,因而人们寄希望于配送来解决这个问题。这也成了配送合理化的重要标志。运力使用的合理化是依靠送货运力的规划和整个配送系统的合理流程及与社会运输系统合理衔接来实现的。送货运力的规划是任何配送中心都需要花力气解决的问题,而其他问题依赖于配送及物流系统的合理化,判断起来比较复杂,可以简化判断如下:①社会车辆总数减少,而承运量增加为合理;②社会车辆空驶减少为合理;③一家一户自提自运减少,社会化运输增加为合理。

6. 用户企业仓库、供应、进货人力物力节约标志

配送的重要观念是以配送为用户代劳。因此,实行配送后,各用户库存量、仓库面积、仓库管理人员减少为合理;用于订货、接货、供应的人应减少才为合理。真正解除了用户的后顾之忧,配送的合理化程度就可以说达到了一个高水平。

7. 物流合理化标志

配送必须有利于物流合理。这可以从以下几方面判断:①是否降低了物流费用;②是否减少了物流损失;③是否加快了物流速度;④是否发挥了各种物流方式的最优效果;⑤是否有效衔接了干线运输和末端运输;⑥是否不增加实际的物流中转次数;⑦是否采用了先进的技术手段。

物流合理化是配送要解决的大问题，也是衡量配送合理与否的重要标志。

8.2.3 配送合理化可采取的做法

国内外推行配送合理化有以下几种可供借鉴的办法。

① 推行一定综合程度的专业化配送。通过采用专业设备、设施及操作程序取得较好的配送效果并降低配送综合化的复杂程度及难度，从而追求配送合理化。

② 推行加工配送。通过加工和配送结合，充分利用本来应有的这次中转而不增加新的中转以求得配送合理化。同时，借助于配送，使加工目的更明确，与用户联系更紧密，更避免了盲目性。这两者有机结合，投入不用增加太多却可追求两个优势、两个效益，是配送合理化的重要经验。

③ 推行共同配送。通过共同配送，可以以最近的路程、最低的配送成本完成配送，从而追求合理化。

④ 实行送取结合。配送企业与用户建立稳定、密切的协作关系。配送企业不仅成了用户的供给代理人，而且成为用户储存据点，甚至成为产品代销人。在配送时，将用户所需的物资送到，再将该用户生产的产品用同一车运回，这种产品也成了配送中心的配送产品之一，或者作为代存代储，免去了生产企业的库存包袱。这种送取结合的方式可以使运力得到充分利用，也使配送功能得到更大的发挥，从而得到合理化。

⑤ 推行准时配送系统。准时配送是配送合理化的重要内容。配送做到了准时，用户才有把握放心地实施低库存或零库存，可以有效地安排接货的人力、物力，以追求最高效率的工作。另外，保证供给能力也取决于准时供给。从国外的经验看，准时供给配送系统是现在许多配送企业追求配送合理化的重要手段。

任务8.3 配送中心概述

8.3.1 配送中心的概念

我国国家标准《物流术语》GB/T 18354—2006对配送中心的定义是，从事配送业务且具有完善信息网络的场所或组织，应基本符合下列要求：主要为特定客户或末端客户提供服务，配送功能健全；辐射范围小，提供高频率、小批量、多批次配送服务。

配送中心是物流节点的一种重要形式，是专门用于配送业务的物流节点，是以组织配送性销售或供应，执行实物配送为主要职能的流通型节点。与传统的仓库和批发、储运企业相比，配送中心具有质的不同。仓库仅仅是储存商品，而配送中心不是被动地储存商品，还具有集、配、送等多样化功能和作用。和传统的批发、储运企业相比，配送中心在服务内容上由商流、物流分离发展到商流、物流和信息流的有机结合，在流通环节上由多个流通环节发展到由一个中心完成流通全过程。

配送中心是专门从事商品配送活动的经济组织。为了能做好送货的编组准备，需要在配送中心中采取零星集货或批量进货等作业方式对商品进行分整、配备等，为了满足用户需要，配送中心还需要具有较强的流通加工能力以开展各种形式的流通加工。从这个意义上来讲，配送中心实际上是将集货中心、分货中心以及流通加工中心合为一体的现代化物流基地，也是发挥多种功能作用的物流组织。因此,配送中心除了具有传统的储存、集散、衔接等功能外,还具有分拣、加工、信息处理等功能。

1. 储存功能

配送中心的服务对象是生产企业和商业网点,如连锁店和超市,其主要职能就是按照用户的要求,在规定的时间和地点将商品送到客户手中,以满足生产和消费的需要。为了顺利有序地完成向用户配送商品的任务,更好地发挥保障生产和消费需要的作用,通常配送中心都建有现代化的仓储设施,储存了一定数量的商品以保证配送服务所需要的货源。无论何种类型的配送中心,储存功能都是重要的功能之一,如京东商城在位于上海嘉定的“亚洲一号”仓库配备了库高 24 m 的自动化智能仓库,如图 8-1 所示。

图 8-1　京东上海“亚洲一号”自动化立库储区

2. 集散功能

配送中心凭借其特殊的地位和拥有的先进物流设施设备、完善的物流管理系统,将分散在各个生产企业的商品集中起来,经过分拣、配装、送达给多家客户。同时,配送中心也可以将各个用户所需要的多种货物有效地组合或配装在一起,形成经济、合理的批量,来实现高效率、低成本的商品流通。集散功能是配送中心的一项基本功能,通过集散商品来调节生产与消费,实现资源的合理配置,并由此降低物流成本。

3. 衔接功能

配送中心是重要的流通节点,衔接着生产和消费,通过配送服务将各种商品运送到用户手中。同时,通过集货和储存商品,配送中心又有调节市场需求、平衡供求关系的作用。现代化的配送中心如同一个“蓄水池”,不断地进货、送货,快速地周转,有效解决了产销不平衡,缓解了供需矛盾,在产与销之间建立起了一个缓冲平台,这是配送中心衔接供、需两个市场的另一个表现。可以说,现代化的配送中心通过发挥储存和发放货物的功能,体现出了其衔接生产与消费、供应与需求的功能,使供需双方实现了无缝衔接。

4. 分拣功能

作为物流节点的配送中心,其服务对象众多,这些众多的客户之间存在很大的差别,这些客户不仅经营性质、产业性质不同,而且经营规模和经营管理水平也不一样,因此他们对配送服务的时间要求、数量要求以及品种要求差异很大。面对这样复杂的用户,配送中心必须采取适当的方式对组织来的货物进行分拣,为配送运输做好准备,然后按照配送计划组织配货和分装,以满足用户的不同需要。强大的分拣能力是配送中心实现按客户要求组织送货的基础,也是配送中心发挥其分拣功能的保证。分练功能是配送中心与普通仓库的主要区别。图8-2所示为京东武汉亚洲号分拣中心。

图8-2 京东武汉亚洲号分拣中心

5. 加工功能

配送中心为扩大经营范围和提高配送服务水平,根据用户的要求和合理配送的原则,对商品进行分装、组装、贴标签等初加工活动,因此配送中心拥有一定的加工能力。配送加工虽不是普遍的,但往往是有着重要作用的功能要素,它是配送中心提高经济效益和提高服务水平的重要手段,必须引起足够的重视。国内外许多配送中心都很重视提升自己的配送加工能力,按照客户的要求开展配送加工可以使配送的效率和用户的满意程度提高。配送加工有别于一般的流通加工,它一般取决于客户的要求,销售型配送中心有时也会根据市场需求进行简单的配送加工。

6. 信息处理功能

配送中心连接着物流干线和配送,直接面对产品的供需双方。因此,配送中心不仅能实现物的流通,而且也通过信息处理来协调各个环节的作业,从而协调生产与消费。信息化、网络化、自动化是配送中心的发展趋势,信息系统越来越成为配送中心的重要组成部分。

8.3.2 配送中心的分类

1. 按配送中心的建立者分类

(1) 生产企业配送中心

大型生产企业为了促进销售建立配送中心。中小型企业,因财力有限,自行投资构建配送网络不经济,更不符合社会分工细化的趋势,所以大都委托第三方物流公司或专业物流企业进行配送。大型生产企业,特别是超大型生产企业的做法是:在生产厂集中的地区建一个物流基地,在消费者集中的地区建若干个配送中心。各工厂生产的商品先大批量、少批次、低频度地运给物流基地,然后再根据各个消费地区的用量将商品从物流基地运至配送中心,在配送中心再一次分类、分拣、组装、加工、配齐后,用小型卡车,多品种、小批量、高频度地送达最终用户。由于是本企业、本系统内配送,这类配送中心一般由立体自动化仓库、货架仓库、分类流水线、分拣系统、包装和流通加工作业区等部分构成。这类配送中心能反映企业的销售状况和市场需求状况,所以,企业能够通过对配送过程中各种数据的分析制订生产计划、采购原材料、安排生产,以避免盲目生产造成的浪费。生产企业自己建设配送中心有一定的投资风险,季节性波动和销售波动问题难以自行解决。

(2) 流通企业配送中心

建设配送中心的流通企业一般是大型第三方物流企业、仓储企业、批发商和经销商。流通企业为社会各行各业提供服务,项目多、范围广。但由于客户不固定、变动性大,所以,这类配送中心的规模不宜过大,不宜过于专用化。我国仓储企业的配送中心不少是由原来的保管型仓库改建而成的,建设成本小,地理位置优越,但需要加强设施、设备改造和提高服务意识。流通企业的配送中心应该进一步向生产领域延伸,与生产企业磨合,提供全方位的服务。同时,必须树立良好的企业形象,重合同、守信誉。

2. 按配送中心的职能分类

(1) 供应型配送中心

供应型配送中心是以向某些用户供应商品,提供后勤保障为主要特点的配送中心。在物流实践中,有许多配送中心与生产企业或大型商业组织建立起相对稳定的供需关系,为其供应原材料、零配件和其他商品,这类配送中心便是供应型配送中心。供应型配送中心一般专门为固定用户,如连锁商店、便利店提供配送服务,定期、定时向连锁商店和便利店配送原材料、食品或零配件。供应型配送中心相对来讲供货批量比较固定,配送次数不是很频繁,路线稳定,配送对象单一,所以,这类配送中心比较经济,也便于管理。

供应型配送中心担负着向多家用户供应商品的重任,起供应商的作用。因此,这类配送中心占地面积比较大,一般建有大型的现代化仓库并储存一定数量的商品。

(2) 销售型配送中心

销售型配送中心是指以促进销售为目的,物流服务商流,借助配送这一服务手段来开展经营活动的配送中心。在激烈的市场竞争环境下,商品生产者和经营者为促进商品的销售,通过为客户代办理货、加工和送货等服务手段来降低成本,提高服务质量。与此同时,他们还改造和完善了物流设施,运用现代化配送理念组建了专门从事加工、分拣配货、送货等活动的配送中心。

由于配送对象零散、变动性大,数量有多有少,因而配送服务计划性差,临时配送作业多,难度也大。这类配送中心一般由立体自动化仓库、货架仓库、分类机械、分拣设备、传送轨道、识别装置、无线数据传输、无人搬运小车、托盘堆码机,以及计算机控制操作系统构成。销售型配送中心主要有以下3种类型:

① 生产企业为将本企业产品直接销售给用户而建立的配送中心。在国内外,这种类型的配送中心很多。

② 流通企业建立的配送中心。作为经营的一种方式,流通企业建立配送中心是为了扩大销售。国内已建或拟建的生产资料配送中心多属于这种类型。

③ 流通企业和生产企业联合建立的销售型配送中心。此类配送中心是未来发展的一种趋势。

(3) 储存型配送中心

储存型配送中心充分强化了配送中心的储存功能,在充分发挥储存作用的基础上开展配送活动。从商品销售的角度来看，在买方市场条件下，企业商品的销售需要有较大的库存支持；在卖方市场条件下，生产企业需要储存一定数量的生产资料，以保证生产连续运转，其配送中心需要有较强的储存功能。大范围配送的配送中心需要有较大的库存支持，也是储存型配送中心。这类配送中心通常具有较大规模的仓库和储存场所。

(4) 加工型配送中心

加工型配送中心的主要功能是对商品进行流通加工，在配送中心对商品进行清洗、组装、分解、集装等加工活动。

3. 按配送中心的归属分类

(1) 自有型配送中心

自有型配送中心是指隶属于某一个企业或企业集团，通常只为本企业提供配送服务，不对外开展配送业务的配送中心。连锁经营的企业常常建有这类配送中心，如美国沃尔玛公司的配送中心就是公司独资建立并专门为本公司所属的连锁企业提供商品配送服务的自有型配送中心。

(2) 公共型配送中心

公共型配送中心是以营利为目的，面向社会开展后勤服务的配送组织。其特点是服务范围不限于某一个企业或企业集团内部。在所有的配送中心中，这种配送组织占有相当大的比例，随着经济的发展，其比例还会提高。

(3) 合作型配送中心

合作型配送中心由几家企业共同建立、共同管理，多为区域性配送中心。合作型配送中心可以是企业之间联合建设，如中小型零售企业联合投资兴建，实行共同配送；也可以是由行业或地区来规划建设，作为本行业或本地区内企业共同的配送中心；或是多个企业、系统、地区联合共建，形成辐射全社会的配送网络。

4. 按配送中心服务范围分类

(1) 城市配送中心

城市配送中心是为城市范围内的用户提供配送服务的物流组织。其特点是多品种、小批量、配送距离短，要求反应能力强，提供门到门的配送服务。根据城市道路的特点，其运载工具常为小型汽车。另外，城市配送的对象多为连锁零售企业的门店和最终消费者，如我国很多城市的食品配送中心、菜篮子配送中心等都属于城市配送中心。

(2) 区域配送中心

区域配送中心库存商品充足、辐射能力强、配送范围广，可以跨省、市开展配送业务。这种配送中心规模较大，客户较多，配送批量也较大。其服务对象经常是下一级的配送中心、零售商或生产企业用户，如上文所述的美国沃尔玛公司的配送中心就属此类，其建筑面积 12 万平方米，每天可为 6 个州 100 家连锁店配送商品。

5. 按配送中心的属性分类

有些属性较强的商品在配送时需要建符合其属性要求的配送中心。因此，按配送商品的属性划分的配送中心有医药品配送中心、化妆品配送中心、食品配送中心、家电配送中心、烟草配送中心、日用品配送中心、电子产品配送中心、书籍配送中心、服装鞋帽配送中心、汽车零配件配送中心、鲜花配送中心、水果蔬菜配送中心、海产品配送中心等。这些配送中心因配送的商品类别不同，各种商品之间又有排他性或不可混淆性的要求，故配送中心的设施、结构、设备、机械以及管理方式均有一定差异。

8.3.3 配送中心的作业流程

配送中心的效益主要来自"统一进货、统一配送",统一进货的主要目的是避免库存分散、降低企业的整体库存水平。通过降低库存水平,可以减少库存商品占用的流动资金,减少为这部分占压资金支付的利息和机会损失,降低商品滞销压库的风险。配送中心的作业流程设计要便于实现两个主要目标:一是降低企业的物流总成本;二是缩短补货时间,提供更好的服务。

配送中心的作业项目包括订货到货接收、验货入库与退货、订单处理、储存、加工、拣选、包装、装托盘、组配、配装送货、送达服务等,作业项目之间衔接紧密,环环相扣,整个过程既包括实物流,又包括信息流,同时还有资金流。

配送中心的作业流程如图8-3所示,流程中操作的每一步都要准确、及时,且具备可跟踪性、可控制性以及可协调性。

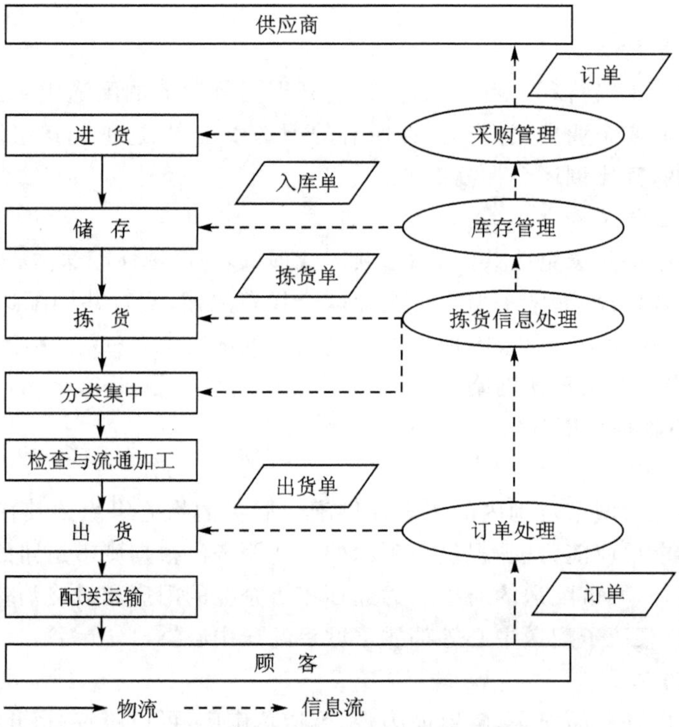

图8-3 配送中心作业基本流程

1. 订单处理

物流活动要实现的目标就是降低成本与提高客户的服务满意度。而在降低成本的过程中,按订单生产已越来越受到商家的重视。配送中心和其他经济组织一样,具有明确的经营目标和对象,配送中心的业务活动是以客户订单发出的订货信息作为驱动源的。在配送活动开始前,配送中心根据订单信息,对客户的分布、所订商品的品名、商品特性和订货数量、送货频率和要求等资料进行汇总和分析,以此确定所要配送的货物种类、规格、数量和配送的时间,最后由配送中心调度部门发出配送信息(如拣货单、出货单等)。订单处理是配送中心调度、组织配送活动的前提和依据，是其他各项作业的基础。

订单处理是配送中心客户服务的第一个环节，也是配送服务质量得以保证的根本。在订单处理过程中，订单的分拣和集合是重要的环节。

订单处理的职能之一是填制文件，通知指定仓库将所订货物备齐。一般用订单分拣清单表明所需要集合的商品项目，该清单的一联会被送到仓库管理人员手中，仓库接到产品的出货通知后，按清单拣货、贴标，最后将商品组配装车。

订货方式一般有传统订货方式和电子订货方式。许多配送中心采用电子化订货方法，例如电子订货系统(EOS)，通过操作订货簿或货架标签，并配合手持终端机及扫描器、POS 机、订货应用系统等来完成订货任务。还有较先进的 EDI 电子数据交换系统。

配送中心收到客户订单后，进行处理的主要工作如下：

① 检查订单是否全部有效，即订单信息是否完全、准确。

② 信用部门审查客户的信誉。

③ 市场销售部门把销售额记入有关销售人员的账目。

④ 会计部门记录有关账目。

⑤ 库存管理部门选择和通知距离客户最近的仓库分拣客户的订单、包装备运，并及时登记公司的库存总账，扣减库存，同时将货物及运单送交运输商。

⑥ 运输部门安排货物运输，将货物从仓库发运到收货地点，同时完成收货确认(签收)。

为了保证供货，配送中心也可以将发货单传送给客户，一般由计算机完成。

2. 进货作业

配送中心进货作业主要包括订货、接货、验收入库 3 个环节。

(1) 订　货

配送中心收到并汇总客户的订单以后，首先要确定配送货物的种类和数量，然后要查询管理信息系统，看现有库存商品中有无需要的订货商品，如果有现货且数量满足，则转入拣货作业；如果没有现货或现货数量不足，则要及时向供应商发出订单，提出订货。另外，对于流转速度较快的热门商品，配送中心也可以根据需求情况提前组织订货，批量上最好是经济批量。对于商流、物流相分离的配送中心，订货作业由客户直接向供应商下达采购订单，配送中心进货工作从接货作业开始。

(2) 接　货

供应商在接到配送中心或用户的订单后，会根据订单要求的品种和数量组织供货，配送中心则组织人力、物力接收货物，有时还需到港、站、码头接运到货，签收送货单后就可进行货物验收。

(3) 验　收

验收是配送中心一个重要的工作，其目的就是保证商品能及时、准确、安全地发运到目的地。所订货物到达配送中心后，即由配送中心负责对货物进行检查验收，验收的内容主要是货物的品质质量、数量、重量和包装的完好性。验收的依据主要是合同条款要求和有关质量标准。验收合格无误的货物办理入账、信息采集和货物入库手续；如不符合合同条款要求，配送中心将详细登记差错情况，并拒收货物，按有关规定或合同中的事先约定来处理。

3. 储　存

为了满足日常供应需要，配送中心一般都有库存保管的储存区。为了防止商品缺货，配送中心或多或少都会有一定的安全库存,视商品的特性及生产前置时间的不同,安全库存的数量也不同。

4. 理货和配货作业

配送中心的核心作业就是理货和配货作业。该项作业根据不同客户的订单要求进行货物的拣选、加工、包装和配装,为货物发出做好准备。

(1) 拣　选

分拣作业是指拣货人员依据业务部门按照客户订单要求下达的拣货单,从储存的货物中拣出一定品种和数量的商品。分拣作业的方法分为摘果式和播种式两种,常用的是摘果式拣选。具体做法是拣货员拉着拣货箱在仓库货架内巡回走动,根据拣货单和配货单在货架上的位置(货位或储存),拣取规定的货物品种、规格和数量放入货箱内。另外,一些大型配送中心采用了自动分拣技术,利用自动分拣设备自动分拣,大大地提高了拣货作业的准确性和作业效率。

(2) 流通加工作业

配送中心的加工作业属于增值性活动,不具有普遍性。有些加工作业属于初级加工活动,比如,按照客户的要求将一些原材料套裁;有些加工作业属于辅助加工,比如,对产品进行简单组装,给产品贴上标签或套塑料袋等;也有些加工作业属于深加工,食品类配送中心的加工通常是深加工,比如,将蔬菜和水果洗净、切割、过磅、分份并装袋,加工成净菜,或按照不同的风味进行配菜组合,加工成原料菜等配送给超市或零售店。

不同类型的配送中心会根据其配送商品的特性、用户的要求、加工的可行性选择是否进行配送加工作业,作业内容也不尽相同,通过加工作业可完善配送中心的服务功能。

(3) 包装作业

配送中心将需要配送的货物拣取出来后,为便于运输和识别不同用户的货物,还要对配送货物进行重新包装或捆扎,并在包装物上贴上标签。

(4) 配装作业

为充分利用运输车辆,提高货物运输的积载率,配送中心一般将在同一时间内发出的不同用户的货物组合配装在同一批次运输车辆上进行运送,这就是配送中心的配装作业。合理的混装与配装不但能有效地降低成本,还可以减少城市道路的交通流量,改善交通状况和减少环境污染。

5. 出货作业

出货作业是配送中心的末端作业环节,包括装车和送货两个作业项目。

(1) 装　车

配送中心装车作业可以采用机械装车,也可采用人力装车。对于较大批量或较大体积和重量的货物,可采用装卸机械设备(如叉车)和托盘进行装车;对于批量较小的散货,由于数量少、重量轻,故可人力装车。装车时要注意避免货物损坏和外包装的破损。

(2) 送　货

配送中心自备送货车辆,或者根据实际需要借助社会运力来组织送货。送货作业的重点是正确选择运输工具和合理选择运输路线。对于固定用户的送货,可事先编排出合理的运送线路,选择合适的送货时间,进行定时定线送货;对于临时送货,可根据用户要求和当时的交通状况,选择合适的送货路线进行送货。

实　训

实训目的

参观企业配送中心，如新华文轩配送中心、红旗连锁配送中心，对配送作业和配送中心有更直观的认识和更深入的了解。

实训内容

了解配送中心的作业内容和作业流程，认识配送中心的设施和设备。

实训课时

2 课时。

实训步骤

① 教师带学生到配送中心参观，认识配送中心；

② 了解该配送中心作业内容有哪些，作业流程是怎样的，有哪些作业岗位；

③ 写出实训报告；

④ 教师总结。

检查标准

① 按格式要求写出实训报告；

② 报告内容在对配送的认识上正确、深入。

思考与练习

一、单选题

1. 配送是由(　　)个基本环节组成的。

A. 2　　B. 3　　C. 4　　D. 5

2. (　　)是配送的准备工作和基础环节。

A. 包装　　B. 分拣　　C. 备货　　D. 理货

3. 配送中心是重要的流通节点，衔接着(　　)，通过配送服务，将各种商品运送到用户手中。

A. 生产和消费　　B. 仓储和消费　　C. 包装和运输　　D. 运输和消费

4. 美国沃尔玛公司所属的配送中心就是(　　)配送中心。

A. 公共型　　B. 专业型　　C. 合作型　　D. 自有型

5. (　　)是配送区别于其他物流形式的功能要素，也是决定配送成败的重要因素。

A. 包装　　B. 分拣　　C. 备货　　D. 理货

二、多选题

1. 配送的基本环节包括(　　)。

A. 备货　　B. 包装　　C. 理货　　D. 分拣　　E. 发货

2. 除储存功能外，配送中心还具有(　　)功能。

A. 集散　B. 衔接　C. 分拣　D. 加工　E. 信息处理

3. 加工型配送中心的主要功能是对商品进行流通加工,包括(　　)等活动。

A. 清洗　B. 组装　C. 分解　D. 集装

4. 配送中心按归属分类,可以分为(　　)。

A. 公共型　B. 专业型　C. 合作型　D. 自有型

三、简答题

1. 配送和配送中心的定义是什么?
2. 配送有哪些分类?
3. 配送中心基本流程图是怎样的?

项目9　供应链管理

【学习目标】

知识要求：

- 理解供应链、供应链管理的概念。
- 了解电子商务对供应链管理的影响。

技能要求：

- 识别供应链的类型，了解供应链管理的内容。
- 掌握物流管理与供应链管理的关系与区别。

【项目案例】

从"宝·玛"合作看如何构建协同供应链

从传输销售数据到共建协同的计划、预测与补货流程，再到全球数据同步。最初，沃尔玛与宝洁的沟通只停留在宝洁的销售与沃尔玛的采购之间的买卖关系上，双方都只是关注自己内部的业务。沃尔玛的创始人山姆·沃尔顿与宝洁的副总裁路·普立特切特多年前在辛辛那提小河上一起泛舟时共同提出：从源头到终端分析供应链，建立合作伙伴关系，双方发展简单而高效的由工厂至消费者的物流储运体系。由此，双方展开了深入合作。

首先，为降低营销成本，沃尔玛和宝洁公司建立合作联盟，由两个公司不同职能部门组成的12人小组一起开发出一套复杂的电子数据交换连接系统。通过该系统，宝洁公司可以源源不断地收集沃尔玛各店中其产品的销售数据，并据此将适量的宝洁产品及时地从工厂送到商店。之后，宝洁大胆地取消了销售部，设立了客户生意发展部，将财务、IT、物流、市场等多个部门从后方支持部门改变为一线部门，与零售战略伙伴结成多部门的合作。原先宝洁和沃尔玛只在销售环节对接，财务、IT等均作为后台隐于其后；而信息共享之后，双方实现了全方位对接。然后，在持续补货的基础上，宝洁和沃尔玛合力启动了CPFR(Collaborative Planning、Forecasting and Replenishment，协同的计划、预测与补货)流程，它让双方从共同的商业计划开始，到市场推广、销售预测、订单预测，再到最后对市场活动的评估总结，构成一个可持续提高的循环。流程实施的结果是使双方的经营成本和库存水平都大大降低，沃尔玛分店中的宝洁产品利润增长了48%，存货接近于零；而宝洁在沃尔玛的销售收入和利润也大幅增长了50%以上。接着，双方开始试点使用UCCnet，通过使用HTTP和AS2等网络协议共享信息，宝洁将自己的产品数据，包括公司的内部产品号码、通用产品码、零件号码目录、量度单位等数据都发布到UCCnet上，然后沃尔玛就可以接受这些数据并根据驻留在他们内部系统的数据进行验证，一旦通过验证，这些数据就被认为是同步的。

后来，通过电子产品编码，宝洁第一个与沃尔玛开始了它的射频技术(RFID)标签测试。对于宝洁来说，提议使用射频技术的价值是在零售商的货架上摆放更多它的产品，同时减少劳动力和存货费用。不久之后，宝洁与沃尔玛实现了全球的数据同步。

宝洁与沃尔玛合作方式的改变导致两家公司的关系发生了改变,两家建立了长期稳定的合作伙伴关系,由非输即赢的赌博关系变成了力促双方成本下降、收益增加的双赢关系。合作伙伴之间的相互信任是发展长期稳定合作的基础。沃尔玛让宝洁分享销售和价格信息,并将一部分订单处理和存货管理的控制权授予宝洁;而宝洁也认同沃尔玛的天天低价的经营哲学,并投资于专门的信息网络,取代原来关注沃尔玛的订货量的做法,宝洁的销售队伍则集中力量去寻找如何提高沃尔玛的销售业绩,使双方的利润最大化的方法。

来源:https://www.51test.net/show/119950.html

问题:

1. 宝洁与沃尔玛是如何构建供应链的?
2. 宝洁与沃尔玛的合作对中国的零售企业与供应商有怎样的借鉴?

任务9.1 供应链与供应链管理

自20世纪90年代以来,随着科学技术的进步和经济的迅速发展、全球化信息网络和全球化市场的形成,使围绕着新产品的市场竞争日趋激烈。技术进步和需求的多样化使得产品周期不断缩短。企业面临着开发新产品、提高产品质量、缩短交货期和订货提前期、提高服务水平等压力。这些压力迫使企业不得不对市场做出"快速响应",开发出"个性化产品"去占领市场,赢得竞争。同时,在市场上,传统的企业与企业之间的竞争也转化为供应链与供应链的竞争。那么,什么是供应链?什么是供应链管理呢?

9.1.1 供应链的定义和基本特征

1. 供应链的定义

供应链是指在生产和流通的过程中,将产品或服务提供给最终用户的、所有上游和下游企业之间形成的网络结构。

我国国家标准《物流术语》GB/T 18354—2006中将供应链定义为:生产及流通过程中,为了将产品或服务交付给最终用户,由上游与下游企业共同建立的网链状组织。

具体来说,供应链是指在产品生产和流通过程中,由所涉及的原材料供应商、制造商、批发商、零售商以及最终消费者所组成的供需网络,即由物料获取、加工并将成品送到用户手中这一过程所涉及的企业和企业部门组成的网络,如图9-1所示。

供应链是社会化大生产发展到一定阶段的产物,是重要的流通组织形式和市场营销方式。它以市场组织化程度高、规模化经营的优势,有机地连接生产与消费,对生产和流通有着直接的导向作用。

供应链分为内部供应链和外部供应链。内部供应链是指由企业内部产品生产和流通过程中所涉及的采购部门、生产部门、仓储部门、销售部门等组成的供需网络。而外部供应链是指由企业外部与企业相关的产品生产和流通过程中所涉及的原材料供应商、生产厂商、储运商、零售商以及最终消费者组成的供需网络。内部供应链与外部供应链共同组成了企业产品从原材料到成品再到消费者的供应链,可以说,内部供应链是外部供应链的缩小版。

2. 供应链的特征

从供应链的概念以及供应链网络结构图可以知道,供应链是一个网链结构,由围绕核心企

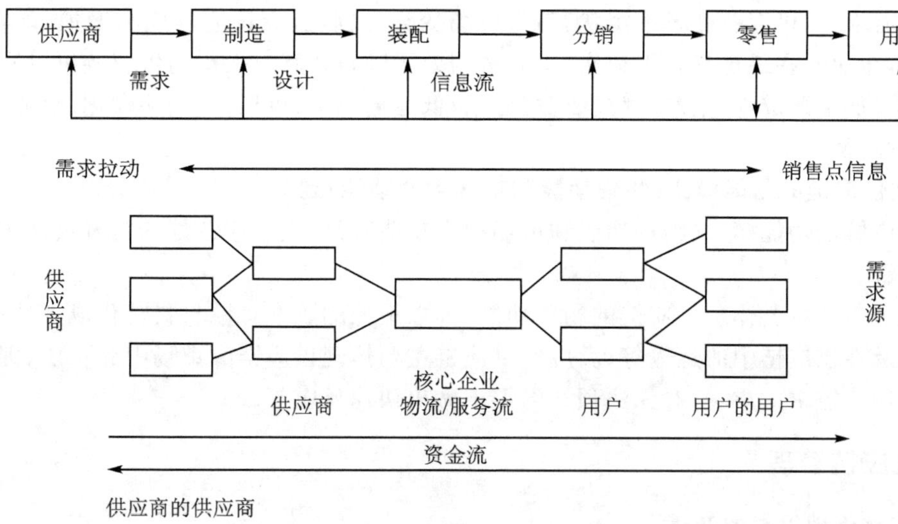

图 9-1　供应链网络结构模式

业的供应商、供应商的供应商和用户、用户的用户组成。一个企业是一个节点，节点企业和节点企业之间是一种需求与供应关系。供应链主要具有以下几个特征：

(1) 复杂性

由于供应链节点企业的跨度(层次)不同，供应链往往由多个、多类型甚至多国企业构成，所以供应链结构模式比一般单个企业的结构模式更复杂。

(2) 动态性

因企业战略和适应市场变化的需要，节点企业需要动态地更新，这就使得供应链具有明显的动态性。

(3) 面向用户需求

供应链的形成、存在、重构，都是基于一定的市场需求而发生。并且，在供应链的运作过程中，用户的需求是供应链中信息流、产品、服务流、资金流运作的驱动源。

(4) 交叉性

节点企业可以既是这个供应链的成员，同时又是另一个供应链的成员，众多的供应链形成交叉结构，增加了协调管理的难度。

9.1.2　供应链的类型

根据不同的划分标准，我们可以将供应链分为以下几种类型：

1. 根据供应链存在的稳定性划分

根据供应链存在的稳定性划分，可将其分为稳定的供应链和动态的供应链。基于相对稳定、单一的市场需求而组成的供应链稳定性较强，而基于变化相对频繁、复杂的市场需求而组成的供应链动态性较高。在实际管理运作中，需要根据不断变化的需求，相应地改变供应链的组成。

2. 根据供应链容量与用户需求的关系划分

根据供应链容量与用户需求的关系，可以将其划分为平衡的供应链和倾斜的供应链。一个供应链具有一定的、相对稳定的设备容量和生产能力(所有节点企业能力的综合，包括供应商、制造商、运输商、分销商、零售商等)，但用户需求处于不断变化的过程中。当供应链的容量能满足用户需求时,供应链处于平衡状态;当市场变化加剧,造成供应链成本增加、库存增加、浪费增加时,企业不在最优状态下运作,供应链则处于倾斜状态。平衡的供应链可以实现各主要职能(采购/低采购成本、生产/规模效益、分销/低运输成本、市场/产品多样化、财务/资金运转快)之间的均衡。

3. 根据供应链的功能模式(物理功能和市场中介功能)划分

根据供应链的功能模式(物理功能和市场中介功能)可以把供应链划分为有效性供应链和反应性供应链。

有效性供应链主要体现供应链的物理功能,即以最低的成本将原材料转化成零部件、半成品、产品,以及在供应链中的运输等;反应性供应链主要体现供应链的市场中介功能,即把产品分配到满足用户需求的市场,对无法预知的需求做出快速反应等。

9.1.3 供应链管理

1. 供应链管理思想的产生

人们关注和加强对供应链的研究,基于以下几点考虑:

① 由于日益激烈的竞争压力,企业需要极大程度地改进生产过程和向客户提供产品的过程,以增加利润。

② 越来越多的生产过程由一些独立的生产和供货实体组成。

③ 市场形势变得越来越残酷。

④ 世界经济趋于成熟,对"地区性"产品的需求量增加。

⑤ 对特殊客户的特殊服务,如快速、可靠供货等的竞争压力越来越大。

2. 供应链管理的概念

对于供应链管理,国外有许多不同的定义和称呼,如有效用户反应(Efficient Consumer Response,ECR)、快速反应(Quick Response,QR)、虚拟物流(Virtual Logistics,VL)或连续补充(Continuous Replenishment,CR)等。这些称呼因考虑的层次、角度不同而不同,但都是通过计划和控制来实现企业内部和外部之间的合作,这些定义在一定程度上都集成了供应链和增值链两个方面的内容。

伊文斯认为:供应链管理是通过前馈的信息流和反馈的物流及信息流,将供应商、制造商、分销商、零售商,直到最终用户连成一个整体的管理模式。

菲利浦则认为:供应链管理不是供应商管理的别称,而是一种新的管理策略。它把不同企业集成在一起,注重企业间的合作,增加了企业的效率。

我国国家标准《物流术语》GB/T 18354—2006中将供应链管理定义为:对供应链涉及的全部活动进行计划、组织、协调与控制。供应链管理就是把供应链最优化,以最少的成本,使供应链从采购开始,到满足最终顾客的所有过程,包括工作流程、实物流程、资金流程和信息流程,均能有效率地操作。

通过供应链管理的概念,我们了解到以下几点:

① 供应链管理的起点是顾客的需求,顾客的需求是整个供应链的驱动源,整个供应链管理也要以满足用户的需求为核心来进行运作。现在客户的需求变化很快,企业的预测往往不准确,一旦预测与需求差别较大,就很有可能造成库存的积压。因此,很多企业都把获得真实准确的需求信息作为供应链管理的重中之重。

② 供应链管理的对象是供应链中的各个企业，供应链管理的对象不是某一个企业。供应链管理把供应商、制造商、仓库和商店等作为一个整体来考虑，对其中的各个环节进行管理，如采购、仓储、配送等。

③ 供应链管理追求的是总成本的最低化和整体的高效率。有些企业自己基本做到了零库存，而它的供应商却有很大的库存；有些企业自己的反应速度很快，而它的供应商却不能跟上这种节奏。这样的企业是不能在竞争中取胜的，因为它只顾及了自己，而忽略了与自己密切相关的伙伴们的利益，最终会导致链条的断裂。所以有人说，21 世纪的竞争不是企业和企业之间的竞争，而是供应链和供应链之间的竞争。供应链管理把整个供应链的运作看成一个整体，它不是追求局部的最优化，而是追求整体的最优化，使整个供应链上的相关企业都能从中受益。

3. 供应链管理的特点

供应链管理比传统企业管理更强调供应链整体的集成和协调，要求处于链中的各企业围绕着物流、信息流、资金流以及工作流进行信息共享与协调，实现柔性与稳定的供需关系。供应链管理具备五个特点。

(1) 基于流程的集成化管理模式

传统的管理基于各职能部门，但是，由于职能矛盾、利益目标冲突、信息分散等原因，各职能部门往往无法完全发挥其潜在效能，因而很难实现整体目标最优。供应链管理则是以流程为基础，物流、信息流、价值流、资金流以及工作流贯穿于供应链的整个过程。通过业务流程再造，消除各职能部门以及供应链企业成员的自我保护主义、实现供应链组织的集成和优化；通过核心企业管理思想在整个供应链内的广泛扩散和移植，实现管理思想的集成；通过对准时制管理、企业资源计划、快速反应、全面质量管理思想等管理技术方法的综合运用，实现供应链管理方法的集成；通过运用现代化信息技术手段，信息共享，实现供应链管理手段的集成；通过资源整体优化配置，有效运用价值链激励机制，寻求非增值活动及相应结构的最小化，实现供应链管理效益的优化和集成。

(2) 强调全过程的战略管理

供应链是由不可分割的、环环相扣的环节组成的一个有机整体。因此，从总体上来讲，如果只依赖部分环节的消息，可能会因信息的局限和失真而导致决策失误、计划失控、管理失败。在供应链管理过程中，高层管理者必须从战略高度上统筹安排，协调资源，这样才能实现供应链管理的目标。

(3) 全新的库存观

传统的库存思想认为，库存是维系生产和销售的必要措施，企业与其上下游企业之间，在不同的市场环境下只是实现了库存的转移，整个社会的库存总量并没有减少。供应链的形成使链上各个成员建立了战略合作伙伴关系，通过快速反应，使总体库存大幅度降低。

(4) 以客户为中心

无论供应链上节点企业类型和数量有多少，供应链都是受消费者的需求所驱动。也正是因最终消费者有需求，才使得供应链得以存在。

(5) 注重核心竞争力

核心竞争力是指企业内部整合的知识和技能，尤其是协调各方面资源的知识和技能。只有企业各自具备核心竞争力，供应链业务伙伴关系才能持久。

4. 供应链管理的本质

供应链管理的本质是不确定性。大型的生产系统日趋复杂,其复杂程度可从其复杂的产品物流中看出来。不同的供应商以其不同的方式将原材料、零部件送至生产现场,经过复杂的生产过程,生产出各种零部件和最终产品,再将零部件和产品送至客户。这里,客户的含义不仅包括最终产品的外部使用者,也包括内部以此为原料的下游过程的生产者。原料经过了运输、生产、运输、再生产,最终成为产品,并送至客户手中。其中复杂的生产过程多少带有不确定性。运输本身就有多种方式,如航空、铁路、水路、公路等,实际承运时往往又组合了多种运输手段,能否准时运到,也多少带有随机性。一旦某日由于某种原因,原料延迟到达,机器就不得不停止运行,订货被迫取消,这些不确定的因素均使管理者被迫增加库存。库存是对抗不确定性的保险措施之一。在单一生产过程中,这种不确定性可以通过建立一定容量的原材料、零部件和最终产品的库存来克服。尽管建立库存需要大量的资金,但从方法上讲并不困难。进行简单的统计后,就可以确定需要多大的库存量才能保证客户在绝大部分时间段内的任意时刻能随时得到最终产品。

然而,在生产系统形成网络时,问题远非如此简单。不确定性可以像瘟疫一样在生产网中传播。举一个简单的例子,由于原材料供应的滞后,集成化的生产者因为没有建立库存,不得不向它的客户(电脑厂家)推迟供货。电脑厂家又由于原材料缺货被迫停止生产线,进而推迟对代理商的电脑供给。顾客在代理商处发现他所需要的电脑缺货,别的代理商就会乘机向客户推销同类竞争产品。由于小小的原材料未能及时到货,最终导致一宗买卖的失去。当然,这是一个极端的例子。几乎所有的生产者都拥有一定的库存,以对抗这种可能发生的情况。但困难的是,企业还应知道该有多大的库存量和在何处设立库存。由于不确定性的传播从数学上讲是复杂的,现有的知识不能给人们提供一种分析方法,精确地计算出生产过程中库存量应有的大小。目前,企业只能按照传统方法,依赖经验和直觉决定库存量。这是它们对付供应链中变化莫测的不确定性的唯一可行的方法。

如今,所有的企业都面临着更严峻的挑战,它们必须在提高服务水平的同时降低成本,必须在提高市场反应速度的同时给客户更多的选择。总之,客户拥有了越来越大的权力。顾客是供应链发展的驱动源,对客户实际需求的重视是供应链发展的原则和目标。根据Lalonde教授的分析,1960—1975年是典型的"推式"时代,从原材料推到成品,直至客户端。1975—1990年,企业开始集成自身的内部资源,企业的运营规则也从推动式转变为以客户需求为源动力的拉式。20世纪90年代开始,工业化的普及使生产率和产品质量不再成为竞争的绝对优势,供应链管理逐渐受到重视,它跨越了企业的围墙,建立起一种跨企业的协作,以分享市场机会。供应链管理覆盖了从供应商的供应商到客户的客户的全部过程,包括采购、制造分销、库存管理、运输、仓储、客户服务等。随着涉及的资源和环节的增加,对供应链的管理变得十分复杂。

5. 供应链管理的内容

供应链管理包含物流管理,是现代物流管理的提升和延伸。作为供应链中各节点企业相关运营活动的协调平台,供应链管理应把重点放在以下几个方面:

(1) 战略管理

供应链管理本身属于企业战略层面的问题,因此,在选择、参与或者构建供应链时,必须从企业发展战略的高度考虑问题。战略管理涉及企业经营思想、企业文化发展战略、企业组织战略、技术开发与应用战略、绩效管理战略等，以及这些战略的具体实施。

(2) 信息管理

信息管理是供应链得以成功发展的关键要素。信息以及对信息的处理质量和速度是企业在供应链中能否获益多的关键，也是实现供应链整体效益的关键。信息管理的基础是构建信息平台，实现供应链的信息共享，通过ERP(企业资源管理计划)、VMI(供应商管理储存)、QR(快速响应)、ECR(有效客户响应)等系统的应用，将供求信息及时、准确地传递到相关节点企业，从技术上保障供应链成员间的集成化和一体化运作。

(3) 库存管理

供应链管理就是利用先进的信息技术，收集来自各方市场需求方面的信息，减少需求预测的误差，用实时、准确的信息控制物流，减少甚至取消库存(实现零库存或库存的"虚拟化")，从而减少供应链上的库存持有成本，降低了库存风险。

(4) 关系管理

通过协调供应链各节点企业，改变传统的企业间进行交易时的"单向有利"意识，转竞争为合作，使节点企业在协调合作的关系基础上进行交易，从而有效地降低供应链整体的交易成本，实现供应链的全局最优化。在供应链整体受益的基础上，使供应链上的节点企业增加收益，进而达到共赢的效果。

(5) 客户管理

客户管理是供应链的起点也是终点。供应链源于客户需求，同时也终于客户需求，因此，供应链管理是以满足客户需求为核心来运作的。通过客户管理，详细地掌握客户信息，从而预先准备，合理控制，在最大限度节约资源的同时，为客户提供优质的服务。

(6) 风险管理

信息不对称、信息扭曲、市场不确定性以及其他自然、政治、经济、法律等因素，都会给供应链上的节点企业的经营运作带来风险，因此必须采取一定的措施尽可能地规避这些风险。例如，企业间通过信息共享、优化合同模式、建立合理的监督控制机制、建立有效的激励机制等措施来加强节点企业间的诚意合作。

从以上可以看出，供应链管理覆盖了从供应商到客户的全部过程。但从供应链管理的具体运作来看，主要涉及4个领域：供应(Supply)、生产计划(Schedule Plan)、物流(Logistics)以及需求(Demand)。供应链管理是以同步化、集成化生产计划为指导，以各种技术为支持，尤其是以Internet/Intranet为依托，围绕供应、生产作业、物流和满足各阶段需求来实施的，如图9-2所示。

从图9-2可以看出，供应链管理是一种集成化的管理，包含的具体内容有以下几个方面：

① 物料实体在供应链上的流动管理；

② 战略性供应商和客户合作伙伴关系管理；

③ 供应链产品需求预测和计划；

④ 供应链的设计(全球网络的节点规划与选址，节点企业的选择、评价)；

⑤ 企业内部与企业之间物料供应与需求管理；

⑥ 基于供应链管理的产品设计与制造管理、生产集成化计划、跟踪和控制；

⑦ 基于供应链的客户服务和物流(运输、库存、包装等)管理；

⑧ 企业间资金流管理(汇率、成本等问题)；

⑨ 基于Internet/Intranet的供应链交互信息管理。

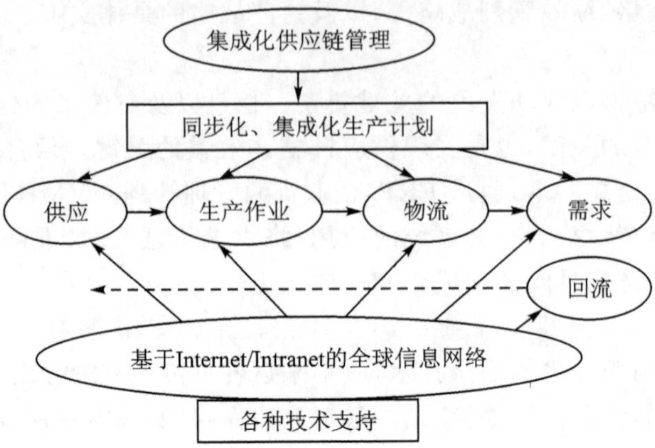

图 9-2　供应链管理涉及的领域

供应链管理是企业发展顺应经济全球化的必然结果,供应链管理通过企业间的合作,利用外部资源快速响应市场需求,充分发挥供应链的整体力量,从而使供应链中的各个企业获得成本、质量、市场响应、经营效率等多方面的优势,增强企业的自身竞争力。

任务 9.2　物流管理与供应链管理的关系与区别

目前,供应链和供应链管理的观念在企业管理领域越来越深入人心,只有了解供应链和供应链管理,才能更好地了解物流。

9.2.1　物流与供应链的关系

供应链管理的一体化十分强调物流管理的重要性。供应链管理提供给供应链成员企业一个机会,使它们能够从企业间整合的层面上来取得最优的物流管理业绩。在此过程中,供应链管理将对供应链上从原材料到最终消费者的所有物流进行整体的管理。这就意味着对现有的各企业相互独立、合作有限的物流管理进行根本性的变革。

物流管理专家将继续面临管理供应链上的产品流动的挑战,并要以合理的成本准时地达到满足消费者要求的服务水平。供应链领域的物流管理战略将成为供应链成员企业建立特定物流管理战略的首要考虑因素。分销网络、运输模式、运输工具管理、库存管理、仓储、订货流程以及其他所有相关流动因素都要被考虑进去。物流管理的范围现在已经扩大到了整个供应链(而不只是供应链上的单个单位成员)。

物流过程受到先进的管理模式的影响,而供应链管理则是当代物流管理的高级阶段。

1. 物流是供应链管理的重要组成部分

物流管理不能等同于供应链管理,供应链管理还包括生产制造活动等。物流解决整个管理过程中物的流动问题,是供应链管理的重要方面。供应链管理涉及从原材料到产品交付的整个物流过程,需要靠物流来实现交换和流通。物流是供应链实现价值的基础,因此,供应链管理中有相当大的部分涉及物流管理。

2. 物流在供应链管理中起重要作用

在供应链管理中,物流的作用举足轻重。即使是生产制造活动,物流也不仅仅是生产制造的辅助部门，不仅仅是起到支持作用。现代企业环境的变化要求企业能尽快适应市场需要，物流系统的运作应该能和生产制造系统的运作保持协调一致，可以提高供应链的敏捷性和快速反应能力，增强其对环境的适应性。例如，物流系统可以做到：准时交货，降低用户成本；降低流通费用，减少供应链消耗；快速反应与传递市场信息，创造顾客价值，提高供应链的竞争力；供需协调，实现供应链的快速连接。以往商品经由制造、批发、仓储、零售各环节间的多层复杂途径，最终到达消费者手里。现代物流业已简化为经配送中心的直接分配而送至各零售点，这大大提高了社会的整体生产力和经济效益。

现代物流适应了企业经营理念的全面更新，其经营效益跨上了一个新台阶。在供应链条件下，物流系统的功能充分延伸，能不断创造和提供从原料到最终消费者之间的增值服务。

9.2.2 供应链管理与物流管理模式的区别

供应链管理与物流管理的区别可以从储存管理的方式、物流、信息流、风险、计划及组织之间的关系等方面来讨论。

从储存管理与物流的角度来看，在供应链管理中，要重点协调供应链各成员的库存水平，使它们的整体库存投资与成本最小。传统的管理方法是把库存向前推进或向后延伸，根据供应链成员谁有主动权而定。例如，汽车制造企业采用零库存的管理方式时，可能会使供应商的总库存量大幅提高，以满足汽车制造商强加的准时制送货计划。把库存推向供应商并降低自己的库存投资，这种方式仅仅是转移了库存地点，并没有降低整个供应链上的库存总量。解决这个问题的方法是：提供有关生产计划的信息（透明度），共享需求量、订单、生产计划等信息，减少不确定性，并使安全存货降低。但是，让公司共享信息需要克服一些困难，比如共享方会担心竞争对手知道太多会降低自身的竞争优势等。

从信息流的角度来看，我国大多数企业仍采用手工处理方式，企业内部信息系统不健全、数据处理技术落后，没有充分利用电子数据交换、互联网等先进技术，致使信息处理不准确、不及时，不同地域的数据库没有集成起来。供应链管理把供应链中所有节点企业看作一个整体，供应链管理是涵盖整个过程的，包括从供应商到最终用户的采购、制造、分销、零售等职能领域过程。这个过程离不开及时、准确的信息指导，需要建立对不确定性变化的跟踪与管理系统。

从风险、计划和组织之间的关系来看，传统的管理系统协调性差，企业和各个供应商没有协调一致的计划，每个部门各搞一套，只顾安排自己的活动，影响整体最优。再加上各种不确定因素的影响，增加了供应链的风险。

综上所述我们可以看出，供应链管理与传统的物流管理和控制之间有着明显的区别，主要体现在以下几个方面：

① 供应链管理把供应链中所有节点企业看作一个整体，供应链管理涵盖整个物流的，从供应商到最终用户的采购、制造、分销、零售等的职能领域过程。

② 供应链管理强调并依赖战略管理，“供应”事实上是整个供应链中节点企业之间共享的一个概念（任意两个节点之间都是供应和需求关系），同时它又是一个有着重要战略意义的概念，因为它影响或者决定了整个供应链的成本和市场占有份额。

③ 供应链管理最关键的是需要采用集成的思想和方法，而不仅仅是节点企业、技术方法等资源的简单连接。

④ 供应链管理具有更高的目标，是要通过管理库存和合作关系来达到高水平的服务，而

不仅仅是完成一定的市场目标。

9.2.3 供应链管理环境下物流的特征

由于供应链管理思想的引入,直接影响了物流的应用环境,使物流产生了新的变化。

1. 物流与物流业大大发展

供应链管理实质上是一个扩展模式,具体表现为:建立战略联盟,提高企业核心能力;扩大资源的利用和共享;合作竞争,创造群体价值;同步运作,实现快速反应;用户驱动,满足市场需求。这些特点不仅深入影响到物流管理,而且令后者产生了很多变化,其中最重要的变化是,物流的范围和业务量大大扩展,进一步超越了时间、空间的局限。例如,建立跨行业、跨国界物流,物流专业产销分工的扩大化、精细化,建立多种形式的运输网络和配送中心,提高物流系统的重组和适应能力等。

2. 信息量大大增加,透明度提高

在传统条件下,物流过程的信息传递是纵向一体化式的。无论是需求信息还是供给信息,都是从顾客到供应商或者从供应商到顾客这样一层层单向传递的,中间环节多,容易发生歪曲和阻滞。而在供应链管理环境中,成员之间的横向联盟使得信息的传递也是网络式的,因而信息量大大增加,任何一个企业都可以通过联网形式掌握供应链上不同环节的供求信息和市场信息。

信息流增加主要表现为共享信息的增加。通过信息共享,供应链上任何节点的企业都能及时地掌握到市场的需求动态和整个供应链的运行态势,每个环节的物流信息都能与其他环节进行交流与沟通,从而减少信息失真的现象。共享信息的增加和透明度的提高,使供应链物流过程更加清晰化,也为实时控制物流过程提供了条件。依靠共享信息系统和信息反馈机制,许多企业有能力跟踪企业之外的物流过程,提高企业对外界的适应性。

3. 物流网络规划能力增强,物流作业精细化

供应链管理环境下的物流是一种统一规划下的物流系统,它具有供应链的管理特征、表现出集成化优势。例如,可以设计一个专业化的、灵活多变的物流网络,建立合理的路径和节点,全面提高运行系统的能力。它可以充分利用第三方物流系统、代理运输等多种形式的运输和交货手段,降低库存压力和维持安全库存水平。

供应链管理中"业务流程重组"的思想,也使作业流程的快速重组能力得到极大提高,进而带来了物流系统的敏捷性,通过消除不增加价值的部分,为供应链的物流系统进一步降低成本和精细化运作提供了基本保障。

供应链是一个整体,合作性与协调性是供应链管理的一个重要特点。处在这一环境中的物流系统也需要"无缝链接",使它的整体协调性得到强化。例如,运输货物准时到达,顾客的需要才能及时得到满足;采购的物资不能在途中受阻,供应链的合作性才会增强。因此,供应链物流系统的高度协调性是保证供应链获得成功的前提条件。

任务9.3 电子商务环境下的供应链管理

9.3.1 电子商务与供应链管理的关系

电子商务的出现和发展是经济全球化与网络技术创新的结果。它彻底地改变了原有的物流、信息流、资金流的交互方式和实现手段,能够充分利用资源、提高效率、降低成本和提高服务质量。

电子商务使供应链管理思想得以实现。电子商务是以管理人员为中心的、人机交互式的管理信息系统。它是将先进的管理思想,运用到企业内外的各个层面,实施企业流程再造,应用信息技术,借助计算机实现供应链管理的全过程。通过电子商务的运用,能有效连接供应商、制造商、分销商和用户之间的关系。

电子商务促进了供应链的发展。电子商务的应用在促进供应链发展的同时,也弥补了传统供应链的不足。从基础设施的角度看,传统的供应链管理一般建立在私有的专用网络上,且需要投入大量资金,只有一些大型的企业才有能力建设自己的供应链,这种供应链往往缺乏柔性。而电子商务使供应链可以共享全球化网络,使中小型企业以较低的成本加入全球化供应链中。

电子商务已经成为大量产业供应链整合中的基本因素。由于采用电子商务,许多核心供应链概念和规则已经以各种更高效的方法应用在实践中了。这些概念包括:信息分享、多方合作、供应链管理设计、大规模定制的延迟、外包和合作等。

供应链管理是执行电子商务过程中不可或缺的重要一环。供应链管理不仅是电子商务的一个重要部分和环节,还是企业提高业务经营管理的重要手段。企业利用电子商务的优势,可以及时搜集信息并在此基础上进行统计分析,生成有价值的数据,并运用到企业内部日常经营和外部资源的优化管理整合当中。供应链管理提供了制造商与其他企业之间的供需联系渠道,通过电子商务能快速反应顾客的需要,以适时、适地、适量及优惠的价格提供客户所需的产品或服务,为客户、供应商及企业三方创造价值。

供应链管理是实现电子商务的理论依据。企业建立电子商务是通过现代化的管理手段,用新的管理模式代替旧的管理模式的一场变革。电子商务必须以供应链管理理论为依据,在供应链管理思想的指导下来实现。借助计算机这个有力工具,通过网络实现企业供应链管理,提高企业竞争力是一种新的思想和方法,是一次管理革命。这是实现电子商务的基础,没有这样的基础,实施电子商务只不过是空中楼阁。基于供应链的管理思想,使原来在传统商务模式下,被忽视的个别需求、服务活动、按单生产等高附加值行为,在现代电子商务中能得以全面实现和高度关注。

9.3.2 电子商务环境下供应链管理的特点

电子商务环境下供应链管理的特点从整体上讲主要表现为以下几点:

1. 供应链管理信息化

由于当今市场变化速度很快,企业想在激烈的竞争环境中取得持续的发展,最主要的是要掌握用户的需求变化和在竞争中做到知己知彼。如果对本企业内部的信息和市场环境信息不能了解透彻,就无法实现供应链中基于全局的业务集成。若竞争对手采取了一些新的措施、一些新的技术,而自己却迟迟不了解,不采取行动,企业可能会面临着被淘汰的风险。企业采取措施、增强竞争力的关键是什么呢?那就是信息,一定要把信息的价值提高到企业的战略高度来认识。

根据一项研究报告显示,在接受调查的管理人员中有80%的人反映,信息技术的应用是推进供应链系统中信息共享的关键。改进整个供应链的信息精度、及时性和流动速度,被认为是提高供应链绩效的必要措施。因此,企业管理战略的一个重要内容就是制定供应链运作的信息支持平台,如将条形码、数据库、电子订货系统、射频识别、电子数据交换、全球定位系统等信息交换技术和网络技术集成为一体,构建企业的供应链信息集成系统。

2. 供应链结构向横向一体化与网络化发展

20世纪末开始,"横向一体化"的供应链思想开始兴起,即利用企业外部资源快速响应市场需求,企业集中精力管理核心业务。"横向一体化"形成了一条从供应商到制造商再到分销商的、贯穿所有企业的"链"。随着互联网与电子商务的发展,企业物流的集成思想、企业与供应商和客户建立协同业务伙伴联盟思想等的出现,供应链机构出现了"网络化"的趋势。

3. 企业生产敏捷化、柔性化

上世纪末,美国提出了以虚拟企业或动态联盟为基础的敏捷制造模式,采用可以快速重构的、由生产单元构成的扁平组织结构,以充分自治的协同工作代替金字塔式的多层管理结构,注重发挥人的创造性,变企业之间的生死竞争关系为"共赢"关系,强调信息的开放和共享,形成虚拟企业。电子商务的兴起为实现敏捷制造提供了可能。而柔性化是指企业在瞬息万变的市场中调整生产的能力,该能力越大,企业活力就越大。

电子商务的快速发展给供应链管理带来了发展的机遇,也对其产生了一定的影响,具体来讲,和传统的供应链管理相比,电子商务供应链管理主要有以下不同:

(1) 物流管理的方式发生变化

在传统的供应链形式下,物流是对不同地理位置的顾客进行基于传统形式的批量式空间移动,货物的运送通过集装箱、托盘或其他包装单元来进行,供应链各个环节之间的可见性是有限的。在电子商务供应链管理模式下,利用各种信息技术和互联网,客户在任一给定时间都可以沿着供应链追踪货物的下落。

(2) 物流的目的地不同

传统供应链不能及时掌握商品流动过程中的信息。出现信息不及时等情况时,物流只能实现集中批量化运输和无差异性,从而使物流的目的向集中运输方向发展。而电子商务供应链完全是根据顾客的个性化要求来组织各种物流活动,这种物流不仅要通过集运来实现运输成本的最低化,同时也需要借助差异化的配送来提高服务水平,其目的地是分散的。

(3) 顾客的类型不同

在传统供应链管理模式下,企业服务的对象是既定的。供应链服务提供商能够明确掌握顾客的类型及其所要求的服务和产品。随着电子商务的到来,物流和商流方式要求快捷、高速、划分细致,顾客是未知实体,他们根据自己的意愿、季节需求、价格以及便利性,进行产品订购。

(4) 供应链运作的模式不同

传统供应链是一种典型的推式经营,制造商为了克服商品转移在空间和时间上的障碍,利用物流将商品送达市场或顾客，商流和物流都是推动式的。在电子商务供应链中，商品生产、分销以及仓储、配送等活动都是根据顾客的订单进行，商流、物流、资金流都是围绕市场展开的，物流为商流提供了有力保障，因此电子商务供应链是拉式的。

(5) 供应链管理的要求不一致

传统供应链管理为避免物流活动出现混乱，非常强调物流过程的稳定、一致，物流运作过程中出现的任何波动和变异都有可能造成上下游企业的巨大损失。电子商务供应链管理却不同，由于其物流需求本身就是差异化的，物流是建立在高度信息管理基础上的增值活动。因此，物流必定会出现高度的季节性和不连续性，要求企业在管理物流活动时必须按照及时应对、高质服务以及总体成本最优的原则来进行，体现“个性化、专业化”。

(6) 物流信息管理系统不同

在传统供应链管理中，物流信息一般是通过人工采集、传输、汇总得到，信息具有单向性，供求双方的信息是不对称的。物流信息管理系统一般都是单机系统，或至多是局限于内部网络的局域网络系统。而在电子商务环境下，供应链管理中的物流信息的采集可以由供求双方通过互联网在线进行，信息具有双向性和对称性，信息管理系统是一个对供求双方开放的、基于互联网的系统，信息具有高度的实时性、准确性和有效性。

(7) 资金结算方式不同

在传统供应链管理中，资金结算主要是通过现金、支票或转账方式进行；而在电子商务环境下的供应链管理中，因交易都是在线进行，故以在线电子支付为主要结算方式。

总之，电子商务供应链管理弥补了传统供应链管理的不足，令供应链管理不再局限于企业内部，而是延伸到供应商和客户，甚至延伸到供应商的供应商和客户的客户。电子商务供应链管理建立起一种跨企业的协作，覆盖了产品设计、需求预测、外协和外购、制造、分销、储运和客户服务等全过程。同时，它还以网络方式最大化地将顾客、销售商、生产商、供应商和雇员联系在一起，极大提高了企业管理水平，使供需双方在最适当的时机得到最适用的市场信息，大大减少商品流通的中间环节，极大地促进供需双方的经济活动，加速了整个社会的商品流通，有效地降低企业的生产成本，提高企业的工作效率和经济效益，增强企业的竞争力。

9.3.3 电子商务环境下我国企业在供应链管理中遇到的问题

供应链管理作为一种新的管理方式，在我国还处于成长阶段。电子商务环境所要求的基础设施、技术条件、人文条件等还很不成熟。在电子商务与供应链管理的结合上，企业仍有很长的一段路要走，目前的当务之急是要处理和解决好以下几个问题：

1. 企业之间的观念问题

在我国，企业的“大而全”“小而全”现象还十分突出，没有形成独具特色的、竞争力强的核心业务，传统计划经济下的管理思维方式仍占据主要地位。企业内部组织机构虽齐全，但仍受到职能分配的制约，各自为政，实行垂直型的管理。这不仅严重地影响了企业信息的传递效率，而且无法解决“透明度”问题。随着我国企业与世界的接轨和面临国际市场的挑战，传统的管理模式必将在国际上受到严重的冲击。而供应链管理对企业最基本的要求就是核心业务与信息效率，这并不是仅仅依靠企业电子商务的实行就可以解决的，不对企业观念这个根本问题进行改革，达不到治本的目的。

2. 贸易伙伴之间的协作问题

电子商务为供应链管理提供了一个更好的发挥环境。而我国企业欠缺的正是协调贸易伙伴间的协作以达到供应链整体利益的最大化。贸易伙伴之间不愿意共享信息,这与我国的企业所处的文化氛围有关,传统观点认为,任何协议都会分出一个胜者和一个负者,但博弈论的研究结果证明,非零和博弈比这种零和博弈更能使企业获得高收益。除此之外,缺乏一个良好的供应链绩效评估系统也是贸易伙伴之间协作的障碍,没有合理的绩效分配,各企业自然不愿牺牲自己的利益去换取整个供应链的最大利益。因此,良好的供应链协调战略势在必行。

3. 知识获取与转换技术上的要求

由于电子商务的出现,使生产商过去依靠4P(Product,Price,Place,Promotion)让消费者被动地接受产品变为以消费者为中心将消费需求送达生产者。生产者通过保证4C(Consumer,Cost,Convenience,Communication)来取得优势地位。因此,供应链管理的关键就在于如何从消费者不确定的需求信息中获得知识,并保证其能在供应链中得到共享,以此来创造价值。这就要求供应链上的企业通过技术保证需求信息的收集、共享,并通过知识转换器转换为提高供应链效率的知识。但总体来说,我国企业在这些关键设施、关键研究上的投入力度不够,无法做到知识的实时获取与有效利用,这势必会成为企业在电子商务环境下实施供应链管理的一大障碍。

实训1　啤酒游戏

实训目的

认识到时间滞延、资讯不足对产销系统的影响,及信息沟通、人际沟通的必要性,加深对供应链中“牛鞭效应”的认识。

实训内容

该游戏是在生产与配销单一品牌啤酒(情人啤酒)的产销模拟系统中进行的。参加游戏的学生各自扮演不同的角色:零售商、批发商和制造商。他们只需每周做一个决定,那便是订购多少啤酒,唯一的目标是尽量扮演好自己的角色,使己方利润最大。三者之间只是由卡车司机通过一张纸上的核对数字(订货单、发货单)来沟通。

实训课时

4课时。

实训步骤

在游戏中,教师担任司机和消费者两个角色,并负责适时发布一定的信息。其中,零售商由8组学生扮演,每组3人;批发商由2组学生扮演,每组3人;制造商由1组学生扮演,为3人。他们之间的关系结构如图9-3所示。游戏开始时要进行角色分工、分发道具、明确各角色任务、进行模拟。

检查标准

① 游戏结束后,在存货量统计、订购量统计表上描出自己的图形;

② 在啤酒游戏等级表上计算出自己的销量及利润情况;

③ 以小组形式,沿着供应链分析探讨并形成报告。

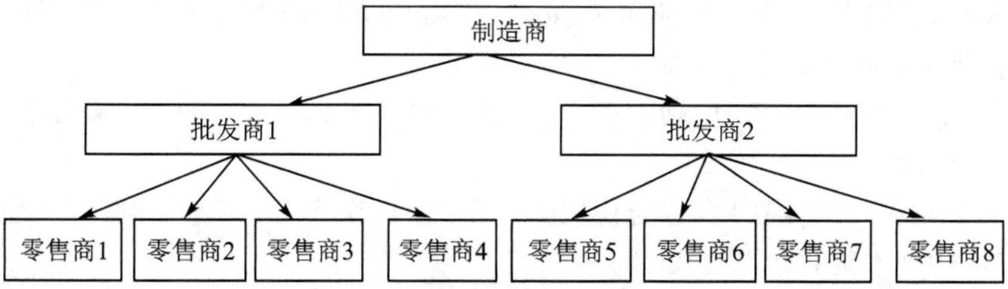

图 9-3　啤酒游戏角色结构示意图

实训 2　京东物流将携手合作伙伴共建供应链产业平台

实训目的

了解京东的发展历程，分析京东物流是如何向供应链管理延伸的？

实训内容

分析案例：京东物流将携手合作伙伴共建供应链产业平台。

实训课时

2 课时。

实训要求

结合案例，查阅相关资料，回答以下问题：

① 总结京东物流是如何通过运作向供应链华丽“转身”的？

② 供应链能给京东带来哪些好处？

检查标准

① 结合案例，正确回答问题。

② 检查分析结果的正确性并撰写案例分析报告。

【实训案例】 京东物流将携手合作伙伴共建供应链产业平台

思考与练习

一、单项选择题

1. 供应链是（　　）结构。
   A. 直链　　B. 支链　　C. 网链　　D. 环状
2. 在需求变异加速放大原理中，需求信息的不真实性会沿着（　　）逆流而上，产生逐级放大的现象。
   A. 运输　　B. 物流　　C. 配送　　D. 供应链
3. 供应链不仅是一条链接供应商和用户的物料链、信息链、资金链，而且是一条（　　）。
   A. 运输链　　B. 分销链　　C. 增值链　　D. 加工链
4. 供应链企业之间共享信息并不仅仅局限于交易数据，更重要的共享（　　），以便企业能与供应商共同制定采购计划，以最佳的方法和最有效的手段来满足客户需求。
   A. 生产计划　　B. 战略信息　　C. 库存信息　　D. 需求信息

5. 为了降低最终产品的成本,提高竞争力,上游供货商同下游销售或代理商结成战略联盟,通过信息技术的手段,实现(　　)。
   A. 供应链管理　B. 后勤管理　C. 第三方物流　D. 电子商务
6. 供应链管理的最终目标是(　　)。
   A. 系统增值　B. 合作与协同　C. 信息交换　D. 提高客户服务水平
7. 供应链的基本流程包括(　　)。
   A. 商流、物流、信息流、资金流　B. 商流、人才流、信息流、资金流
   C. 物流、信息流、资金流　D. 商流、信息流、资金流
8. 供应链是对物流作业中(　　)的功能整合。
   A. 跨企业　B. 某个企业　C. 虚拟　D. 非物流企业

二、多项选择题

1. 供应链的特征包括(　　)。
   A. 复杂性　B. 面向用户需求　C. 动态性　D. 交叉性　E. 网络化
2. 供应链管理所涉及的领域包括(　　)。
   A. 供应　B. 生产计划　C. 物流　D. 需求　E. 销售
3. 供应链管理的目标在于(　　)。
   A. 提高用户服务水平　B. 提高企业生产效率
   C. 降低总的交易成本　D. 总周期时间最短化　E. 物流质量最优化
4. 供应链的类型主要有(　　)。
   A. 稳定的供应链　B. 动态的供应链　C. 平衡的供应链
   D. 倾斜的供应链　E. 有效性的供应链和反应性的供应链

三、简答题

1. 简述供应链的定义,其特征是什么?
2. 供应链管理的定义是什么?
3. 供应链管理与物流管理的关系是什么?
4. 电子商务环境下的供应链管理有什么特点?

项目 10　物流组织与管理

【学习目标】

知识要求：

➢ 了解物流管理组织的演变与构成要素，物流服务的定义，物流标准化的概念、特点。

➢ 理解物流成本的定义和特点，物流标准种类。

➢ 掌握物流成本的构成、物流成本的管理方法。

技能要求：

➢ 熟悉物流服务的内容及我国标准化的现状。

【项目案例】

法国标志雪铁龙公司十分重视售后物流服务的重要性。该公司开展的一份调查研究表明，接受调查的100个顾客，虽对自己购买的轿车不满意，但是在对公司提供的零部件售后服务满意的情况下，仍然会有大约45个人保持对该轿车品牌的忠诚度；反之，则只有14个人仍保持品牌忠诚度。这份调查充分说明了售后服务的重要性。同样，维修人员也高度评价了高质量售后服务的重要性。他们认为，在评定一个零部件供应商的诸多标准中，零部件的可得性排在第一位，其次是及时送货率，价格只排在诸多要素中的第七位。

标志雪铁龙公司每年生产约200万辆轿车，其中有60%用于出口。公司每年20亿美元的销售收入约有10%来自零部件销售。随着整车销售市场竞争的日益加剧，越来越多的参与者挤入售后服务领域，标志雪铁龙公司更需提高售后服务体系效率以确保其市场份额。

标志雪铁龙公司在法国的经销商当天下午4点以前发出零部件订单，在次日上午9点之前基本上都可以收到零部件。标志雪铁龙公司的零部件订单满足率(满足的订单/发出的订单)维持在96.1%的水平，对于紧急订单，该满足率可以达到97.6%。1997年，标志雪铁龙公司通过了ISO 9002认证，提高了其质量控制水平。此举使得标志雪铁龙公司1997年的订单出错率与1993年相比，减少了50%。平均送货时间与以前相比，减少了将近一半，有95%的订单是在5天以内完成的。在1997年之后的四年中，标志雪铁龙公司的紧急订单满足率一直保持在99%。

随着消费者对服务质量的要求在不断提高，标志雪铁龙公司需要的零部件种类和数量也在不断增加。标志雪铁龙公司只在法国设有2个零部件物流中心仓库。位于沃苏勒(Vesoul)的仓库用于存储标志、雪铁龙两个系列车型的零部件，面向法国和海外市场。而位于默伦(Melun)的仓库只存储雪铁龙系列产品的零部件，面向法国和海外市场。与之相匹配的是遍布全球的24个物流分中心，其中有一半是直接受控于标志雪铁龙公司设于当地的子公司或分支机构。

标志雪铁龙公司希望能够将维修的复杂性、订单的优先级别和配送频率综合进行考虑，不断改进以进一步提升其售后物流网络的效率。实际上，上述三个要素共同决定了售后物流配送的路径规划水平。在此基础上,标志雪铁龙公司采用了一套被称为“2-3-4”的内部管理系统,“2”表示订单分为常规类和紧急类两类;“3”表示将运输时间从几个小时到5天之间划分为3个等级;“4”表示将配送频率在2次/天和1次/周之间划分为4个水平。经过近四年的运作,标志雪铁龙公司将其售后物流运作成本削减了15%,同时将存储于仓库中的零部件价值量减少了20%。

案例来源:http://www.wangxiao.cn/wl/58711564616.html

任务10.1 物流管理组织

10.1.1 物流组织的概述

1. 物流组织的概念

物流组织是指专门从事物流经营和管理活动的组织机构,既包括企业内部的物流管理和运作部门、企业间的物流联盟组织,也包括提供物流及其中介服务的部门、企业以及政府物流管理机构。物流管理组织发挥作用,是通过建立物流管理机构,确定与其相应的职位、职责和权利,合理传递信息等一系列活动,将物流各个要素整合成一个有机的整体,最终实现物流管理,乃至企业管理的总体目标。

2. 物流组织的演变

物流组织的演变大体可分为以下四个阶段。

(1) 物流功能集成化发展阶段

20世纪60年代初期开始出现的物流功能集成往往只发生在某个大的职能部门和组织的直线管理层,如围绕着客户集合销售,物流分离出物资配送部门,但物流管理仍缺乏一个独立、系统的部门。70年代后,随着企业集成运作物流成本的降低和物流经验的提高,物资配送和生产组织下物料管理的各自一体化也得到了发展。在制造业中,这种各自一体化的物流组织结构直到现在仍很普遍。

(2) 物流功能一体化组织阶段

所谓物流功能一体化组织,是指在一个高层物流经理的领导下,统一所有的物流功能和运作工作,将采购、储运、配送、物料管理等物流的每一个领域组合构成一体化运作的组织单元,形成企业内部一体化物流框架。这种一体化的物流组织结构,一方面强调了物流资源计划对企业内部物流一体化的重要作用,另一方面加强了各物流支持部门(仓储、运输、包装等)与物流运作部门(采购、制造和配送等)的直接沟通,各部门之间能够进行有效的利益互换。80年代初,这类物流组织已开始出现,但是由于集中化物流运作的种种困难及组织结构本身存在的弊病,其应用并不广泛。

(3) 物流过程一体化组织阶段

20世纪90年代以来,在彼得·圣吉的学习型组织理论以及迈克尔·哈默和詹姆士·钱皮的企业流程再造理论的影响与指导下,扁平化、授权、再造和团队的思想被越来越多的企业理解并接受,企业的组织进入重构时代。物流组织不再局限于功能集合或分隔,开始由功能一体化的垂直层次结构向以过程为导向的水平结构转换,由纵向一体化向横向一体化转变,由内部一体化向内外部一体化转变。

（4）虚拟与网络化物流组织阶段

虚拟物流组织是一种非正式的、非固定的、松散的、暂时性的组织形式，它突破了原有物流组织的有形边界，通过整合各成员的资源、技术、顾客市场机会，依靠统一、协调的物流运作，以最小组织实现最大的物流效能。20世纪90年代中期以后，信息和网络技术的快速发展，为虚拟与网络化物流组织的产生和发展提供了外部环境。

3. 物流管理组织的构成要素

物流管理组织应该是多种要素有机结合的整体。这些要素主要由物流管理人员、企业物流信息、企业管理规章制度及其管理方法和手段构成。

（1）物流管理组织的主体是物流管理人员

物流管理人员的数量、素质和结合方式影响到整个组织的效率和其他各个方面。人力资源是物流管理组织的核心资源。

（2）物流管理组织的行为准则是健全的规章制度

在一个组织中，层次不同，环节不同，组织成员岗位职位不同，每一个成员的能力及行为方式各异。因此，组织必须要靠严格统一的规章制度来规范约束每一个个体的行为，只有这样，组织系统才能够有序地、协调地运行，物流企业也不例外。

（3）物流管理组织的媒介是企业物流信息

物流管理人员在组织中的管理活动，要以各种信息为基础，信息是物流管理组织的神经系统，物流管理活动离不开物流信息。

物流管理组织的各个要素缺一不可，必须使它们很好地结合起来，不断改善，这样才能发挥组织的功效，实现企业的目标。

4. 物流管理组织建立的基本原则

（1）精简原则

企业要在满足经营需要的前提下，因事设机构、设职位，因职用人，尽量减少不必要的机构和人员，力求精兵简政，以达到组织机构设置的合理化，提高工作效率。

（2）统一原则

物流企业各部门、各环节的组织机构必须是一个有机结合的、统一的组织体系。在这个组织体系中，各层次的机构形成一条职责、权限分明的等级链，不得越级指挥与管理。

（3）自主原则

物流企业等级链上的各部门、各环节的机构都在各自的职责和权限范围内，独立自主地履行职能，充分发挥各级组织机构的主动性和积极性，提高管理工作效率，充分体现出统一领导与分级管理、原则性与灵活性相结合的特点。

（4）高效原则

组织机构必须以完成经营目标和任务为准绳；必须具有管理工作的高效率和经营的高效益；必须讲求科学分工，明确职责，实行责、权、利的统一，以提高管理效率和全员劳动效率。

10.1.2　物流管理组织的结构类型

物流企业根据其规模与特点的不同，主要有以下几种类型的组织结构：

1. 直线型

这是早期的，也是最简单的管理形式。它的特点是企业各级行政领导按照直线从上到下进行垂直领导,不另设专业职能机构。直线型结构如图10-1所示。

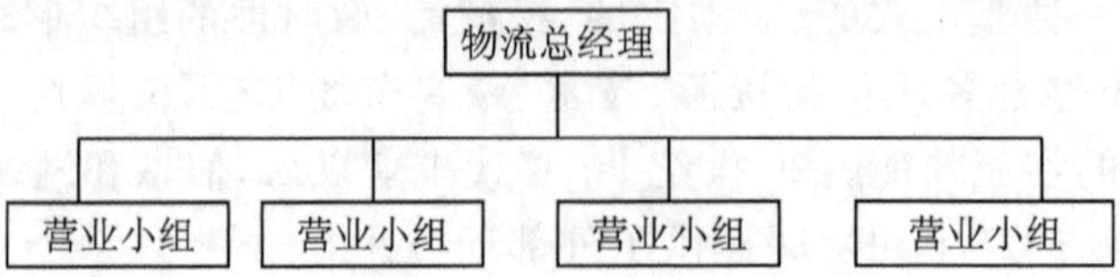

图10-1　直线型组织结构

直线型结构的优点:机构层次少,权力集中,命令统一,决策和执行迅速,工作效率高。

直线型结构的缺点:领导需要处理的事情太多,精力受牵制,不利于提高企业的经营管理水平。

直线型组织的适用条件:适用于经营规模小,经营对象简单的小型物流企业。

2. 职能型

职能型的特点是最高层的领导者把管理的职责和权限交给相应的职能管理机构,由它们直接经营和指挥业务机构的活动。职能型结构如图10-2所示。

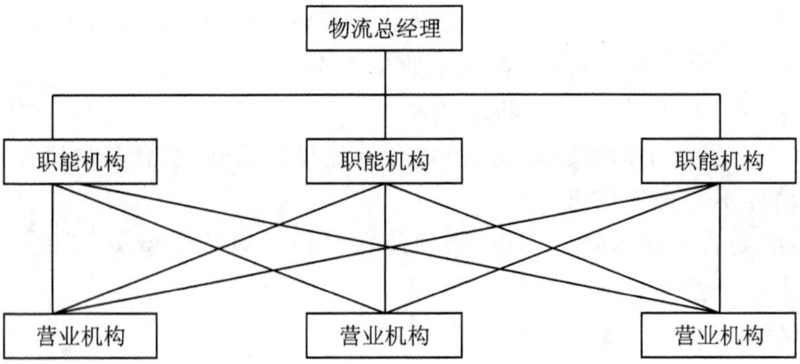

图10-2　职能型组织结构

职能型结构的优点:能够充分发挥职能机构专业管理的作用和专业管理人员的专长,加强了管理工作的专业化分工,提倡内行领导,达到管理工作的正确性和高效率。

职能型结构的缺点:各职能机构都有指挥权,形成多头领导,相互协调比较困难。

职能型组织结构在实践中没能被多数企业所采用。

3. 直线职能型

直线职能型是以直线型为基础,将职能型结合在一起的一种组织管理形式。它的特点是各管理层的负责人自上而下进行垂直领导,并设职能机构或职能人员协助负责人工作,但职能机构或人员对下级单位不能下达指示命令,只能在业务上进行指导监督,下级负责人只接受上一级负责人的领导。直线职能型结构如图10-3所示。

直线职能型结构的优点是取直线型和职能型两种形式之长,舍两者之短,是一种较好的形式,在实践中得到比较广泛的应用。我国大中型物流企业大都采用这种形式。

4. 事业部型

事业部型是国外大型企业普遍采用的一种组织机构模式。它的特点是企业按产品类别、经营业务或地区设若干个事业部,实行集中决策下的分散经营和分权管理。事业部是实现企业目标的基本经营单位,实行独立经营、独立核算,负责具体管理经营活动。事业部型机构如图10-4所示。

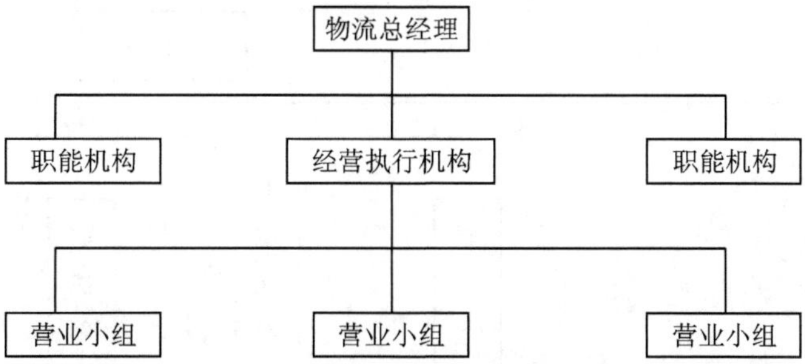

图 10-3 直线职能型组织结构

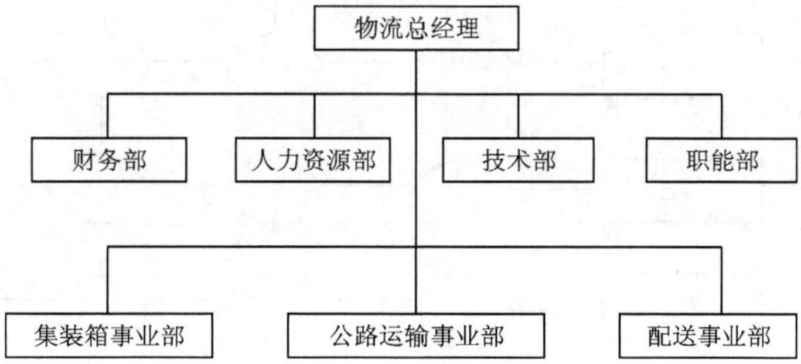

图 10-4 事业部型组织结构

事业部型结构的优点：有利于总公司摆脱日常的行政事务，集中进行决策；有利于事业部根据市场变化做出相应的经营决策；有利于组织专业化生产，提高效率。

事业部型结构的缺点：由于事业部是一个利益中心，往往只考虑自己的利益从而影响相互协作。

事业部型组织的适用条件：适用于规模大、产品种类多、分布面广的企业。

5. 矩阵型

矩阵型组织结构由纵横两套管理系统组成。企业为了完成某项任务或目标，从直线职能型的纵向职能系统中抽调专业人员，组成临时或较长期的专门小组，由小组进行横向系统联系，协同各有关部门的活动，并有权指挥参与规划的工作人员。小组成员接受双重领导，并以横向为主，任务完成后便各自回原部门。矩阵型组织结构如图 10-5 所示。

矩阵型结构的优点：有利于优化组合，充分发挥各部门、各专业人员的优势；有利于纵向集中指挥与横向协调的结合。

矩阵型结构的缺点：小组成员容易产生临时观点，出现问题时难以解决，往往给工作带来困难。所以，矩阵型组织结构形式还需要进一步发展和完善。

【案例分析】

联合设备公司的矩阵型物流组织

联合设备公司是美国一家生产管道装置和设备的公司。其年销售额约为 8 000 万美元。这家公司目前设立了一个分部门，以解决物流问题。新上任的分部门经理是销售和市场部副总裁，该部门的目标是：确定顾客服务标准，并协调该服务标准与配送计划、生产计划之间的

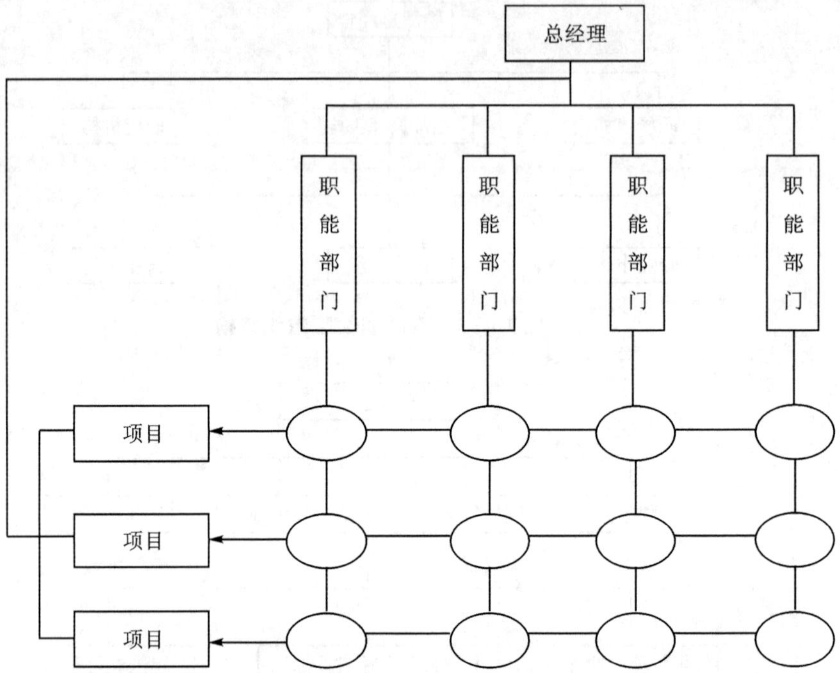

图 10-5　矩阵型组织结构

关系。

以前,销售部门为了取悦大客户,会直接将企业生产的产品从工厂运出,但生产管理人员却常常跟不上进度。新部门成立以来,很快就发现了企业的这一瓶颈,并着手建立一套系统,以便更好地协调订单录入、生产计划、基层仓储和运输之间的关系,满足客户的需求。

与此同时,为了迎合客户的需求,销售人员又制定出了新方案,从而打乱了生产计划,采购人员则不停地抱怨新的生产计划对原材料需求造成的波动太大,情况进一步复杂化。

尽管新部门的成立给降低运输成本和准时送货带来了积极的影响,但是仍存在不少问题。比如,公司里大多数与物流活动有关或参与物流系统的职能部门认为新部门只对改善产品的分部门系统感兴趣。而分部门经理也因无权控制成品库存而心存不满。企业的生产副总裁负责企业库存管理,而且并不打算放弃产成品库存的控制权。

经提议,公司同意采用矩阵型组织结构(如图 10-6 所示)。该做法实施后,取得了实质性的进展,但在权利共享问题上遇到了一些障碍。公司任命了一名负责原材料管理的执行副总裁,由他来帮助协调各职能部门的关系。这位执行副总裁手下没有大量员工,也不要求各部门向他汇报。但由于他显赫的头衔和得体的处事方式,他和他的两个助手成功地实施了其他职能部门未能实现的全方位协调管理。

案例来源:http://www.gzmh56.com/blog/474.html

问题:

新的物流组织机构对该公司解决生产和销售矛盾有什么作用?这些作用得以实现的根本原因是什么?

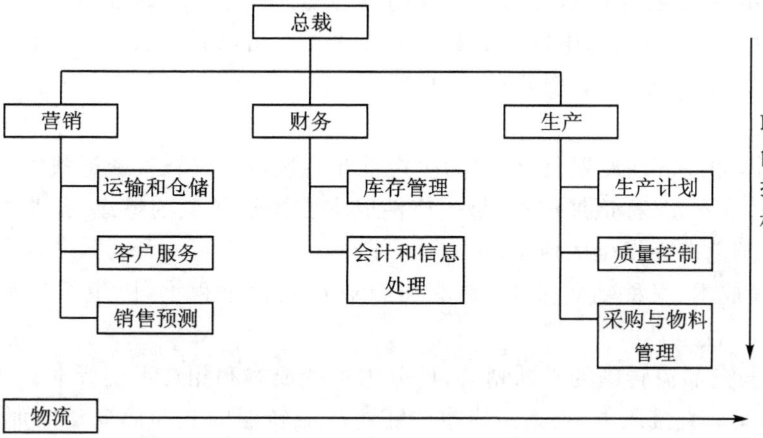

图 10－6 项目授权

任务 10.2 物流成本

10.2.1 物流成本的概念

根据国家标准《物流术语》GB/T 18354—2006，物流成本可定义为“物流活动中所消耗的物化劳动和活劳动的货币表现”，即物品在实物运动过程中，如包装、装卸、搬运、运输、储存、流通加工、物流信息处理等各个环节中所支出的人力、物力和财力的总和。也就是说，物流成本是从原材料供应开始一直到将商品送达消费者手上为止所发生的全部物流费用。然而，一直以来物流成本的计算总是被分解得难以辨认。由于物流成本没有被列入企业的会计科目，制造企业习惯将物流费用计入产品成本，商业企业则把物流费用与商品流通费用混在一起。因此，无论是制造企业还是商业企业，都难以按照物流成本的内涵完整地计算出物流成本。

【小知识】 一瓶可口可乐的物流成本

10.2.2 物流成本的构成和分类

研究物流成本时，要将混入其他费用科目的物流成本全部抽取出来，使人们能够清晰地看到潜藏的物流成本，以便降低成本。为了能更好地研究物流成本，我们必须了解一下物流成本的构成和分类。物流成本从其所处的领域来看，可分为流通企业物流成本和生产企业物流成本。

1. 流通企业物流成本的构成和分类

流通企业物流成本是指在组织物品的购进、运输、仓储、销售等一系列活动中所消耗的人力、物力、财力的货币表现。其具体构成和分类如下：

(1) 具体构成

① 人工费用，包括职工工资、奖金、津贴以及福利费等；

② 营运费用,如能源消耗费、运杂费、折旧费、办公费、差旅费、保险费等;

③ 财务费用,指经营活动中发生的资金使用成本支出,如利息、手续费等;

④ 其他费用,如税金、资产损耗费、信息费等。

(2) 分　类

① 按照成本的经济性质划分,可分为生产性流通成本和纯粹性流通成本。

生产性流通成本,又称追加成本,是生产性成本在流通领域的继续,是为方便物品最终完成生产过程,便于消费而发生的成本。

纯粹性流通成本,又称销售成本,是流通企业在经营过程中,因组织产品交换而发生的成本。

② 按成本与商品流转额的不同划分,可分为可变成本和相对不变成本。

可变成本,又称直接成本,指物流成本中随商品流转额的变动而变动的那一部分,如搬运费和仓储费等。

相对不变成本,又称间接成本,指物流成本中不随商品流转额的变动而变动的那一部分成本,如员工工资、福利费和折旧费等。

③ 按成本发生的流转环节划分,可分为进货成本、商品储存成本和销售成本。

进货成本,是指商品由供货单位到流通企业仓库所发生的运输费、装卸费以及损耗费、包装费、入库验收费和中转单位收取的成本。

商品储存成本,是指物流企业在商品保管过程中所发生的转库搬运、检验、挑选整理、维护保养、管理包装等方面的成本及商品的损耗费。

销售成本,是指流通企业从商品出库到销售过程中所发生的包装费、手续费和管理费等。

2. 生产企业物流成本的构成和分类

生产型企业的物流成本是指企业在进行供应、生产、销售、回收等过程中所发生的运输、包装、仓储、配送、回收等费用。其具体构成和分类如下:

(1) 具体构成

① 供应、仓储、搬运和销售环节的职工工资、奖金、津贴以及福利费等;

② 生产材料的采购费用,包括运杂费、保险费、合理损耗成本等;

③ 产品销售费用,如广告费、运输费、展览推销费、信息费等;

④ 仓储保管费,如仓库维护费、搬运费等;

⑤ 有关设备和仓库的折旧费、维修费、保养费等;

⑥ 营运费用,如能源消耗费、物料消耗费、折旧费、保险费、劳动保护费等;

⑦ 财务费用,如仓储物资占用的资金利息;

⑧ 回收废品发生的物流成本。

(2) 分　类

① 按物流过程划分,可分为供应物流费、生产物流费、销售物流费、退货物流费和废品回收物流费。

供应物流费,是指企业为生产产品购买各种原材料、燃料等所发生的运输、装卸、搬运费用。

生产物流费,是指企业在生产产品时,由于原材料、半成品、产成品的位置转移而发生的搬运配送、发料、收料等方面的费用。

销售物流费，是指企业为了将产品销售出去，在销售过程中发生的广告费、展览费、宣传费、运输费等费用。

退货物流费，是指产品销售后因退货、换货所发生的运输、装卸、搬运等费用。

废品回收物流费，是指因废旧物品回收所发生的运输、装卸、搬运等费用。

② 按物流活动构成划分，可分为物流环节费、信息流通费和物流管理费。

物流环节费，是指产品实体在空间位置转移时因经过物流环节而发生的费用，包括包装费、运输费、保管费和装卸费等。

信息流通费，是指为实现产品价值变换，处理各种物流信息而发生的费用，包括与库存管理、订货处理、客户服务等有关的费用。

物流管理费，是指为了组织、计划、控制、调配物资而发生的各种管理费用，包括现场物流管理费用和机构物流管理费用。

10.2.3 物流成本的有关理论

物流管理的有关理论学说我们在前面的章节中已讲过，在此强调的是与物流成本有关的理论。

1. 物流成本的“冰山”说

物流成本的“冰山”说是由日本早稻田大学的西泽修教授提出的。他指出，传统会计所计算的外付运费和外付储存费，不过是冰山一角。在企业内部占较大比例的物流成本则混入其他费用中，如不把这些费用核算清楚，则很难看出物流费用的全貌。而且，物流成本的计算范围，各企业也不相同，因此无法与其他企业进行比较，也很难计算出行业的平均物流成本。因为外付物流成本与企业对外委托业务的多少有关。因此，航行在市场之流上的企业巨轮如果看不到海面下的物流成本的庞大躯体，那么最终很可能会遇到与泰坦尼克号一样的厄运。而一旦物流所发挥的巨大作用被企业开发出来，它给企业带来的丰厚利润也是有目共睹的。

2. 物流成本的效益背反理论

效益背反，又称为“二律背反”。物流成本具有效益背反的特征。所谓效益背反，是指物流的若干功能要素之间存在着损益的矛盾，即某一功能要素得到优化和获得利益的同时，必然会导致另一个或几个功能要素的利益损失。也就是说，改变物流系统中任何一个要素，都会影响到其他要素的改变。因此，在设计和管理物流时，应把物流作为一个系统来研究，用系统的方法来管理物流，以较少的物流成本，用较好的物流服务为用户提供物品，同时，尽量减少外部环境中经济因素的影响。

3. 物流成本削减的乘法效应理论

物流成本削减的乘法效应理论是指物流成本下降后会引起销售额成倍的增长。例如，假定销售额为 100 亿元，物流成本为 10 亿元，如物流成本下降 1 亿元，就可得到 1 亿元的收益。这个道理是不言自明的。现在，假定物流成本占销售额的 10%，如物流成本下降 1 亿元，销售额将增加 10 亿元，即物流成本的下降会产生极大的效益。这个理论类似于物理中的杠杆原理，物流成本的下降通过一定的支点，可以使销售额获得成倍的增长。

10.2.4 物流成本的管理方法

1. 物流成本管理的目的

企业在进行物流成本管理时,首先要明确管理目的,有的放矢。在一般情况下,企业物流成本管理的目的如下:

① 通过掌握物流成本现状,发现企业物流中存在的主要问题;

② 对物流相关部门进行比较和评价;

③ 依据物流成本计算结果、制订物流计划、确立物流管理战略;

④ 通过物流成本管理,发现降低物流成本的方法,强化总体物流管理。

2. 物流成本管理的方法

要准确地进行物流成本管理,必须掌握好物流成本管理方法。物流成本管理方法一般有以下几种。

(1) 比较分析

1) 横向比较

横向比较是指把企业的各项物流费用与同类企业进行比较,特别是与同行业中的标杆企业进行比较。如果企业物流费用异常,则需查明原因、堵住漏洞、改进管理方法,以便降低物流成本。

2) 纵向比较

纵向比较是指把企业历年的各项物流费用与当年的物流费用进行比较。如果费用增加了,再分析一下为什么增加、在哪个地方增加了、增加的原因是什么;假如增加的是无效物流费,则立即改正。

3) 计划与实际比较

计划与实际比较是指把企业当年实际开支的物流费用与原来编制的物流预算进行比较,找出企业物流管理中的问题和薄弱环节。

(2) 综合评价

综合评价即通过物流成本的综合效益研究分析,发现问题、解决问题,从而加强物流管理。比如,采用集装箱运输,一可以简化包装,节约包装费;二可以防雨、防晒,保证运输途中物品的质量;三可以起到仓库的作用,防盗、防火。但是,如果由于包装简化而降低了包装强度,货物在仓库保管时就可能浪费库房空间、降低仓库保管能力。另外简化包装,还可能影响货物的装卸搬运效率等。因此,利用集装箱运输是好还是坏,要用物流成本计算这个统一的尺度来综合评价,分别算出上述各环节物流活动的费用,经过全面分析后得出结论。

(3) 排除法

在物流成本管理中,有一种方法叫活动标准管理。其做法就是把与物流相关的活动划分为两类:一类是有附加价值的活动,如出入库、包装、装卸等与货主直接相关的活动;另一类是非附加价值的活动,如开会、改变工序、维修机械设备等与货主没有直接关系的活动。如果将上述非附加价值的活动加以排除或尽量减少,就能节约物流费用,达到物流管理的目的。

(4) 责任划分

在生产企业中,物流的责任在物流部门,但责任的源头却是销售部门或生产部门。以销售物流为例,一般情况下,由销售部门制订销售物流计划,包括送货时间、接受订货的最小批量等，均由企业的销售部门提出方案、定出原则。假如该企业过于强调销售的重要性，则可能会决定当天订货、次日送达。这样的话，订货批量大时，物流部门的送货成本就低；订货批量小时，送货成本就高。数量过少的送货会造成物流费用增加，大大超过了扩大销售产生的价值，这种浪费和损失，应由销售部门负责。分清类似的责任，有利于控制物流总成本，防止销售部门随意改变配送计划，堵住无意义、不产生任何附加价值的物流活动。

任务10.3 物流服务

10.3.1 物流服务的概念与特点

1. 物流服务的概念

根据国家标准《物流术语》GB/T 18354—2006中的定义，物流服务是指为满足客户需求所实施的一系列物流活动产生的结果。

对于物流服务的理解有以下两个最基本的角度：

① 从生产、销售有形产品的制造型企业和商业企业的营销角度去理解物流服务的含义和作用，认识到提高物流服务水平和保证物流服务质量与增强企业竞争力之间的关系，理解设定物流服务水准、进行物流服务质量控制的方法等。

② 站在专业物流企业服务经营的立场上思考物流服务活动的因素、物流服务与传统的运输服务和仓储服务之间的联系和区别、物流企业的服务与货主企业向顾客提供的物流服务之间的关系，实现传统物流企业向现代物流企业转变的注意事项等。

2. 物流服务的特点

(1) 从属性

物流服务必须从属于货主企业物流系统，具体表现在：流通货物的种类、流通时间、流通方式、提货配送方式都由货主决定，物流企业只是按照货主的需求，提供相应的物流服务。

(2) 即时性

物流服务是属于非物质形态的劳动，它生产的不是有形的产品，而是一种伴随销售和消费发生的即时服务。

(3) 移动性和分散性

物流服务以分布广泛、数量多、不固定的客户为对象，所以有移动、面广、分散的特性。它的移动性和分散性会使产业局部供需不平衡，也会为经营管理带来一定难度。

(4) 需求波动性

由于物流服务是以数量多而又不固定的顾客为对象，需求方式、需求数量有较强的波动性，因此容易造成供需失衡，这成为物流经营劳动效率低、费用高的重要原因。

(5) 可替代性

物流服务的可替代性主要表现在两个方面：一是站在物流活动主体的角度看，既可以采用自营物流的形式来完成，也可以采用社会化物流的方式来完成；二是站在物流企业提供的服务品种的角度看，货主可以自主选择运输形式。

10.3.2 物流服务的内容

根据物流服务的概念，其内容包括以下两个方面：

1. 作为企业客户服务的一部分(物流客户服务)

所谓客户服务是指为支持企业的核心产品(或服务)而提供的服务。制造企业和商业企业的物流服务是用来支持其产品营销活动的、面向顾客的一种服务,是顾客使用商品的物流保障,这种物流服务也被称为物流客户服务。

用现代营销和消费的观点来看,企业提供给顾客的不只是有形产品,还包括与之相关的服务,即顾客购买的是由有形产品、服务、信息和其他要素所组成的“服务产品组合”,物流服务是这个“服务产品组合”中的重要组成部分。对于制造和销售有形产品的企业来说,有形产品是这个产品组合中的核心因素。

物流客户服务的最终目标是保证顾客对商品的使用。因此,可以从以下三个方面来反映物流客户服务的内容以及衡量物流客户服务的水平。

① 顾客所期望的商品存货保证。

② 在顾客期望的时间内传递商品的运输保证。

③ 符合顾客期望的商品质量保证。

2. 作为物流企业的产品(物流商品)

制造企业或商业企业在向顾客(包括内部顾客)提供物流服务的过程中,如将物流业务活动的全部或部分委托给专业物流企业(如运输企业、仓储企业、第三方物流企业等),物流企业便成为制造企业或商业企业的物流服务提供者。从这个意义上讲,运输企业的运输服务也具有物流服务的性质(这里是从广义上去理解物流服务)。

物流企业服务的基本内容包括运输、储存、包装、装卸、流通加工、配送、物流信息、物流系统设计,以及其他的增值性服务,如市场调查与预测、库存控制建议、订货指导、业务运作过程诊断、各种代办业务和物流全过程追踪等服务。

10.3.3 物流增值服务

物流增值服务是现代物流企业对市场柔性反应的集中体现,也是现代物流企业综合素质和竞争能力的体现。现代物流企业如果能根据市场需求和自身实际开发出更多适销对路的差异化物流服务产品,便可获得更多的收入与利润,并在激烈的市场竞争中处于有利地位。

物流的基本服务表现为企业建立最基本业务关系的客户服务方案,而增值服务则表现为零缺陷承诺的各种可选方案。当一个企业承诺要为其主要客户开发独特的增值服务方案时,便是在从事客户定制活动。

物流增值服务具体可以分为以下四个主要领域。

1. 以客户为核心的服务

这类服务是指利用第三方物流专业人员向买卖双方提供产品配送。如为客户提供“精选—定价—重新包装”服务,以便按仓库和便利店等的独特要求配置,并配送制造厂商的标准产品。

2. 以促销为核心的服务

独特的销售点、展销台的配置,旨在刺激产品销售的各种产品业务均属此类服务。

3. 以制造为核心的服务

这类服务强调物流定制化。例如,为一家化妆品公司使用六种不同的包装盒重新包装一种女性化妆品,以支持各种促销方案。通过这种方式,专业人员能够把产品的最后定型推迟到接收物流定制化订单时。

4. 以时间为核心的服务

这种服务的流行形式就是准时化供给仓库。供应商向位于装配工厂附近的准时化供给仓库进行日常递送，一旦某时某地产生了需要，供给仓库就会对多家卖主的零部件进行精确分类、排序，并送到装配线上去，其目的是从总量上最大限度地减少在装配工厂的搬运次数和检验次数。

10.3.4　物流服务质量管理的实施

物流服务质量是企业物流的核心竞争力，质量管理是企业物流管理的重点。一般来说，企业的物流服务质量管理涉及三个方面：一是市场研发的质量管理；二是物流服务设计的质量管理；三是物流服务交付过程的质量管理。

物流服务质量是衡量物流系统为客户创造时间效应和空间效应的能力的重要标准。其基本实施途径包括以下两个方面：

1. 树立企业物流整体质量管理思想

① 真正形成物流整体质量管理的认识。要强化企业物流质量管理，就必须从企业物流战略发展出发，真正树立整体质量管理思想。

② 认真做好物流服务过程的整体质量管理。企业应从整体质量管理出发，强调物流管理人员必须深入了解物流服务全过程，并根据顾客需求，认真做好物流服务网络体系设计工作和服务质量管理工作，不断创造物流价值，提高顾客的满意程度。

③ 整体考核企业物流服务质量管理水平。企业应确定物流服务质量标准，做好每一关键环节的质量管理工作，促使服务绩效符合或超过顾客期望；要从整体角度客观地衡量物流服务质量管理水平，积极采用高新技术加强质量管理，提升企业服务水平。

2. 建立有效的物流服务质量管理信息系统

在为顾客提供物流服务的过程中，企业会受到多种因素的影响，充满了可变性和不确定性。如果任其自行发展，其运作效率将会降低，服务质量会逐渐“退化”。因此，必须建立有效的物流服务质量管理信息系统，以对物流服务过程进行监控，找出差距和不足，以改善物流运作，保证和提高服务质量。

任务 10.4　物流标准化

“三流企业做产品，二流企业做品牌，一流企业做标准”，这是一句经典商业名言，表明了在全球生产一体化的今天，拥有标准对于抢占产业制高点的重要性。随着经济全球化，各国综合国力的竞争越来越多地体现在技术标准的较量上，标准已经成为影响生产力的重要因素。标准决定着技术发展的导向，引导着国内外市场的趋势，是国家利益在技术领域的体现。

【典型案例】 让“仓库”动起来

10.4.1　物流标准化的概念和特点

标准是判定质量的依据，是先进的科学技术和实践经验相结合的综合成果，同时，标准又是集体智慧的结晶。物流标准化是实现物流现代化的基础。

标准化的重要作用是提高产品、过程和服务的适用性，防止贸易壁垒，促进技术合作。

标准化的基本原理是统一、简化、协调和最优化。

标准化的实质是“通过制定、发布和实施标准,达到统一”。

标准化的目的是“获得最佳秩序和社会效益”。

现代物流是一个大系统,各环节彼此联系,存在着配合与协调的问题。物流标准化是从物流系统的整体出发,制定各子系统的设施、设备、专用工具、信息化等的技术标准、业务工作标准及服务规范等;重点是在与信息化技术相关的编码、数据交换格式、数据接口等基础及应用标准上;研究各子系统技术标准和业务工作标准的配合性,研究物流系统与其他相关系统的配合性,统一整个物流系统的标准。

综上所述,物流标准化是指在运输、配送、包装、装卸、保管、流通加工、资源回收及信息管理等环节中,对重复性事物和概念,通过制定、发布和实施各类标准,达到协调统一,以获得最佳秩序和社会效益。

物流标准化的主要特点包括以下几方面:

1. 涉及面广泛

和一般标准化系统不同,物流系统标准化的涉及面更为广泛,其对象也不像一般标准化系统那样单一,而是包括了机电标准、建筑标准、工具标准、作业标准等许多种类。上述这些种类虽然处于一个大系统中,但缺乏共性,从而造成标准种类繁多、标准内容复杂,给标准的统一性及配合性带来很大困难。

2. 属于二次系统,或称为“后标准化系统”

物流标准化系统属于二次系统,或称为“后标准化系统”。这是由于物流及物流管理思想诞生较晚,组成物流大系统的各个分系统,在过去没有被归入物流系统之前,早已分别实现了本系统的标准化,并经多年的应用、发展和巩固,已很难改变。在推行物流标准化时,必须以此为依据,在个别情况中,也可以把旧标准推翻,按物流系统所提出的要求重新建立标准化体系。总的来说,物流标准化系统通常是建立在各个分系统标准化基础上。这就意味着新的物流标准化系统必然要从适应及协调的角度来建立,而不可能全部创新。

3. 体现科学性、民主性和经济性

物流标准化更应体现科学性、民主性和经济性,这是标准化的三性,也是物流标准化特殊性所要求的。

科学性是指物流标准化要体现现代科技成果,以科学实验为基础,在物流中还要与物流的现代化相适应,要能将现代科技成果连接成大系统。科学性既包含单项技术的水平,还表现在协调与适应能力方面,要使综合的科学水平最优。

民主性是指标准的制定采用协商一致的办法,广泛考虑各种现实条件,广泛听取意见,使标准更具有权威,减少阻力,易于贯彻执行。

经济性是物流标准化的主要目的之一,也是决定标准化生命力的因素。物流过程增值是有限的,物流中的多支出,必然影响效益。不能片面追求科技水平,引起物流成本的增加,否则会使标准失去生命力。

4. 物流标准化具有非常强的国际性

现在,我国的对外贸易和交流有了大幅度上升,特别是加入世贸组织以后,国际交往、对外贸易变得越来越重要,而国际贸易都是靠国际物流来完成的,这就要求各个国家间的物流互相衔接,力求使本国标准与国际物流标准相一致,以降低国际交往的难度。如果在本就已经很高的国际物流费用上再增加因标准化不统一而产生的费用，势必会增加国际贸易成本。因此，物流标准化的国际性也是其区别于其他标准的重要特点之一。

10.4.2　物流标准化体系

物流标准化体系是指在物流标准化活动范围内，各类标准按其内在联系形成科学的有机整体。它包含了以下几层含义：

① 物流标准体系包括了物流过程所需要的全部标准，也就是说，只要属于物流活动范围，与技术、管理有关的重复性事务和概念，都可以作为物流标准的对象，纳入物流标准体系。

② 物流标准体系的组成是各类标准。“各类”不仅指物流标准体系包括不同级别的标准，即国家标准、行业标准、地方标准和企业标准，还指物流标准体系包括技术标准、管理标准和工作标准。

③ 物流标准体系是物流标准化工作的蓝图。从全国商业物流系统来看，物流标准体系内的标准，不仅包括现有标准，还包括应有的和未来预计发展的标准，并随着物流技术的发展不断更新和充实。

④ 物流标准化体系内的各类标准相互依存、相互关联，按一定科学规律形成一个有机的整体。它们有一定的服务对象，发挥不同的作用。同时，它们连成一体，发挥整体的功能。

10.4.3　物流标准分类

1. 大系统配合性、统一性标准

主要包括：①专业计量单位标准；②物流基础模数尺寸标准；③物流建筑模数尺寸标准；④集装模数尺寸标准；⑤物流专业名词标准；⑥物流核算、统计标准；⑦标志、图示和识别标准。

2. 分系统技术标准

主要包括：①运输车船标准；②作业车辆标准；③传输机具标准；④仓库技术标准；⑤站台技术标准；⑥包装、托盘、集装箱标准；⑦货架、储罐标准。

3. 工作标准与作业规范

工作标准及作业规范主要包括：

①岗位责任及权限范围；②岗位交换程序及工作执行程序。例如配运车辆每次出车规定应由司机进行的车检程序，车辆定期车检时间及程序等；③物流设施、建筑的检查验收规范；④货车、配送车辆运行时间表、运行速度限制等；⑤司机顶岗时间、配送车辆的日配送次数或日配送数量；⑥吊钩、索具使用、放置规定；⑦情报资料收集、处理、使用、更新规定；⑧异常情况的处置办法等。

10.4.4　国内外物流标准化发展现状

目前，全球化大生产、大流通、大贸易、大循环的经济格局已逐步形成，与世界经济接轨、与国际惯例同步是物流发展不可逆转的大趋势。因此，各国的物流标准无疑也需要与国际一致，不能违背国际统一标准。否则，它将严重影响各国物流业以及世界物流业的长远发展。

1. 国际物流标准化发展状况

随着贸易的国际化，标准也日趋国际化。以国际标准为基础制定本国标准，已经成为世贸组织对各成员的要求。目前，世界上有近300个国际和区域性组织，制定了标准和技术规则。

其中与物流密切相关的有两大标准化体系,分别是国际标准化组织(ISO),以及国际物品编码协会(EAN)与美国统一代码委员会(UCC)的联盟。

目前,ISO下设多个物流标准化的技术委员会,负责全球物流相关标准的制定和修订工作。ISO现已制定了200多项与物流设施、运作模式与管理、基础模数、物流标识、数据信息交换相关的标准。

EAN是除北美以外的对货物、运输、服务和位置进行唯一有效编码并推动其应用的国际组织,是从事物流信息标准化的重要国际组织。而UCC是北美地区与EAN对应的组织。近年来,两个组织加强合作,达成了EAN.UCC联盟,共同管理和推广EAN.UCC系统,旨在全球范围内推广物流信息标准化。其中,推广商品条码技术是该系统的核心,它为商品提供了有效的、标准的编码,而且编码的唯一性使得商品可以在世界范围内被跟踪。EAN开发的对物流单元和物流节点的编码,可以用确定的报文格式通信,国际化的EAN.UCC标准是电子数据交换(EDI)的保证,是电子商务的前提,也是物流现代化的基础。

随着信息技术和电子商务、电子数据、供应链的快速发展,国际物流业已经进入快速发展阶段。而物流系统的标准化和规范化,也已经成为发达国家提高物流运作效率和效益,提高竞争力的必备手段。在国际集装箱和EDI技术发展的基础上,各国开始进一步在物流的交易条件、技术装备规格,特别是单证、法律环境、管理手段等方面推行国际的统一标准,使国内物流与国际物流融为一体。

美国作为北大西洋公约组织成员之一,参加了北大西洋公约组织的物流标准制定工作,制定出了物流结构、基本词汇、定义、物流技术规范、海上多国部队物流、物流信息识别系统等标准。美国国防部制定了军用和民用物流的数据记录、信息管理等方面的标准规范。美国国家标准学会(ANSI)积极推进物流的运输、供应链、配送、仓储、EDI和进出口等方面的标准化工作。美国与物流相关的标准近1 200条,其中运输91条、包装314条、装卸8条、流通33条、仓储487条、配送121条、信息123条。在参加国际标准化活动方面,美国积极加入ISO/TC 104,ISO/TC 122,ISO/TC 154管理、商业及工业中的文件和数据元素等委员会。

UCC为给供应商和零售商提供一种标准化的库存单元(SKU)数据,早在1996年就发布了通用产品代码(UPC)数据通信指导性文件,美国标准协会也于同年制定了装运单元和运输包装的标签标准,用于物流单元的发货、收货、跟踪及分拣,规定了如何在标签上应用条码技术,甚至包括用二维条码四一七和MAXICODE,通过标签来传递各种信息,实现了EDI报文的传递,即所谓的"纸面EDI",做到了物流和信息流的统一。

日本是对物流标准化比较重视的国家之一,标准化的速度也很快。日本在标准体系研究中注重与美国和欧洲进行合作,将重点放在标准的国际通用性上。日本工业技术院委托日本物流管理协会花费4年时间对物流机械、设备的标准化进行调查研究,提出了日本工业标准(JIS)关于物流方面的若干草案,它们包括物流模数体系、集装的基本尺寸、物流用语、物流设施的设备基准、输送用包装的系列尺寸(包装模数)、包装用语、大型集装箱、塑料制通用箱、平托盘、卡车车厢内壁尺寸等。在日本现有的标准体系中,与物流相关的标准约有400余条,其中运输24条、包装29条、流通4条、仓储38条、配送20条、信息302条。

2. 国内物流标准化发展状况

2006年公布的国家"十一五"发展规划纲要,提出了大力发展现代物流业的战略构想,并把物流标准化作为其中的一项重要任务。我国已经

【小知识】 ISO简介

陆续制定、颁布了一系列与物流有关的标准，包括技术标准、有关物流行业通用性的工作和管理标准等。

(1) 物流标准化组织机构的建立

我国建立了许多从事物流标准化工作的机构和组织，如全国物流信息技术委员会、全国物流标准化技术委员会、中国物品编码中心和中国物流与采购联合会，由这些组织机构来具体负责制定现代物流标准体系。

(2) 物流基础的标准化是物流标准化的基础环节

物流基础标准化规范了我国物流业的基本概念，是物流其他方面标准化的出发点和落脚点。《物流术语》GB/T 18354— 2006、《中国物流标准化体系规范》、《商品条码》、《储运条码》、《物流单元格条码》等一些重要的物流基础标准已发布和实施。

(3) 物流信息的标准化

物流信息的标准化是推动现代物流业发展的动力。《物流条码技术应用规范》、《物流信息术语》已发布和实施。

(4) 物流其他方面的标准化

《企业物流成本构成与计算》《物流中心作业通用规范》已发布和实施。

(5) 物流标准的国际化

中国已经加入了 ISO，并加入了国际电工委员会与物流有关的各技术委员会与技术处，明确了物流有关技术的归口单位。在我国，与包装、标志、运输、贮存有关的国家标准大约 30%采用国际标准；与公路、水路运输有关的国家标准大约有 5%采用国际标准；铁路方面大约有 20%采用国际标准；车辆方面大约有 30%采用国际标准。此外，在商品条形码和企事业单位物流作业标识等方面也相应采用了一些国际标准。我国在物流标准国际化方面所付出的努力加快了与国际接轨的步伐，促进了物流业的迅速发展。

当然，我国的物流业因起步较晚，物流标准化还存在着许多问题，如物流标准化的推广存在障碍，制定的一些重要的国家标准应用时的正确率较低；物流装备标准、器具标准和基础设施标准不统一，货运基本设备缺乏统一规范；物流各环节之间的标准不统一，缺乏同步协调性；商品信息无法实现交换和共享；物流标准化管理体制分割，形成信息孤岛，较难衔接；物流标准化人才匮乏，人才错位现象严重等。因此，在物流标准化建设的过程中，应积极发挥政府的协调作用，加强行业协会引导，鼓励企业积极参与，以此来推动行业标准国际化，努力缩短与国外物流的差距。

实　训

实训目的

加深对物流成本的认识。了解商品价格中各项成本的构成，其中物流成本占多少比例，降低物流成本有何意义。

实训内容

了解什么是物流成本，物流成本的构成，降低物流成本的方法和意义。

实训课时

2 课时。

实训步骤

① 查找国家标准《企业物流成本构成与计算》,认真研读。

② 按成本项目类别、范围类别和支付形态类别对物流成本进行分类。

③ 写出实训报告。

④ 教师总结。

检查标准

① 提供国家标准《企业物流成本构成与计算》。

② 按格式要求写出实训报告。

③ 交流实训报告。

思考与练习

一、单项选择题

1. 物流的若干功能要素之间存在着损益矛盾的理论是(　　)。

A. 物流成本的“冰山说”　　B. 物流成本的效益背反理论

C. 物流成本削减的乘法效应理论

2. 物流办公费属于(　　)类成本。

A. 人工费用　　B. 营运费用　　C. 财务费用　　D. 其他费用

二、多项选择题

1. 物流管理组织建立的基本原则是(　　)。

A. 精简原则　　B. 统一原则　　C. 自主原则　　D. 高效原则

2. 物流服务的特点包括(　　)。

A. 从属性　　B. 即时性　　C. 移动性和分散性

D. 需求波动性　　E. 可替代性

3. 物流增值服务具体可以分为(　　)。

A. 以客户为核心的服务　　B. 以促销为核心的服务

C. 以制造为核心的服务　　D. 以时间为核心的服务

三、简答题

1. 物流成本管理的目的和方法是什么?

2. 物流标准化的概念和特点是什么?

四、案例分析题

美国凯利伯物流公司的物流服务

美国凯利伯物流公司是一家在世界范围内较有影响的专业物流公司。为了更好地实现物流服务的高水准,该公司设立了专门为客户提供服务的公共型物流中心。其提供的服务包括如下内容。

(1) 准时制物流计划。该公司通过建立先进的信息系统,并为供应商提供培训服务及传授管理经验,优化了运输路线和运输方式,降低了库存成本,减少了收货人员及成本,并为货主提供了更多更好的信息支持。

(2) 合同制仓储服务。该公司推出的此项服务减少了货主建设仓库的投资,同时通过在仓储过程中采用计算机辅助设计(CAD)技术、执行劳动标准、实行目标管理和作业监控来提高劳动生产率。

(3) 全面运输管理。该公司开发了一套专门用于为客户选择最好的承运人的计算机系统。使用该系统的客户可以得到下述好处:使运输方式最经济,在选定的运输方式中选择最佳的承运人,可以获得与凯利伯公司关联的企业提供的服务、对零星分散的运输作业进行控制、减少回程车辆放空、管理进向运输,可以进行电子运单处理,可以对运输过程进行监控等。

(4) 生产支持服务。该公司可以进行下述加工作业:简单的组装、合并与加固、包装与再包装、准时制配送、贴标签等。

(5) 业务过程重组。该公司使用了一套专业化业务重组软件,可以对客户的业务运作过程进行诊断,提出专业化的业务重组建议。

(6) 专业化合同制运输。该公司的此项功能可以为客户提供的服务有:根据预先设定的成本提供可靠的运输服务,灵活的运输管理方案,从购车到聘请司机直至优化运输路线的一揽子服务,降低运输成本,提供一体化的、灵活的运输方案。

(7) 回程集装箱管理。公司提供的服务包括回程集装箱的跟踪、排队、清洗、储存等,可以降低集装箱的破损率,降低货主的集装箱管理成本,保证货物安全,对环保也有好处。

案例来源:http://www.docin.com/p-73377121.html

问题:

1. 美国凯利伯物流公司采用了哪些典型的物流服务?
2. 美国凯利伯物流公司的业务模式适合哪些类型的企业?

项目 11　第三方物流

【学习目标】

知识要求：

- 了解第三方物流、第四方物流。
- 了解第三方物流的特征和利弊。

技能要求：

- 能够分析物流外包的风险。
- 能够评价第三方物流企业。

【项目案例】

快递业“握手”制造业 打造双赢发展新格局

国家邮政局、工业和信息化部近日印发的《关于促进快递业与制造业深度融合发展的意见》提出，深化产业合作，完善工作机制，构建与制造业高质量发展相适应的快递物流服务体系，形成快递业与制造业深度融合的发展格局，做优做大供应链服务，为实现经济高质量发展提供重要支撑。

对此，国际新经济研究院经济行为与中国政策研究中心主任郑磊在接受《证券日报》记者采访时表示，其实，快递一直是制造业成本较高的一个环节，制造企业本身不擅长这个终端服务环节，难以依靠自身力量降低快递成本。而快递业发展到今天，已经非常专业和高效，依靠信息化技术还可以发展得更好。

与此同时，政策“官宣”后，《证券日报》记者通过采访快递企业、制造企业发现，快递业与制造业的联动关系已愈加紧密。

4 月 6 日晚上，央视推出了“网炸组合”——“国家级段子手”朱广权和“直播带货一哥”李佳琦为湖北地区做公益直播卖货，共同推荐了热干面、米酒、莲藕汤等多种湖北美食。

已经全面复工的天天快递，就通过遍布全国各地的快递服务网络，将湖北省孝感市的本地特色美食——米酒运往各地。天天快递孝感分公司工作人员沈连桥告诉《证券日报》记者，“对于米酒运输，很多快递企业不愿意‘接单’，主要因为米酒的玻璃瓶容易碎，担心赔钱。而天天快递能做到从包装到搬卸再到运输，全流程让米酒享受‘特别呵护’，本地多家米酒品牌都愿意跟我们合作。”

主要销售当地老字号“神霖米酒”的楚味堂公司是天天快递的合作方之一，公司负责人陈立向《证券日报》记者透露，“随着道路解封、网红助销、全国网友支援，神霖米酒的销售额开始持续攀升，物流仍是米酒走出去的关键一环。复工后，我咨询了多家快递企业，大多数企业报价在原价的基础上每公斤上涨了 2 角，天天快递则维持原价，且客户体验佳，为我们家乡土特产打开了销路。”

顺丰控股则除了助力小米集团国内业务，还为其定制了“国际专线运输＋原料 HUB 仓”

的自营业务。“北京时间 2018 年 8 月 5 日，顺丰控股的全货机完成从深圳到金奈(印度)的首趟飞行。航班上装载了 30 多吨货物，主要为小米集团的手机零部件，零部件到达金奈后再运往工厂进行加工。”顺丰公关部工作人员向《证券日报》记者介绍，金奈是顺丰控股在全球的第 12 个国际航空货运节点城市。

截至目前，顺丰控股已成功服务多家电子信息制造业企业，运输近千吨货物，不仅“盘活”飞机资源，且创造营收超千万元。

郑磊认为，“鼓励快递业与制造企业深度融合发展，一方面，可以提高制造企业富余空间的利用率，让快递企业承担制造业的全部物流服务功能，能让各自特长都发挥出来，实现双赢。另一方面，快递业属于劳动密集型产业，能够为就业技能偏低的人口提供更多的就业机会，再加上疫情期间，快递业也发挥了重要作用，这些均是上述政策考量的一个出发点。总之，快递业携手制造业深度合作，对双方降低成本、提升效率都有重要意义。”

来源：http://www.zqrb.cn/finance/hangyedongtai/2020-04-07/A1586262616478.html

任务 11.1　第三方物流概述

11.1.1　第三方物流的含义

第三方物流的概念是 20 世纪 80 年代由美国物流管理协会首先提出的，其英文表达为“Third Party Logistics”，简称 TPL 或 3PL。我国国家标准《物流术语》中规定，第三方物流，是指由供方与需方以外的物流企业提供物流服务的业务模式。

第三方物流是相对于第一方、第二方物流而言的。

第一方物流是指物流活动主要由产品提供者自己承担的物流组织方式。传统上，多数制造企业特别是大型企业都具有较强的物流能力，配备了专业人员、专门机构以及运输设备、仓储设施等物流资源，依靠自己的力量完成产品向顾客的转移，从而形成第一方物流。

第二方物流是指物流活动主要由产品需求者自己承担的物流组织方式。传统上，一些规模较大的商业部都配备有自己的运输工具和储存商品的仓库，并安排专业的部门和人员负责所购商品的运输、仓储、包装、加工等物流活动，从而形成第二方物流。

第三方物流的概念源自管理学中的业务外包(Out－souring)。企业的业务外包是指企业动态地配置自身和其他企业的功能和服务，利用外部资源为企业内部的生产经营服务，将一些业务承包给第三方企业去完成。所以，第三方物流既不属于第一方，也不属于第二方，而是通过与第一方或第二方的合作来提供专业化的物流服务。第三方物流不拥有商品，不参与商品的买卖，而是为客户提供以合同为约束、以结盟为基础的系列化、个性化、信息化的物流代理服务。因此，第三方物流又被称为合同物流、外包物流、物流联盟。

从广义的物流运行的角度来看，第三方物流包括一切物流活动和发货人从专业第三方物流商处得到的一些其他增值服务。从狭义的角度看，第三方物流专指本身没有固定资产但仍承接物流业务，并借助外界力量来替发货人完成整个物流过程的一种物流管理方式。

11.1.2　第三方物流的特征

第三方物流的活动范围及相互间的责任范围比一般的物流活动大，其与客户企业之间建立的不仅仅是一般的业务关系，而且还是一种战略联盟关系。第三方物流的目标是实现双赢，所以说，第三方物流供求双方的利益是一致的。具体来看，第三方物流具有以下特点。

1. 关系契约化

第三方物流有别于传统的外协，外协一般只限于一项或数项独立的物流功能，如运输公司提供运输服务、仓储公司提供仓储服务等。第三方物流则根据合同条款规定的要求，提供多功能甚至全方位的物流服务。一般来说，第三方物流企业能提供仓库管理、订单处理、产品回收、搬运装卸、物流信息系统、产品安装装配、物流金融、项目物流等物流服务。首先，第三方物流是通过契约形式来规范物流经营者与物流消费者之间的关系。物流经营者根据契约规定的要求，提供多功能直至全方位一体化物流服务，并以契约来管理所提供的物流服务活动及其过程。其次，第三方物流发展物流联盟也是通过契约的形式来明确各物流联盟参加者之间的权责利关系。

2. 服务个性化

第三方物流服务的对象一般都比较少，只有一家或几家，服务时间却比较长，这是因为需求方的业务流程各不一样，而物流、信息流是随价值流流动的。因而要求第三方物流服务应按照客户的业务流程来制定。首先，不同的物流消费者存在不同的物流服务要求，第三方物流需要根据不同物流消费者在企业形象、业务流程、产品特征、顾客需求特征、竞争需要等方面的不同要求，提供针对性强的个性化物流服务和增值服务。其次，从事第三方物流的物流经营者也因为市场竞争、物流资源、物流能力这些方面的影响，需要形成自己的核心业务，不断强化所提供物流服务的个性化和特色化，以增强自身在物流市场的竞争能力。

3. 功能专业化

随着经济全球化和竞争国际化的趋势日益加快，国内外市场的界限逐渐消失，越来越多的企业参与到国际市场竞争中去，小到一台手机，大到一部汽车，零部件都来自世界各地的供应商，生产完成后又要迅速销售到世界各地的消费者手中。在这个过程中，第三方物流提供了专业的物流服务。这不仅体现在标准化的微观作业流程——入库、在库、装卸、出库、运输、配送、客户反馈等环节中，而且在物流设计、物流操作过程、物流技术工具、物流设施、物流管理等方面也体现出专业化、规范化、标准化。

4. 效益规模化

第三方物流最基本的特征是集多家企业的物流业务于一身，以及物流业务规模的扩大。相对于企业自营物流来讲，第三方物流业务规模的扩大可以充分利用企业的人力、物力、财力等资源，发挥综合效益；有的可以用专用设备、设施，提高工作效率；有的还可以采用先进的计算机信息网络，取得范围效益。

5. 长期战略伙伴关系

第三方物流企业不是货运公司，也不是单纯的速递公司。它的业务深深地触及客户企业销售计划、库存管理、订货计划、生产计划等整个生产经营过程，它与客户之间远远超越了一般意义上的买卖关系，并与客户紧密地结合成一体。第三方物流与客户形成的是相互依赖的市场共生关系，是一种战略合作伙伴关系。从长远看，第三方物流的服务领域还将进一步扩展，甚至会成为客户营销体系的一部分，它的生存与发展必将与客户企业的命运紧密地联系在一起。

6. 以现代信息技术为基础

信息技术的发展是第三方物流出现和发展的必要条件。现代信息技术实现了数据的快速、准确传递，提高了仓库管理、装卸运输、采购订货、配送发运、订单处理的自动化水平，使订货、包装、保管、运输、流通加工实现了一体化，客户企业可以更方便地使用信息技术与物流企业进行交流和协作，企业间的协调和合作有可能在短时间内迅速完成。同时，电脑软件的迅速发展使得人们能够精确地计算出混杂在其他业务中的物流活动的成本，并能有效管理物流渠道中的商流，从而促使客户企业有可能将原来在内部完成的物流活动交由物流公司运作。客户通过信息系统对物流全程进行管理和控制，物流服务企业则对客户的长期物流活动负责。

11.1.3　我国第三方物流的发展模式

1. 企业内部物流公司

企业为了专注于其核心竞争力的形成，放弃了自己的物流部门，这些物流部门从企业中分离出来，成立一个独立核算、自主经营的公司，这就是企业内部物流公司。由于熟悉原公司业务，故企业内部物流公司在为原公司提供物流方面具有专长，同时也可以利用原公司的客户资源来发展自己的客户网络。这种类型的物流公司主要为内部客户服务，同时也向其他公司提供第三方物流服务。但这些物流企业将在一段时间内难以适应市场激烈的竞争。

2. 由传统的运输和仓储企业转型而来的物流服务企业

20 世纪 90 年代以后，面对激烈的竞争，企业需要全套高效的物流服务，这就迫使许多传统的储运企业纷纷向第三方物流企业转型，这类企业占到了我国物流市场的 50%左右。这些转型的第三方物流企业可获得一定的政策倾斜和政府扶持，还可以利用以前的客户资源和良好的客户关系为客户继续提供服务。但这些企业或多或少也存在着一些弊端，由于传统储运根深蒂固的经营思想使得企业的内部结构和运作机制并没有得到根本性的转变，故其效率难以得到提高。

3. 新兴的物流公司

这类公司是在第三方物流的概念引入之后诞生的，因此时间并不长，大多是私有或合资企业。这些企业的业务地域、服务以及客户相对集中，在管理、设施、专业化程度上都有一定的优势，是物流企业中最具活力的第三方物流企业。

4. 国外物流公司

这些公司资产庞大，有完善的海外网络，经验丰富，设施先进，例如联邦快递、UPS 等。

【典型案例】 第三方物流典故

任务 11.2　第三方物流的利与弊

11.2.1　第三方物流的优势

在当今竞争日益激烈化和社会分工日益细化的大背景下，使用第三方物流明显具有以下优越性。

1. 企业可集中精力用于核心业务

任何企业的资源都是有限的,在不断加剧的市场竞争下,核心竞争力在企业的发展中处于主导地位,对于并非以物流为核心业务的企业而言,将物流业务外包给第三方物流企业,有助于企业专注在自身核心能力的发挥上,并提高核心竞争力。

2. 降低物流成本

降低成本、提高利润率是企业追求的主要目标。第三方物流是提供物流服务的专业机构,具有专业化的物流运作管理经验,拥有强大的物流购买力和货物配送能力,不仅可以从运输公司或者其他物流服务商那里得到比其他客户更低廉的运输报价,而且能够使用现代化的物流设施设备和先进的物流信息系统,通过自身广泛分布的节点网络设施共同配送,最大限度地取得整体最优效果,为企业降低成本。

3. 减少固定资产投资风险

企业如果自营物流,要面临两种风险,固定资产投资风险和存货风险。构建现代物流网络,建设与购置设施与设备,需要投入大量的财力、人力和物力,特别是信息系统的建设,需要大量的资金支持,这会使许多企业不堪重负。另外,过多的投入又可能因市场的变化而造成物流资源的闲置和浪费。这就意味着大量的固定资产投资得不到有效和满意的回报率,企业将面临投资失败的风险。由于自身配送能力、管理水平的限制,企业为防止缺货或快速交货,为了对顾客订货做出有效反应,往往需要采取增加库存的策略,在总部和各分散的订货点维持大量存货。大量的库存不仅占用大量的资金,而且随时存在存货贬值的风险。企业如果通过第三方物流企业进行专业化配送,由于配送能力的提高,存货流通速度加快,企业可以减少安全库存量,不需要进行物流领域的固定资产投资,可以减少风险。

4. 为顾客创造更多的价值

企业通过利用第三方物流企业信息网络和节点网络,能够加快对顾客订货的反应能力,加快订单处理,缩短从订货到交货的时间,进行门到门的服务,实现快速交货,提高服务质量和水平。通过第三方物流先进的通信技术可加强对在途货物的监控,及时发现、处理配送过程中的意外事故,保证订货及时、安全地送达目的地,尽快实现对顾客的承诺,为顾客创造更多的价值。另外,一些企业还将产品的售后服务、送货上门、退货处理、废品回收等都交由第三方物流企业来完成。企业还可以在不增加固定资产投资的情况下不断应用最新的物流技术和物流设备,并可以利用第三方物流的配送网络拓展销售渠道,打入新的市场。

11.2.2 第三方物流的负面效应

企业使用第三方物流会带来上述的很多好处,但也会给企业带来诸多的不利,具体表现有以下几个方面。

1. 对物流的控制能力降低

在第三方物流合作关系中,第三方物流介入客户企业的采购、生产、分销、售后服务的各个环节,成为客户企业的物流管理者,客户企业对物流的控制力大大降低。在双方协调出现问题的情况下,可能出现物流失控的现象,即第三方物流企业不能完全理解并按客户企业的要求来完成物流业务,从而降低客户服务指标。这种控制能力的降低还表现在信息沟通上,由于物流由另外一家企业承担,原来通过企业内部沟通来解决的问题变成两个企业之间的沟通,在沟通不充分的情况下就容易产生相互推诿的局面,影响物流的效率。

2. 客户关系管理的风险

在第三方物流服务的过程中,最直接接触企业客户的往往是第三方物流企业,所以,第三方物流企业往往拥有全面的客户信息,甚至是潜在的客户信息。因此,在客户关系管理中,至少存在以下两类风险。

(1) 削弱了企业与客户的关系

由于生产企业通过第三方物流企业完成产品的递送甚至是售后服务工作,从而大大减少了与客户直接接触的机会,减少了直接倾听客户意见和强化客户关系的机会,这对建立稳定的客户关系无疑是非常不利的。

(2) 客户资料有被泄露的风险

在激烈的市场竞争中,客户就是上帝,客户资料对企业而言是最重要的资源之一,如果客户资料被泄露,其后果是难以想象的。尽管在第三方物流服务过程中,对对方的信息保密是相互之间重要的合作基础,但信息越是在更多的企业间共享,其泄密的可能性越大。第三方物流企业不仅自己要掌握信息,有时候还不得不与其他物流企业共享客户信息。因此,使用第三方物流服务,客户关系管理存在很大的风险。

3. 公司战略机密有泄露的风险

物流是公司战略的重要组成部分,又承担着执行公司战略的重任。因此,第三方物流通常对客户企业的公司战略有很深的认识。从采购渠道的调整到市场策略,从经营现状到未来预期,从产品转型到客户服务策略,这些信息可能都会被第三方物流企业得到,对于那些信息处理能力比较强的公司,其通过数据挖掘技术得到的信息往往连客户自身都不知道。因此,使用第三方物流服务大大增加了企业的核心战略被泄露的风险。

4. 出现连带经营风险

企业与第三方物流企业一般是基于合同的、比较长期的合作关系,双方一旦合作成功,要解除合作关系往往成本很高。如果第三方物流自身经营不善,可能将直接影响客户企业的经营。特别是在和约解除的过程中,客户企业要选择新的物流服务商,并建立稳定的合作关系,往往需要很长的磨合期,有的甚至超过半年。在磨合期内,客户企业将不得不面对新服务商因不熟悉产品、信息系统结合不好等造成的服务失败。这种连带经营风险应当引起企业足够的重视。

因此,企业在选择第三方物流服务商的过程中多考虑一些第三方物流的负面效应是必需的。特别是对于那些拥有核心商业机密的企业或客户资源独特的企业来说,使用第三方物流服务一定要慎重。

任务 11.3 第四方物流

随着物流业不断向前发展,人们逐渐认识到第三方物流公司在实际运作过程中存在着许多的缺点。比如,第三方物流公司缺乏对整个供应链进行运作的战略性专长和整合供应链流程的相关技术;再如,第三方物流受自身能力的限制,其提供的物流信息、技术不可能满足整个社会系统物流需要,也不可能充分利用社会资源等。因此,第四方物流便悄然兴起。

11.3.1 第四方物流的概念

第四方物流(Fourth Party Logistics,4PL) 最早于 20 世纪 90 年代中期由美国埃森哲咨询公司 Accenture(原安盛咨询公司)提出。第四方物流是一个调配和管理组织自身,具有互补性服务提供商的资源、能力与技术,提供全面的供应链解决方案的供应链集成商。第四方物流有代表性的定义还有两种:一种定义是"第四方物流指集成商利用分包商来控制与管理客户公司的、点到点式的供应链运作";另一种定义是"第四方物流是一个集中管理自身资源、能力和技术并提供互补服务的供应链综合解决办法的供应者"。总之,第四方物流能够为客户提供综合的供应链解决方案,并为顾客带来更大的价值。它是有领导力量的物流提供商,可谓"总承包商"。

所以,第四方物流就是供应链的集成者、整合者和管理者。它主要通过对物流资源、物流设施和物流技术的整合,提出物流全过程的方案设计、实施办法和解决途径,形成一体化的供应链物流方案。企业根据集成方案,将所有的物流运作,以及管理业务全部外包给第四方物流公司。第四方物流公司参与设计、咨询,提供集成管理方案,参与供应链采购,产品开发、制造、销售策略制定等活动,形成双方一定范围、程度的信息共享制度。

目前,也有学者提到第五方物流,第一方至第五方物流的内容如表11.1所列。

表11.1　各方物流的概念

名　词	解　释
第一方物流	由卖方、供应商组织的物流。即供应方为了提供商品而进行的物流,如供应商送货上门
第二方物流	由买方、客户组织的物流。即需求方为采购而进行的物流,如赴产地采购、自行运回商品
第三方物流	由物流的供应方和需求方之外的第三方所进行的物流
第四方物流	供应链的集成者、整合者以及管理者;提供全面的供应链解决方案的供应链集成商
第五方物流	提供各层次物流,人才培训服务的企业

要成为第四方物流,必须具备整合社会物流资源的能力,因此并非所有企业都可以作为第四方物流主体。美国和欧洲的检验表明,要想进入第四方物流领域,企业必须在某一个或几个方面具备很强的核心能力,并且有能力通过战略合作伙伴关系很容易地进入其他领域。第四方物流主体需满足以下前提条件:

① 不能是生产方和购货方,第四方物流主体应该将自己从纷繁的物流运作中脱身出来,不断增强其核心能力,在自己的领域内提高竞争力。

② 有良好的信息共享平台,在物流参与者之间实现信息共享。物流的运作中会不断产生大量信息,作为第四方物流的主体,要整合社会物流资源,需要具备各方参与者都可以共享的信息平台,这样才可能高效地利用各个参与者拥有的物流资源。

③ 有强大的供应链管理能力。作为第四方物流的主体,肩负着整合所有物流资源的重任,因此需要有强大的供应链管理能力。也就是要有集成化供应链技术、外包能力、多供应商管理能力、多客户管理能力,且有大批供应链管理的专业人员。

④ 要有区域化甚至全球化的地域覆盖能力和支持能力。这两个方面是体现物流主体核心竞争力的重要方面,物流的竞争很大程度上体现在覆盖的网点数量及其支持力度上。

11.3.2　第四方物流的服务与功能

1. 第四方物流的主要服务

第四方物流侧重于业务流程外包服务,是有领导力量的中立物流服务商。它通过对整个供应链的影响力，解决物流信息共享、社会物流资源充分利用等问题。第四方物流的主要服务有以下几项：

① 准确把握复杂的客户企业需求，提供全方位、完善的整个供应链解决方案。

② 根据客户企业的特殊需求，设计、整合和改善供应链流程。

③ 承担供应链多个环节和流程的运作责任，包括制造、采购、库存管理、供应链信息技术、需求预测、网络管理、客户服务管理等。

④ 协调与监控供应链节点企业之间的合作关系，保证供应链上各个环节计划、运作的协调一致和紧密集成。

⑤ 围绕供应链整合和同步问题，提供多个行业供应链解决方案的开发与咨询。

⑥ 充分利用信息技术战略思维、精细分析、流程再造以及卓越的组织变革管理等手段，为客户企业提供增值服务。

2. 第四方物流的功能

第四方物流成功的关键是以最佳的物流方案为客户提供服务与技术。第三方物流要么独自提供服务，要么通过与自己有密切关系的转包商来为客户提供服务，很难提供技术、仓储和运输等服务的最佳整合。第四方物流具备以下 3 个方面的基本功能：

(1) 供应链管理功能

供应链管理功能指管理从货主、托运人到用户、顾客的供应全过程。

(2) 运输一体化功能

运输一体化功能指负责管理运输公司、物流公司等在业务操作上的衔接与协调问题。

(3) 供应链再造功能

供应链再造功能是根据货主、托运人在供应链战略上的要求，及时改变或调整战略战术，使供应链能够经常高效率地运作。

11.3.3　第三方物流与第四方物流的联系与区别

第三方物流是由物流劳务的供方、需方之外的第三方去完成物流服务的物流运作模式。第三方物流供应商为客户提供所有的或一部分供应链物流服务，以获取一定的利润。第三方物流公司提供的服务范围很广，它可以简单到只是帮助客户安排一批货物的运输，也可以复杂到设计、实施和运作一个公司的整个分销和物流系统。第四方物流是以第三方物流为基础的，是供应链的集成者，整合了整个供应链的物流资源和技术，能够使企业更有效率地快速反应，最大限度地满足顾客的需求，从而提高客户满意度，提高供应链的竞争力。第四方物流的思想必须依靠第三方物流的实际运作来得到验证；第三方物流又迫切希望得到第四方物流在优化供应链流程与方案方面的指导。要发展第四方物流就必须大力发展第三方物流企业，为第四方物流的发展作铺垫，提高物流产业水平。因此，只有二者结合起来，才能更好、更全面地提供完善的物流运作和服务。第三方物流与第四方物流联合成为一体以后，将第三方物流与第四方物流的外部协调转化为内部协调，使得两个相对独立的业务环节能够更和谐、更一致地运作，物流运作效率会得到明显的改善，进而减小物流成本，扩大物流服务供应商的获利空间。

第四方物流和第三方物流的显著区别在于：第四方物流偏重于通过对整个供应链的优化和集成来降低企业的运行成本，而第三方物流则是偏重于通过对物流运作和物流资产的外部化来降低企业的投资和成本。第四方物流具有很多的优势：能给客户提供最接近要求的完美的服务;能提供一个综合性的供应链解决方案;能利用第四方的信息资源、管理资源和资本规模为企业打造一个低成本的信息应用平台;能为企业提供低成本的信息技术。第三方物流主要是为企业提供实质性的、具体的物流运作服务,但本身的技术水平不高,能为客户提供的技术增值服务比较少。第四方物流刚好相反,其专长是物流供应链技术,它具有丰富的物流管理经验和供应链管理技术、信息技术等;它的不足之处在于自身不能提供实质的物流运输和仓储服务。

思考与练习

一、单选题

1. 《物流术语》GB/T 18354—2006 对第三方物流的解释是"独立于(　　),为客户提供专项或全面的物流系统设计或系统运营的物流服务模式"。

   A. 供应商　B. 需求方　C. 买卖双方　D. 供需双方

2. (　　)的发展是第三方物流出现和发展的必要条件。

   A. 信息技术　B. 计算机　C. 交通　D. 生产技术

3. 第四方物流是负责处理(　　)供应链的流程,其范围超过传统的第三方物流的运输与仓储管理,包括生产、采购、行政、需求预测、网络管理、配销、运输、供应链信息科技、客户支持,以及存货管理等事项。

   A. 单一　B. 两个　C. 三个　D. 多重

4. 企业在(　　)方面,第三方物流存在负面效应。

   A. 顾客增值服务　B. 对物流的控制能力
   C. 物流成本　D. 固定资产投资

5. 第四方物流侧重于在宏观方面对企业供应链进行优化管理,第三方物流则侧重于(　　)。

   A. 金融服务　B. 信息服务　C. 物流运作　D. 系统及技术服务

二、多选题

1. 狭义的第三方物流主要是指能够提供现代化的、系统的物流服务的第三方的物流活动。其具体标志是(　　)。

   A. 具有能提供现代化的、系统的物流服务的企业素质
   B. 可以向货主提供包括供应链物流在内的全程物流服务,以及特定的、定制化服务的物流活动
   C. 采取委托承包形式的、业务外包的长期物流活动
   D. 向货主提供增值物流服务的现代物流活动

2. 第四方物流主要是通过对(　　)的整合,提出物流全过程的方案设计、实施办法和解决途径,形成一体化的供应链物流方案。

   A. 物流设施　B. 物流功能　C. 物流技术　D. 物流资源

3. 第四方物流的作用是(　　)。

   A. 供应链再建　B. 功能转化　C. 业务流程再造　D. 促进销售

4. 第四方物流的运作模式是(　　)。

A. 长期合作伙伴模式　　B. 协同运作模式

C. 方案集成商模式　　D. 行业创新者模式

三、简答题

1. 第三方物流的特征有哪些?
2. 第三方物流的利弊有哪些?
3. 第三方物流与第四方物流的区别有哪些?

项目 12　物流信息管理

【学习目标】

知识要求：

- 了解物流信息、物流信息系统的概念及发展。
- 掌握物流信息技术的应用原理。
- 了解物流信息管理的概念及处理模式。

技能要求：

- 学会使用条形码技术。
- 学会辨别不同的物流技术。
- 树立物流信息管理意识。

【项目案例】

物资快速送达背后，供应链物流的技术密码

2020 年春节，新型冠状病毒疫情暴发，在这个特殊时期，京东物流分布于全国各地的仓库却能保持高效运转，成为此次疫情中物流供应链的中流砥柱，其背后高度自动化的智能仓库也成为其中的生力军。

67 万、76 万、82 万、100 万……这组数字是疫情暴发后京东物流智能仓不断攀升的日分拣包裹量。在京东物流分布全国的 70 多座不同层级智能仓中，天狼、地狼、分拣 AGV 机器人等机器人“大军”通过团队作战、“狼”群战术可以 24 h 不停歇地实现大规模、全流程、多场景应用。随着抗击疫情形势的升级，京东物流智能仓的优势得到进一步释放，日订单处理量也在迅速攀升。

位于武汉新洲区的亚洲一号在这个过程中也发挥了巨大作用，就在京东物流不间断地将抗疫物资运抵武汉的同时，央视新闻频道将镜头对准了京东物流的智能分拣中心，该中心位于武汉亚洲一号智能园区，这里不仅配备了天狼仓、地狼仓、分拣 AGV 机器人，还存储了米面粮油、牛奶、饮用水等大量的生活物资，可以供给市民日常生活使用。不仅如此，在当下非常时期，京东物流在长三角、京津冀等八大经济圈均覆盖有亚洲一号大型智能物流中心，拥有大量的民生物资储备，能够通过仓间调拨、物流中转实现协同支援、共克时艰，真正做到了“一仓有难，八仓支援”。

除了后方高效运转的智能仓，为了降低疫区配送人员在高危环境下配送时被感染的风险，京东物流配送机器人也被派上前线。近日，京东物流在疫情核心区武汉已基本完成机器人配送的地图采集和机器人测试，为了更好地实现机器人配送常态化，京东物流正在从各地抽调配送机器人驰援武汉。除了武汉之外，京东物流在贵阳、呼和浩特等地的智能配送站也在正常运营，配送机器人正在不断将抗击疫情所需的物资与用户订单安全可靠地送达。在河北、陕西、江苏等农村地区，京东物流无人机也已开展无人机配送的准备工作，计划为已经封闭的地区提供物流服务。京东物流的机器人们正在陆续投入到与全国人民共同抗击疫情的激烈战斗中！

对于更多普通民众而言，满足日常生活所需的超市是最常接触的场所。扫码进店、无须结账、拿了就走……在北京、上海、重庆，分布于全国各地的京东物流无人超市和智能售卖柜成为消费者此刻理想的购物场所。无人员值守、无接触购物，京东物流的智能零售科技正在将疫情传播的概率降至最低，为消费者提供了更为安全的购物方式。在这抗击疫情的特殊时期，京东物流积累沉淀的科技实力正在全面释放能量，为消费者树立起一道技术的屏障。

案例来源：https://mp.weixin.qq.com/s/EDkVxaLr-Xj7fbGveuJFog

问题：

1. 京东物流在抗击疫情中采用了哪些现代信息技术？你对这些信息技术了解吗？
2. 这些现代信息技术的应用可以给抗击疫情带来哪些帮助？

任务 12.1　物流信息概述

12.1.1　物流信息的概念与特点

1. 物流信息的概念

(1) 信　息

从广义上讲，信息是事物存在方式和运动状态的反映，即信息是对世界一切事物及事物运动变化状态的客观描述，是对客观事物之间相互作用、相互联系的反映，是客观事物的表征。信息包括各种消息、情报、资料、信号，以及语言、图像、声音等。流通过程中的信息活动主要指：信息的产生、加工、检索、存储及传递，它具有真实性、普遍性、中介性、知识性、时效性，以及对物质载体的依附性、可传递性、可处理性、可共享性、价值性、不对称性等特点。

(2) 物流信息

国家标准《物流术语》GB/T 18354—2006 对信息的定义是：物流信息是“反映物流各种活动内容的知识、资料、图像、数据、文件的总称”。从狭义范围来看，物流信息是指与物流活动(如运输、保管、包装、装卸、流通加工等)有关的信息。广义的物流信息不仅指与物流活动有关的信息，而且包括与其他流通活动有关的信息，如商品交易信息和市场信息等。

2. 物流信息的特征

物流信息除了具有信息的一般属性，还具有自己的一些特点，主要如下：

(1) 广泛性

由于物流是一个大范围内的活动，物流信息源也分布于一个大范围内，信息源点多、信息量大，涉及从生产到消费、从国民经济到财政信贷各个方面。物流信息来源的广泛性决定了它的影响也是广泛的，涉及国民经济各个部门、物流活动各环节等。

(2) 联系性

物流活动是多环节、多因素、多角色共同参与的活动，目的就是实现产品从产地到消费地的顺利移动。因此，在物流活动中所产生的各种物流信息必然存在十分密切的联系，如生产信息、运输信息、储存信息、装卸信息都是相互关联、相互影响的。这种相互联系的特性是保证物流各子系统、供应链各环节以及物流内部系统与物流外部系统相互协调运作的重要因素。

(3) 多样性

物流信息种类繁多,从其作用的范围来看,本系统内部各个环节有不同种类的信息,如流转信息、作业信息、控制信息、管理信息等,物流系统外也存在各种不同种类的信息,如市场信息、政策信息、区域信息等;从其稳定程度来看,有固定信息、流动信息与偶然信息等;从其加工程度看,有原始信息与加工信息等;从其发生时间来看,有滞后信息、实时信息和预测信息等。在进行物流系统的研究时,应根据信息的不同种类进行分类收集和整理。

(4) 动态性

多品种、小批量、多频度的配送技术与POS、EOS、EDI数据收集技术的不断应用使得各种物流作业频繁发生,加快了物流信息的价值衰减速度,要求物流信息不断更新。物流信息的及时收集、快速响应、动态处理已成为决定现代物流经营活动成败的关键。

(5) 复杂性

物流信息的广泛性、联系性、多样性和动态性导致了物流信息的复杂性。在物流活动中,必须对不同来源、不同种类、不同时间和相互联系的物流信息进行反复研究和处理,才能得到有实际应用价值的信息,并据此指导物流活动,这是一个非常复杂的过程。

12.1.2 物流信息的作用

物流信息在物流活动中具有十分重要的作用,通过物流信息的收集、传递、存储、处理、输出等,为企业决策提供依据,对整个物流活动起指挥、协调、支持和保障作用,其作用具体表现为:

1. 沟通联系的作用

物流系统是由许多个行业、部门以及众多企业群体构成的经济大系统,系统内部正是通过指令、计划、文件、数据、报表、凭证、广告、商情等物流信息,建立起各种纵向和横向的联系,沟通生产厂、批发商、零售商、物流服务商和消费者,满足各方的需要。因此,物流信息是物流活动各环节之间联系的桥梁。

2. 引导和协调的作用

物流信息随着物资、货币及物流当事人的行为等信息载体进入物流供应链中,同时信息的反馈也随着信息载体反馈给供应链上的各个环节,依靠物流信息及其反馈,可以引导供应链结构的变动和物流布局的优化;协调物资结构,使供需之间得到平衡;协调人、财、物等物流资源的配置,促进物流资源的整合和合理使用等。

3. 管理控制的作用

通过移动通信、计算机信息网、电子数据交换、全球定位系统等技术实现物流活动的电子化,如货物实时跟踪、车辆实时跟踪、库存自动补货等,用信息化代替传统的手工作业,实现对物流运行、服务质量和成本等的管理控制。

4. 缩短物流管道的作用

为了应付需求波动,在物流供应链的不同节点上通常设置库存,包括中间库存和最终库存,如零部件、在制品、制成品的库存等,这些库存增加了供应链的长度,提高了供应链成本。但是,如果能够实时地掌握供应链上不同节点的信息,如知道在供应管道中,什么时候、什么地方、多少数量的货物可以到达目的地,那么就可以发现供应链上的过多库存,进行缩减,从而缩短物流链,提高物流服务水平。

5. 辅助决策分析的作用

物流信息是制订决策方案的重要基础和关键依据，物流管理决策过程本身就是对物流信息进行深加工的过程，是对物流活动的发展变化进行规律性认识的过程。物流信息可以协助物流管理者鉴别、评估经物流战略和策略比较后的可选方案，如车辆调度、库存管理、设施选址、资源选择、流程设计，以及有关作业比较和安排的成本收益分析等，这些均是在物流信息的帮助下才能做出的科学决策。

6. 支持战略计划的作用

作为决策分析的延伸，物流战略计划涉及物流活动的长期发展方向和经营方针的制订，如企业战略联盟的形成、以利润为基础的顾客服务分析以及能力和机会的开发和提炼。作为一种更加抽象、松散的决策，物流战略计划是对物流信息进一步提炼和开发的结果。

7. 价值增值的作用

物流信息本身是有价值的，而在物流领域中，流通信息在实现其使用价值的同时，其自身的价值又呈现增长的趋势，即物流信息本身具有增值特征。另一方面，物流信息是影响物流的重要因素，它把物流的各个要素以及有关因素有机地组合并联结起来，以形成现实的生产力，并创造出更高的社会生产力。同时，在社会化大生产条件下，生产过程日益复杂，物流诸要素都渗透着知识形态的信息，信息真正起着影响生产力的现实作用。企业只有有效地利用物流信息，投入生产和经营活动后，才能使生产力中的劳动者、劳动手段和劳动对象最佳结合，产生放大效应，使经济效益出现增值。物流系统的优化，各个物流环节的优化所采取的办法、措施，如选用合适的设备、设计最合理路线、决定最佳库存储备等，都要切合系统实际，即都要能够准确反映实际的物流信息。否则，任何行动都不免带有盲目性。所以，物流信息对提高经济效益也起着非常重要的作用。

12.1.3　物流信息的分类

物流的分类有很多种，信息的分类更是有很多种，因此物流信息的分类方法也就很多。

【小知识】　信息分类编码

1. 按功能分类

按信息产生和作用所涉及的不同功能领域分类，物流信息包括仓储信息、运输信息、加工信息、包装信息、装卸信息等。对于某个功能领域还可以进行进一步细化，例如，仓储信息分成入库信息、出库信息、库存信息、搬运信息等。

2. 按环节分类

根据信息产生和作用的环节，物流信息可分为输入物流活动的信息和物流活动产生的信息。

3. 按作用层次分类

根据信息作用的层次，物流信息可分为基础信息、作业信息、协调控制信息和决策支持信息。基础信息是物流活动的基础，是最初的信息源，如物品基本信息、货位基本信息等。作业信息是物流作业过程中发生的信息，这类信息的波动性大，具有动态性，如库存信息、到货信息等。协调控制信息主要是指物流活动的调度信息和计划信息。

【典型案例】　开通绿色通道助力滞销农产品上行，京东打响生鲜产品供应保卫战

4. 按加工程度的不同分类

按加工程度的不同,物流信息可以分为原始信息和加工信息。原始信息是指未加工的信息,是信息工作的基础,也是最有权威性的凭证性信息。加工信息是对原始信息进行各种方式和各个层次处理后的信息,这种信息是原始信息的提炼、简化和综合,利用各种分析方法在海量数据中发现潜在的、有用的信息和知识。

任务12.2　物流信息管理

12.2.1　物流信息管理的概念

物流信息管理是指通过计划、组织、指挥、协调、控制等基本方式对物流信息进行搜集、检索、研究、报道、交流,并提供服务的过程,是有效地运用人力、物力和财力等基本要素,以期达到物流管理总体目标的活动。

物流信息管理作为一个动态的发展的概念,其内涵和外延不断随着物流实践的深化和物流管理的发展而发展。在物流信息管理的早期,主要是采用人工方式进行管理。当计算机出现之后,伴随着信息技术的发展出现了基于信息技术的物流信息系统。物流信息系统是利用计算机技术和通信技术,对物流信息进行收集、整理、加工、存储、服务等工作的人-机系统。企业的信息处理最初主要限于销售管理和采购(生产)管理。自20世纪60年代后半期以来,为适应市场竞争的激化、销售渠道的扩大和降低流通成本的需要,在物流系统化的同时,物流信息处理体系也取得了很大程度的完善。特别是电子计算机和数据通信系统的进步,显著地提高了物流信息的处理能力。电子计算机和通信系统的利用,使物流信息系统能够迅速地进行远距离信息交换并处理大量的信息,并且对商流、会计处理、经营管理也起着非常重要的作用。

12.2.2　物流信息管理的内容

物流信息管理就是对物流信息资源进行统一规划和组织,并对物流信息收集、加工、存储、检索、传递和应用的全过程进行合理控制,从而使物流供应链各环节协调一致,实现信息共享和互动,减少信息冗余和错误,辅助决策支持,改善客户关系,最终实现信息流、资金流、商流、物流的高度统一,达到提高物流供应链竞争力的目的,其主要内容如下:

1. 信息政策制定

为了实现不同区域、不同部门、不同企业、不同国度间物流信息的相互识别和利用,实现物流供应链信息通畅地传递与共享,必须确定一系列共同遵守和认同的物流信息规则或规范,这就是物流信息政策的制定,具体表现为信息的格式与精度、信息传递的协议、信息共享的规则、信息安全的标准、信息存储的要求等。物流信息政策的制定是实现物流信息管理的基础。

2. 信息规划

信息规划是指从企业或行业的战略高度出发,对信息资源的管理、开发、利用进行长远发展的计划,确定信息管理工作的目标与方向,制订出不同阶段的任务,指导数据库系统的建立和信息系统的开发,保证信息管理工作有条不紊地进行信息收集。

3. 信息传递

信息传递是指信息从信息源发出,经过适当的媒介和信息通道,输送给接收者的过程。信息传递方式有许多种,一般可从不同的传递角度来划分信息传递方式。从信息传递方向看,有单向信息传递方式和双向信息传递方式。单向信息传递是指信息源只向信息接收源传递信息,而不进行双向沟通交流;双向信息传递是指信息发出者与信息接收者共同参与信息传递,双方相互交流传递信息,信息流呈双向交流传递。

12.2.3　物流信息管理的发展趋势

随着知识经济的形成、发展和电子商务的兴起,人工智能、知识发现技术的出现,人类的信息分析、信息处理水平获得了明显的提高,物流经营模式、运行机制、组织结构等发生了深刻的变化,物流信息管理产生了一些新的特点,其主要发展趋势为:信息管理向知识管理发展。

1. 企业流程重组向企业转型的发展

如果说企业流程重组(Business Process Reengineering,简称 BPR)是以信息或其他目标为中心,进行流程的再设计、排列以及重组,那么企业转型(Business Transformation,简称 BT)则涉及组织结构的调整、业务流程设计、企业文化建设等很多方面,从内部的工作流程再设计,到跨部门的工作流程再设计,再到打破组织界限的外部业务网络建立,企业转型是一种脱胎换骨的改造,实现了企业从有形方面到无形方面的信息化,专注于减少成本,不断开辟新领域(信息产业),创造新价值(信息价值),它显示了未来企业革命的方向,因此不可避免地成为未来信息管理的发展重点。

2. 物料需求计划(MRP)向价值链管理的发展

经济一体化导致企业物流运营方式的变化,从以产品结构的物料需求为中心的物料需求计划转向以与企业生产经营活动有关的所有资源为中心的制造资源计划(MRPII),再到以企业内部资源与外部资源(如供应商制造资源)整合为中心的企业资源计划(ERP),再到供应链管理(SCM)、客户关系管理(CRM)。企业关注的重心逐渐从物流转到信息流再到价值流,信息管理也从对企业内部的关注转移为对企业间合作的关注。价值链管理成为信息管理的核心内容,即以内外部业务框架为基础,对信息在企业战略中的应用进行管理,同时也对信息的来源和用户进行管理,最终目的是促进价值链的增值。

3. 决策支持系统(DSS)向面向虚拟组织的人机智能化决策系统(VO-M2IDS)发展

作为信息应用的一种高级形式,决策支持的环境发生了一系列变化,如多媒体数据库和可视听技术、可视化技术、面向对象方法、人工智能等技术的出现,虚拟组织正成为未来物流企业的组织管理方式,这使得传统的决策支持系统发展到群决策支持系统(GDSS)、到分布决策支持系统(DDSS)、到智能决策支持系统(IDSS),再到面向虚拟组织的人机智能化决策系统,以适应新的复杂决策环境,实现对人机关系的准确把握,为新环境下的物流信息管理提供强有力的支持。

任务 12.3　物流信息技术

12.3.1　物流信息技术的概念

物流信息技术是指运用于物流各环节中的信息技术。根据物流的功能以及特点,物流信息技术包括计算机技术、网络技术、信息分类编码技术、条码技术、射频识别技术、电子数据交换技术、全球定位系统、地理信息系统等。

物流信息技术是物流现代化的重要标志,也是物流技术中发展最快的领域,从数据采集的条形码系统,到办公自动化系统中的微机、互联网,各种终端设备等硬件以及计算机软件,这些技术都在日新月异地发展。同时,随着物流信息技术的不断发展,产生了一系列新的物流理念和新的物流经营方式,推进了物流的变革。在供应链管理方面,物流信息技术的发展改变了企业应用供应链管理获得竞争优势的方式,成功的企业通过应用信息技术来支持它的经营战略并选择它的经营业务。通过利用信息技术来提高供应链活动的效率,增强整个供应链的经营决策能力。

12.3.2 条码技术

1. 条码的含义

条码是由一组规则排列的条、空及其对应字符组成的,用以表示一定的信息的标记或代码。“条”指对光线反射率较低的部分,“空”指对光线反射率较高的部分。条码隐含着数字信息、字母信息、标志信息、符号信息,主要用来表示商品的名称、产地、价格、种类等,是全世界通用的商品代码的表示方法。一个完整的条码符号是由两侧空白区、起始字符、数据字符、校验字符(可选)、终止字符以及供人识读的字符组成的,如图 12-1 所示。

图 12-1　条码符号构成

2. 条码的特点

在信息输入技术中,采用的自动识别技术种类很多,条码作为一种图形识别技术与其他技术相比,有如下特点:

① 简单。条码符号制作容易,扫描操作简单易行。

② 信息采集速度快。普通计算机键盘录入速度是 200 字符/分钟,而利用条码扫描,录入信息的速度是键盘录入的 20 倍。

③ 采集信息量大。利用条码扫描,依次可以采集几十位字符的信息,而且可以通过选择不同码制的条码增加字符密度,使采集的信息量成倍增加。

④ 可靠性强。键盘录入数据,误码率为三百分之一;利用光学字符识别技术,误码率约为万分之一。而采用条码扫描录入方式,误码率仅为百万分之一;首读率可达 98%以上。

⑤ 灵活使用。作为一种识别手段,条码符号可以单独使用,也可以和相关设备组成识别系统,实现自动化识别,还可以和其他控制设备联系起来,实现整个系统的自动化管理。同时,在没有自动识别设备时,也可以实现手工键盘输入。

⑥ 自由度大。识别装置与条码标签相对位置的自由度要比光学字符识别(OCR)大得多。

⑦ 设备结构简单、成本低。条码符号识别设备的结构简单,容易操作,无须专门训练。与

其他自动化技术相比，推广应用条码技术所需费用较低。

3. 常用条码

(1) 一维条码

1) EAN 码

EAN 码是国际物品编码协会制定的一种商品用条码，全世界通用。EAN 码符号有标准版（EAN－13）和缩短版（EAN－8）两种，我国的通用商品条码与其等效，日常购买的商品包装上所印的条码一般就是 EAN 码，如图 12－2 所示。

6 901234 567892　　6901 2341

EAN－13码　　EAN－8码

图 12－2　EAN 码

2) UPC 码

UPC 码是美国统一代码委员会制定的一种商品用条码，主要用于美国和加拿大地区，我们在美国进口的商品上可以看到，如图 12－3 所示。

0 89600 12456 9　　0 896000 7

UPC－A码　　UPC－E码

图 12－3　UPC 码

3) 39 码

39 码是一种可表示数字、字母等信息的条码，主要用于工业、图书及票证的自动化管理，目前使用极为广泛，如图 12－4 所示。

4) Code 93 码

Code 93 码与 39 码具有相同的字符集，但它的密度要比 39 码大，所以在面积不足的情况下，可以用 93 码代替 39 码，如图 12－5 所示。

* 1 2 3 A B C *　　B J 1 0 0 0 8 0

图 12－4　39 码　　**图 12－5　Code 93 码**

5) 库德巴码

库德巴码也可表示数字和字母信息，主要用于对医疗卫生、图书情报、物资等领域的物品的自动识别，如图 12－6 所示。

6) Code 128 码

Code 128 码可表示从 ASCII 0 到 ASCII 127、共计 128 个 ASCII 字符，如图 12－7 所示。

a 0 0 0 8 0 0 a

图12-6 库德巴码

A u x (1 2 4) - T R

图12-7 Code 128码

7) ITF 25码

ITF 25码是一种条和空都表示信息的条码,ITF 25码有两种单元宽度,每一个条码字符由五个单元组成,其中两个宽单元,三个窄单元。在一个ITF 25码符号中,组成条码符号的字符个数为偶数,当字符是奇数个时,应在左侧补0变为偶数。条码字符从左到右,奇数位字符用条表示,偶数位字符用空表示。ITF 25码的字符集包括数字0到9,如图12-8所示。

1 2 3 4 5 6 7 8 9 0

图12-8 ITF 25码

8) Industrial 25码

Industrial 25码只能表示数字,有两种单元宽度。每个条码字符由五个条组成,其中两个宽条,其余为窄条。这种条码的空不表示信息,只用来分隔条,一般取与窄条相同的宽度,如图12-9所示。

9) 变种Matrix 25码

Matrix 25码只能表示数字0到9。当采用Matrix 25码的编码规范,而采用ITF 25码的起始符和终止符时,生成的条码就是变种Matrix 25条码,也就是中国邮政编码,如图12-10所示。

1 2 3 4 5 6

图12-9 Industrial 25码

1 2 3 4 5 6 7 8 9 0

图12-10 Matrix 25码

(2) 二维条码

1) PDF417二维条码

PDF417是一种堆叠式二维条码,目前应用最为广泛。PDF417条码是由美国SYMBOL公司发明的,PDF(Portable Data File)意为“便携数据文件”。组成PDF417条码的每一个条码字符由4个条和4个空,共17个模块构成,故称为PDF417条码。PDF417条码可表示数字、字母或二进制数据,也可表示汉字。一个PDF417条码最多可容纳1 850个字符或1 108个字节的二进制数据,如果只表示数字则可容纳2 710个数字。PDF417的纠错能力分为9级,级别越高,纠正能力越强。由于有这种纠错功能,使得污损的417条码也可以正确被读出。我国目前已制定了PDF417条码的国家标准。PDF417条码需要有417解码功能的条码阅读器才能识别。

PDF417条码最大的优势在于其庞大的数据容量和极强的纠错能力。当PDF417条码用于防伪时,并不是说PDF417条码不能被复制,而是由于使用PDF417条码可以将大量的数据快速读入计算机，使得大规模的防伪检验成为可能。PDF417 条码如图 12－11 所示。

图 12－11　PDF417 条码

2）QR Code 二维条码

QR Code 码是由日本 Denso 公司于 1994 年 9 月研制的一种矩阵二维码符号（如图 12－12 所示）。它除具有一维条码及其他二维条码所具有的信息容量大，可靠性高，可表示汉字、图像以及多种文字信息，保密防伪性强等优点外，还具有如下特点：

图 12－12　QR Code 码

第一，超高速识读。从 QR Code 码的英文名称 Quick Response Code 中可以看出，超高速识读特点是 QR Code 码区别于 417 条码、Data Matrix 等二维码的主要特性。由于在用 CCD 识读 QR Code 码时，整个 QR Code 码符号中信息的读取是通过 QR Code 码符号的位置探测图形，用硬件来实现，因此，信息识读过程所需时间很短，具有超高速识读特点。用 CCD 二维条码识读设备，每秒可识读 30 个含有 100 个字符的 QR Code 码符号；对于含有相同数据信息的 417 条码符号，每秒仅能识读 3 个符号；对于 Data Martix 矩阵码，每秒仅能识读 2～3 个符号。QR Code 码的超高速识读特性使它能够广泛应用于工业自动化生产线管理领域。

第二，全方位识读。QR Code 码具有全方位（360°）识读特点，这是 QR Code 码优于行排式二维条码如417条码的另一主要特点。由于417条码是通过一维条码符号在行排高度上的截短来实现的,因此,它很难实现全方位识读,其识读方位角仅为±10°。

第三,能够有效地表示中国汉字、日本汉字。由于QR Code码用特定的数据压缩模式表示中国汉字和日本汉字,它仅用13bit就可表示一个汉字,而417条码、Data Martix等二维码没有特定的汉字表示模式,因此仅用字节表示模式来表示汉字,在用字节模式表示汉字时,需用16bit(两个字节)表示一个汉字,因此QR Code码比其他的二维条码在表示汉字时的效率提高了20%。

从以上的介绍可以看出,与一维条形码相比,二维条形码有着明显的优势,归纳起来主要有以下几个方面:

① 数据容量更大;

② 超越了字母、数字的限制;

③ 条形码相对尺寸小;

④ 具有抗损毁能力。

12.3.3 电子数据交换技术

1. 电子数据交换技术的定义

电子数据交换技术(Electronic Data Interchange,EDI)是指按照协议,对具有一定结构特征的标准经济信息,经过电子数据通信网络,在商业贸易伙伴的计算机之间进行交换和自动处理的全过程。

2. 物流EDI

物流EDI是指发货人、承运人以及其他相关的单位之间,通过EDI系统进行物流数据交换,并以此为基础,实施物流作业活动的方法,如图12-13所示。

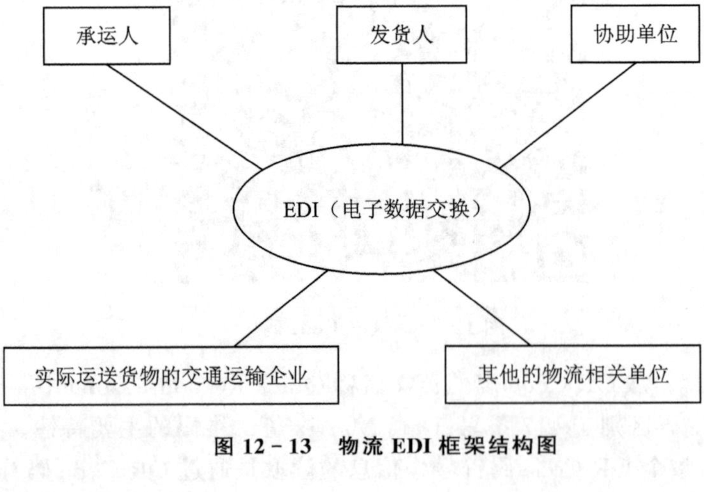

图12-13 物流EDI框架结构图

12.3.4 射频识别技术

1. 定义及特点

射频识别技术(Radio Frequency Identification,RFID)是一种集计算机技术、信息采集处理技术、无线数据传输技术、网络数据通信技术及机械电子自动控制技术等多学科综合应用为一体的自动化控制技术。

与传统的条码相比，RFID 具有非接触识别、识别高速运动物体、抗恶劣环境、保密性强、同时识别多个物体等突出特点。

2. RFID 的应用

① 车辆的自动识别；

② 高速公路收费及智能交通系统(ITS)；

③ 非接触识别卡；

④ 生产线的自动化及过程控制；

⑤ 货物的跟踪及物品监视。

12.3.5　地理信息系统

1. 地理信息系统(Geographic Information System, GIS)的定义

GIS 是多种学科交叉的产物，它以地理空间数据为基础，采用地理模型分析方法，适时地提供多种空间的、动态的地理信息，是一种为地理研究和地理决策服务的计算机技术系统。其基本功能是将表格型数据(无论它来自数据库、电子表格文件还是直接在程序中输入)转换为地理图形显示，然后对显示结果进行浏览、操作和分析。其显示范围可以从洲际地图到非常详细的街区地图，显示对象包括人口、销售情况、运输线路和其他内容。

2. GIS 技术的应用

① 车辆路线模型；

② 网络物流模型；

③ 分配集合模型；

④ 设施定位模型。

12.3.6　全球定位系统

1. 全球定位系统(Global Positioning System, GPS)的定义

GPS 是利用若干颗导航定位卫星组成卫星导航系统。它综合了传统天文导航定位和地面无线电导航定位的优点，相当于一个设置在太空的无线电导航台，可在任何时间、任何地点为用户确定其所在的地理经纬度和海拔高度。GPS 是一种单程系统，即用户只接收而不发射信号，因此用户的数量也是不受限的，具有定位精度高、观测时间短、测站间无须通视、可提供三维坐标、操作简便、全天候作业、功能多以及应用广等特点。

2. GPS 系统的组成

GPS 系统主要包括三大部分：空间星座部分、地面控制部分和用户设备部分。

(1) 空间星座部分

GPS 系统的空间部分由 24 颗工作卫星组成，其中 21 颗为可用于导航的卫星，3 颗为备用卫星。这些卫星均匀分布在 6 个轨道面上，每个轨道上有 4 颗卫星。轨道距离地面高度为 20 000 余千米，轨道倾角为 55°，扁心率约为 0，周期约为 12 h，即每颗卫星每天按照相同轨迹绕地球两周，这种设计使系统以 4 颗环绕地球运行的卫星为定位基点，通过测量观测点和各卫星基点之间的距离，实时计算出观测点精确的地理位置、标准时间、速度信息。

(2) 地面控制部分

地面控制部分是整个系统的中枢,它由分布在全球的1个主控站、3个信息注入站以及5个监测站组成。卫星上的各种设备是否正常工作,以及卫星是否一直沿着预定轨道运行,都要由地面设备进行监测和控制。地面监控系统的另一重要作用是保持各颗卫星处于同一时间标准——GPS时间系统。GPS的空间部分和地面监控部分是用户广泛应用该系统进行导航和定位的基础,均为美国所控制。

(3) 用户设备部分

用户设备部分由GPS卫星接收机和GPS数据处理软件构成。GPS卫星接收机解译出GPS卫星所发送的导航电文,实时地计算出观测站的三维位置,甚至三维速度和时间,最终实现利用GPS进行导航和定位的目的。

3. GPS系统的功能

GPS系统的功能有以下几点:

(1) 实时跟踪功能

系统能实时跟踪每一车辆,从而了解车辆与货物的状态。对于运输车辆,尤其是那些运输价高、对时间敏感的车辆,这是至关重要的。系统对每一车辆进行实时监控,确保车辆和货物的安全。

(2) 定位功能

系统以电子地图的方式来表现定位的结果,车辆的位置和道路情况都能被直观地反映出来,用户使用起来很方便。

(3) 双向通信功能

无论何时、何地,车辆控制中心或者司机都可以利用系统进行双向通信,这有利于途中调度、装运时间的安排,也有利于获知其他紧急或非紧急的情况。

(4) 提供预计到达时间功能

车辆控制中心可以根据每次的运输计划制定路程时刻表,对整个运输过程制定计划,估计到达某地和到达终点的时间,并将它们提供给货主和司机,让货主与司机清楚地了解整个运输过程。

4. GPS技术在物流领域的应用

GPS技术在物流领域的应用有以下几点:

① 运输工具导航;

② 运输调度;

③ 查看历史轨迹;

④ 紧急救援。

12.3.7 RS技术

1. RS的概念及原理

遥感(Remote Sensing,简称RS)是指在不与探测目标接触的情况下,通过遥感器这类对电磁波敏感的仪器获取目标物体反射、辐射或散射的电磁波信息,并对其进行处理、分析,从而揭示目标物的特征、性质及其变化的学科和技术。

2. 遥感技术系统

遥感技术系统是一个应用于从地面到空中,直至整个空间的进行信息收集、存储、传输处理、判读分析与应用的技术体系。遥感的实施必须依赖遥感技术系统来完成,遥感技术系统主要包括遥感信息源(目标物)、信息的获取、信息的接收与记录、信息的处理以及信息的应用五大部分,其工作流程如图12-14所示。

① 遥感信息源(目标物)。任何目标都具有发射、反射和吸收电磁波的性质,都是遥感的信息源。

② 信息的获取。接收、记录目标物电磁波特征的仪器被称为传感器,如扫描仪、雷达、报机、摄像机、辐射计等。

③ 信息的接收与记录。传感器接收到目标物的电磁波信息,记录在数字磁介质或胶片上。

④ 信息的处理。由硬件系统(计算机、显示设备、大容量存储设备、图像的输入输出设备)和软件系统(数据输入模块、几何校正模块、图像变换、图像融合、分类、分析、输出等模块)进行处理。

⑤ 信息的应用。

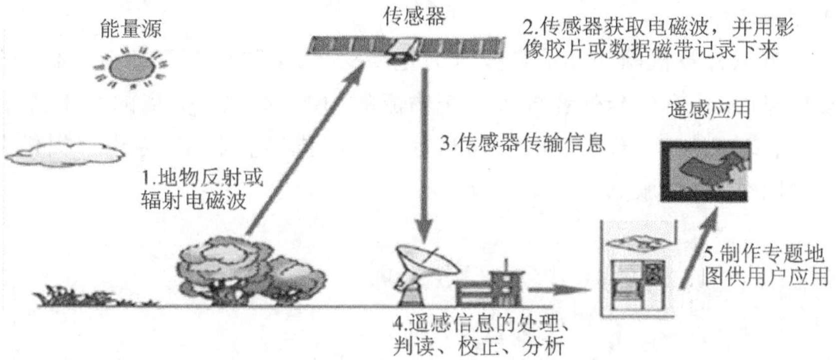

图12-14 遥感技术工作流程

3. 遥感技术在物流中的应用

遥感技术(RS)在物流中的直接应用很少,一般情况下都是与GPS、GIS配合使用,共同为物流服务。3S(即GPS、GIS以及RS)的结合应用,能够互相取长补短,是一个自然的发展趋势,三者之间的相互作用形成了“一个大脑,两只眼睛”的框架,遥感技术(RS)从数据源的角度为GIS提供或者更新数据;而GPS向GIS提供空间定位信息;GIS从RS和GPS提供的浩如烟海的数据中提取有用信息,进行相应的空间分析、综合集成,并以可视化的形式进行结果展示,使之最终成为物流作业和物流决策的科学依据。

12.3.8 云物流技术

1. 云物流的定义

云物流(Cloud Logistics)是指基于云计算应用模式的物流平台服务。在云平台上,所有的物流公司、代理服务商、设备制造商、行业协会、管理机构、行业媒体及法律机构等都被集中整合成为云资源池,各个资源相互展示和互动,按需交流,达成意向,从而降低成本,提高效率。

2. 云物流的三个平台

① 物流公共信息平台:针对客户服务层,拥有强大的信息获取能力。

② 物流管理平台:针对用户作业层,可以大幅度地提高物流及其相关企业的工作效率,甚至可以拓展出更大范围的业务领域。

③ 物流园区管理平台:针对决策管理层,帮助物流枢纽中心、物流园区等管理辖区内的入驻企业进行规划和布局。

12.3.9 大数据与物流

1. 大数据的定义

大数据是一种规模大到在获取、存储、管理、分析方面远远超出了传统数据库软件工具能力范围的数据集合。大数据的特征是具有海量的数据规模、快速的数据流转、多样的数据类型、较低的价值密度。

2. 大数据对物流的影响

大数据作为一种新兴的技术,它给物流企业带来了机遇也带来了挑战,合理地运用大数据技术,将对物流企业的管理与决策、客户关系维护、资源配置等起到积极的作用。

3. 互联网+物流

互联网+物流以计算机网络和信息技术为重要支撑,以供应链管理为核心,充分利用物流网络节点汇集信息,从而有效延伸和放大传统物流的功能,将原本分离的商流、物流、信息流和采购、运输、仓储、装卸、加工、代理、配送、信息等环节有机结合起来,为用户提供多功能、一体化、综合性和个性化的物流服务。

实 训

实训目的

熟悉各种物流技术的应用原理,掌握条码技术的操作。

实训内容

① 各种物流技术的应用原理;

② 条码技术的操作。

实训课时

4 课时。

实训步骤

① 到物流企业进行参观调研,了解各种物流技术的运用;

② 写出实训报告;

③ 教师总结。

检查标准

① 用实例说明各种物流技术的运用;

② 按格式要求写出实训报告;

③ 交流实训报告。

思考与练习

一、单项选择题

1. 物流条码的字符一般一共有(　　)位。

A. 11　　B. 12　　C. 13　　D. 14

2. 我国通用的商品条码标准是采用(　　)结构。

A. UPC 码　　B. EAN 码　　C. 128 码　　D. 39 码

二、多项选择题

1. 射频识别技术包含了(　　)。

A. 计算机技术　　B. 信息采集处理技术

C. 无线数据传输技术　　D. 网络数据通信技术

2. 条码的特点包括(　　)。

A. 简单　　B. 信息采集速度快

C. 采集信息量大　　D. 可靠性强

3. 与一维条形码相比,二维条形码有着明显的优势,归纳起来主要包括(　　)这些方面。

A. 数据容量更大　　B. 超越了字母、数字的限制

C. 条形码相对尺寸小　　D. 具有抗损毁能力

4. 物流信息的特征包括(　　)。

A. 广泛性　　B. 联系性　　C. 多样性　　D. 动态性

5. 条码隐含着(　　)。

A. 数字信息　　B. 字母信息　　C. 标志信息　　D. 符号信息

三、简答题

1. 物流信息的作用有哪些?
2. GPS 和 GIS 的区别有哪些?
3. 常见的物流信息技术有哪些?
4. 物流信息的发展趋势有哪些?

四、案例分析题

小明的朋友想买一部新手机,给了他一个条形码让他帮忙查询真假。几分钟后,小明告诉朋友,手机是真的,然后朋友就高兴地买下了。

请结合这个案例背景,分析条形码技术。

项目 13　企业电子商务物流

【学习目标】

知识要求：

➢ 了解电子商务和电子商务物流的基本概念、电子商务物流的特点。

➢ 了解电子商务物流硬技术和软技术的相关知识，了解物流自动化技术和物流信息技术的主要内容。

➢ 掌握常见的电子商务物流模式。

➢ 理解客户服务的含义，以及电子商务物流客户增值服务的内容。

技能要求：

➢ 能通过案例分析了解电子商务物流的特点。

➢ 能快速、准确地对电子商务物流技术进行分析。

➢ 能对电子商务物流客户增值服务提出初步的解决方案。

【项目案例】

苏宁物流

苏宁物流始于1990年，早期主要为苏宁提供物流服务，2012年苏宁物流从苏宁的内部服务体系中剥离出来，转型成为第三方物流公司，2015年1月12日，苏宁董事长张近东在2015年春季部署会上宣布成立苏宁物流集团，加速物流业务板块产业化发展、独立化运营的能力。据称，此次苏宁物流集团的成立将加速苏宁物流向第三方、第四方开放进程。苏宁物流目前业务涉及供应物流、仓配物流、揽件速递、冷链物流及跨境物流，后续还将继续扩大开展农村电商。2018年，苏宁物流发布了“团聚计划”，春节期间企业在43座城市设立100座爱心驿站，组织值班的快递员和家属一起过年，率先打响了春节快递不打烊服务。

苏宁长期以来一直坚持自建物流体系的配送模式，保证了物流配送的质量，提高了企业的服务水平，以“在正确的时间把正确的货物送到正确的地点”为最终目标不断为顾客提供优质快捷的物流配送服务。苏宁物流的决策被纳入营销战略进行综合管理，形成协调的竞争战略，通过先进的物流信息系统、机械化作业平台和有效整合的物流网络，提供服务产品和物流解决方案。

物流是连锁经营的核心竞争力。苏宁电器在全国建立了区域配送中心、城市配送中心、转配点、全国三级物流网络体系，依托WMS、DPS、TMS、GPS等先进的信息系统，实现了长途配送、短途配送与零售配送到户的一体化运作，平均配送半径200千米，日最大配送能力80多万台，并率先推行准时制送货，24小时送货到户。

依托于苏宁智慧零售的整体概念，苏宁的智慧零售业开始加速落地，苏宁零售仓储体系采用“业务＋仓储＋技术”三位一体化的管控模式，具体表现为围绕零售场景的多元化，构建符合电商、零售商、品牌商等多类型业务需求的DC、RDC、FC、微仓、门店仓等多种仓储形式。

在大数据管理平台作业下，苏宁全国仓储网络事实上变成了一个即时共享的云存储系统，配合精准的供应链计划，苏宁物流可在全国的各级仓库间实现智能分仓、就近备货和预测式调拨，同时，通过智能化作业，精准分析订单、库位、路径、区域，从而保证商品在全国范围内的高效流通。

2016 年苏宁自主研发的 WCS 系统指南针和大数据监控平台“天眼”上线运营，前者标志着苏宁物流研发由软件平台向软硬件结合到硬件智能化的迈进。同时，苏宁云仓的上线也实现了物流行业的再次升级，帮助物流行业在仓储拣选环节实现了效率的大幅提升。

以“网络集成化、作业机械化、管理信息化”为目标，苏宁电器在全国大力建设以“作业机械化”“管理信息化”为特征的第三代物流基地。第三代物流基地集物流配送中心、呼叫中心、培训中心、后勤中心等于一体，支撑半径 80～150 km 零售配送服务及每年 50～200 亿元的商品周转量，是苏宁电器的大服务与大后方平台。

案例来源：https://www.56tim.com/archives/56119

任务 13.1　电子商务物流概述

13.1.1　电子商务的基本概念

21 世纪是信息爆炸和数字化生存的世纪。大量信息通过互联网迅速传播，打破了传统世界的有形界限。传统的商务形式也因为互联网的产生而发生变化，因信息的快速流动和资源的海量集成而悄然出现的电子商务无疑将发展成为 21 世纪人类信息社会的核心经济形态。电子商务是 20 世纪 90 年代初在欧美兴起的一种全新的商业交易模式，是网络技术与商务活动有机结合的整体，网络与商务是它的两个不可分离的组成部分。但是，整个电子商务过程并不是传统商务活动的翻版，一些全新技术，如网上银行、在线电子支付、数据加密、电子签名的应用，在电子商务中发挥着重要的、不可缺少的作用，也带来传统商务活动中不可能存在的新问题。

简单地讲，电子商务是指利用电子化网络进行的商务活动，但电子商务至今仍没有一个很清晰的概念。各国政府官员、学者、企业界人士都根据自己所处的地位和对电子商务的参与程度，对电子商务做出了许多不同的定义。1997 年 11 月 6 日在法国首都巴黎，国际商会举行了世界电子商务会议，确定了关于电子商务最具有权威性的概念，即电子商务是指对整个贸易活动实现电子化。从涵盖范围方面可以定义为：交易各方以电子交易方式而不是通过当面交换或直接面谈方式进行的任何形式的商业交易；从技术方面可以定义为：电子商务是一个多技术的集合体，包括交换数据（如电子数据交换、电子邮件）、获得数据（共享数据库、电子公告牌）以及自动识别数据（条形码）等。

综上所述，电子商务是运用现代计算机信息技术，尤其是网络技术来进行的一种社会生产经营形态，根本目的是通过提高企业生产效率、降低经营成本、优化资源配置，实现社会财富的最大化。从此意义上说，电子商务要求的是整个生产经营方式价值链的改变，是利用信息技术实现商业模式的创新与变革。

13.1.2 电子商务的特点

1. 商务为本

商务为本主要包含三层内容:一是要讲究效益、追求利润,以满足企业商务需求为第一要旨;二是企业是电子商务的主角,是推动电子商务发展的主要动力,也是电子商务应用的主角;三是在设计和建设电子商务系统时,要从商务需求出发,而不是从技术或模式等出发。首先要考虑商务需求和商务目标是什么,然后再考虑选用或开发什么样的技术加以实现,而不是采用相反的做法。

2. 创新经营

信息技术特别是网络技术极大地提高了信息传递速度,任何新的信息、方法、想法、操作模式、产品或服务都能非常容易地传播给竞争者。新事物一旦出现,将很快被竞争对手模仿而失去竞争力,只有时时刻刻不断地创新,才能与竞争对手拉开距离。因此,在电子商务时代,创新永远是根本。在电子商务时代,企业优胜劣汰的速度之快超出了人们的想象。微软公司创始人比尔·盖茨对其员工的警告"微软离破产永远只差18个月",可以形象地说明这一问题。

3. 组织重构

全球化竞争加剧、技术快速发展、客户日益增长的期望值使企业产生了空前的危机感。为了应对这种挑战,企业必须采取新的发展战略,结合市场需求,充分利用互联网的功能。实践证明,传统的业务模型、技术、组织结构和体系越来越不能适应全球市场的需求,因此,必须结合电子商务的需求对企业业务过程进行重组。这种重组从组织层面上来讲是实现组织结构的扁平化和网络化,并且可以快速地建立和解除组织间的关系。从业务过程的角度来讲,每一个组织成员最终都能将自己的业务过程集中于自身能够提供独特竞争优势的领域,其他的都通过外包和合作来实现。集中于有限的活动有助于单个企业保持足够的灵敏度和灵活性,此外,供应链上的所有企业也必须保持整个合作体系的一致性。所有的成员都必须明确他们自身的竞争力对整个价值链的贡献所在。

4. 全球性的标准化

全球化的脚步越来越快,经济一体化首先使产品功能、交易规则等方面在全球范围内逐步趋同。与全球化同步发展的电子商务更要求企业在经营管理中体现出标准化的观念。具体分为下述几点:①企业生产的产品要标准化,能够满足国际通行的、对该产品的功能和质量的要求,消除产品障碍。②要熟悉和掌握国际通行的贸易惯例和规则,减少交易规则障碍。③企业的财务体系和准则要符合全球通行的方法和规则,消除融资障碍。④企业文化与经营、管理、运行方面的理念要与经济发展的潮流相吻合,消除合作障碍。

5. 由竞争走向合作

在电子商务时代,任何企业都不可能完全独占网络资源,虚拟企业、战略联盟等合作战略成为合作的主要内容。促进企业间趋向合作的重要因素是:①企业经营活动的中心逐步从以企业为中心向以客户为中心转换,使企业生产的外部过程变得日趋重要;②日益加剧的全球竞争以及全球物流网络的出现,迫使许多企业开始更大规模的合作,以便更有效地参与市场竞争;③客户对速度更快、价格更低以及质量更好的物流服务的需求日益增长,迫切需要商品和信息在整个供应链上更快地传递。

作为全球知识中枢神经系统的互联网设施,对电子商务的贡献同样不可磨灭。可以说互联网是现代电子商务蓬勃发展的原动力。它把全球资源、企业组织、国际化标准、业务过程等联系在一起，形成了一体化的商务神经系统，而知识神经系统是其内涵，每个企业都是其中的神经单元，每一次的业务过程都是对商务神经系统的一次激发或者运转。企业作为基本的神经单元，其内部同样具有商务神经系统的基本架构，从而形成了商务系统的微循环。这种微循环通过标准化的连接手段与互联网进行整合，形成一个由内向外的供应价值链。

13.1.3　电子商务物流的产生与发展

1. 电子商务物流的产生

电子商务物流是指服务于电子商务的物流活动，相对于传统物流而言，电子商务物流是在传统物流的基础上引入高科技手段，并对物流信息进行科学管理，从而使物流速度加快、准确率提高，减少库存、降低成本，甚至渗入到生产和服务管理的配套管理中。从根本上讲，经济的全球一体化趋势和电子商务的兴起，是电子商务物流形成的根本原因。

(1) 经济的全球一体化促使物流业务综合化

随着科学技术的进步，世界经济的发展呈现出国际化的趋势，各国经济以国际性的经济贸易组织作为纽带，逐步连成一体，促进了贸易自由化。而贸易自由化使得跨国间的商品流通成为普通的经济活动，这就要求物流业务的综合化，不仅要承担商品的运输、仓储、配送、包装等传统业务，还要从事进出口业务，掌握从原材料采购到制成品的运送这整个制造过程的每个环节，物流业的职能因此得到了极大拓展。

(2) 电子商务的兴起导致物流业的变革

电子商务的发展改变了传统的销售方式以及消费者的购物方式，对商品配送提出了更高的要求，使得送货上门等物流服务成为可能，这也促进了物流行业的兴起，物流信息化成了电子商务的必然要求。

电子商务物流采取了将采购、运输、仓储、分拨、包装、配送、代理与销售等环节融为一体的组织方式，应用了现代高科技的电子计算机技术和信息技术，实现了物流运作中的组织网络化、经营市场化、信息电子化、反应快速化、功能集成化、服务系列化、作业规模化、目标系统化和手段现代化。电子商务物流已经成为或即将成为世界经济的又一推动器，但就其含义和理论来说，至今尚无统一的、完整的定义。

2. 我国电子商务物流的发展现状

(1) 物流业相对落后，发展电子商务物流的基础尚不完善

经过多年的发展，我国在交通运输、仓储设施、信息通信、货物包装和搬运等物流基础设施装备方面有了一定的发展，但从总体上来说，我国的物流基础设施还比较落后，物流基础设施的配套性和兼容性差，缺乏系统功能。对物流产业发展有重要影响的各种综合性货运枢纽、物流中心和基地建设发展缓慢，这些因素影响着我国物流系统的协调发展。

(2) 政府及相关企业对电子商务物流的重视与认识程度相对欠缺

物流业的发展涉及基础设施、物流技术设备、产业政策、投资融资、税收与运输标准等各方面，分属不同的政府职能部门管理。但各职能部门对现代物流认识不足并缺乏统一协调的战略思想。政府职能部门对物流企业实行一种多头管理，一些地方政府为保护本地物流企业利益，在交通运输、税收、工商等方面设置障碍，限制非本地物流企业的经营活动，严重阻碍着电子商务物流业的快速发展。我国的电子商务物流至今没有一个完整的技术标准，仅仅应用部

分行业标准和国标中的《物流术语》,远不能满足电子商务物流发展的需要。

(3) 我国电子商务物流企业技术装备落后,信息化普及程度、集成化管理、物流作业水平与技术水平普遍较低

我国的物流企业在数量上虽具有一定的规模,但能适应现代电子商务的物流企业数量仍很少、规模也小、服务意识和服务质量不尽如人意。物流领域信息技术应用较少,信息管理系统不健全;电子数据交换系统的应用范围有限,企业之间的物流共享机制尚未形成;网络信息技术的应用仍停留在初级水平上;利用系统集成软件技术优化物流配置的企业非常少;服务网络和信息系统不健全,大大影响了物流服务的准确性和及时性。

13.1.4 电子商务与物流的关系

是电子商务改变物流,还是物流将会影响电子商务的发展?一般的观点认为物流将会影响电子商务的发展,但最终将会是电子商务改变物流,而物流体系的完善将会进一步推动电子商务的发展。电子商务与物流的关系,主要体现在以下几个方面。

1. 物流是电子商务的重要组成部分

在电子商务发展的初期,人们对电子商务内涵的认识还不深入,只是强调电子商务中信息流和资金流的网络化和电子化,并不重视物流的电子化过程。但随着电子商务的进一步推广与应用,电子商务活动中物流的重要性和其所产生的影响就变得日益明显。电子商务的任何一笔网上交易,都必须涉及信息流、商流、资金流和物流等几种基本的"流",而物流作为整个交易的最后一个过程,其执行结果的好坏将对电子交易的成败起着十分重要的作用。虽然,在许多关于电子商务的定义中,对电子交易过程中的信息流和资金流的电子化已有较多描述,但大多没有提到物流。这是因为电子商务的概念首先在美国提出,而美国的物流管理技术自1915年发展至今已有100多年的历史,通过利用各种机械化、自动化工具及计算机和网络通信设备,已发展得较为完善。美国在定义电子商务概念之初,就有强大的现代化物流作为支持,只需将电子商务与其对接即可,而并非电子商务过程不需要物流的电子化。

作为一个发展中国家,我国物流业起步晚、水平低,在引入电子商务时,并不具备能够支持电子商务活动的现代化物流水平。因此,国内一些专家在定义电子商务时,已经注意到将国外的定义与中国的现状相结合,提出了包括物流电子化过程的电子商务定义。在这一类电子商务定义中,电子化的对象是整个的交易过程,不仅包括信息流、资金流,而且还包括物流;电子化的工具也不仅仅指计算机和网络通信技术,还包括叉车、自动导引车、机械手臂等自动化工具。可见,从根本上来说,物流电子化应是电子商务的组成部分,缺少现代化的物流过程,电子商务过程就不完整。

2. 物流是电子商务概念模型的基本要素

在电子商务的概念模型中,企业、银行、商店、政府机构和个人等能够从事电子商务的客观对象被称为电子商务实体。电子市场是电子商务实体在网上从事商品和服务交换的场所。在电子市场中,各种商务活动的参与者利用各种通信装置,通过网络连接成一个统一的整体。交易事务是指电子商务实体之间所从事的如询价、报价、转账支付、广告宣传、商品运输等具体的商务活动内容。电子商务中的任何一笔交易,都包含信息流、商流、资金流以及物流。其中,信息流指商品信息的提供、促销、技术支持、售后服务等内容,也包括诸如询价单、报价单、付款通知单、转账通知单等商业贸易单证以及交易方的支付能力和支付广告等。商流是指商品在购、

销之间进行的交易和商品所有权转移的运动过程，具体是指商品交易的一系列活动。资金流主要是指交易的资金转移过程，包括付款、转账等。物流是指物品从供应地向接收地的实体流动过程，根据实际需要，将运输、储存、装卸、搬运、包装、流通加工、配送、信息处理等基本功能有机地结合起来。在电子商务中，交易的软件商品与在线服务如各种电子出版物、信息咨询服务等可以直接通过网络传输的方式进行配送。而对于大多数实体商品和服务来说，物流仍然要通过物理的方式进行传输。但是，通过一系列机械化、自动化工具的应用，准确、及时的物流信息对物流过程的监控，将使物流的流动速度加快，准确率提高，从而能有效地减少库存，缩短生产周期。

在电子商务概念模型中，强调信息流、商流、资金流和物流的整合，而信息流作为连接的纽带，贯穿于电子商务交易的整个过程，通过一个更高的位置实现对流通过程的监控。

3. 物流现代化是电子商务的基础

电子商务通过快捷、高效的信息处理手段可以比较容易地解决信息流（信息交换）、商流（所有权转移）和资金流（支付）的问题，将商品及时地配送到用户手中，即完成商品的空间转移，这才标志着电子商务过程的结束。因此，物流系统效率的高低是电子商务成功与否的关键，而物流效率的高低很大一部分取决于物流现代化的水平。

物流现代化中最重要的部分是物流信息化。物流的信息化是电子商务物流的基本要求，是企业信息化的重要组成部分，具体表现为物流信息的商品化、物流信息收集的数据化和代码化、物流信息处理的电子化和计算机化、物流信息传递的标准化和实时化、物流信息存储的数字化等。物流信息化能更好地协调生产与销售、运输、储存等环节的联系，对优化供货程序、缩短物流时间及降低库存都具有十分重要的意义。

4. 电子商务将改变人们传统的物流概念

电子商务作为一种新兴的商务活动，为物流创造了一个虚拟的运动空间。在电子商务的状态下，人们在进行物流活动时，物流的各种职能及功能可以通过虚拟化的方式表现出来。在这种虚拟化的过程中，人们可以通过各种组合方式，寻求物流的合理化，使商品实体在实际的运动过程中，实现效率最高、费用最省、距离最短、时间最少。

5. 电子商务将改变物流的运作方式

（1）电子商务可使物流实现网络的实时控制

传统的物流活动在其运作过程中，不管是以生产为中心，还是以成本或利润为中心，其实质都是以商流为中心，是从属商流的活动，因而物流是紧紧伴随着商流来运动的。而在电子商务下，物流的运作是以信息为中心，信息不仅决定了物流的运动方向，而且也决定着物流的运作方式。在实际运作过程中，通过网络上的信息传递，可以有效地实现对物流的实时控制，实现物流的合理化。

（2）网络对物流的实时控制是以整体物流来进行的

在传统的物流活动中，虽然可以通过计算机对物流进行实时控制，但这种控制都是以单个的运作方式来进行的，由实施计算机管理的物流中心来管理的。而在电子商务时代，利用网络全球化的特点，可使物流在全球范围内实施整体的实时控制。

6. 电子商务将改变物流企业的经营形态

（1）电子商务将改变物流企业对物流的组织和管理

在传统经济条件下，物流往往是由某一企业来进行组织和管理的，而电子商务则要求物流从社会的角度来实行系统组织和管理,以打破传统物流分散的状态。这就要求企业在组织物流的过程中,不仅要考虑本企业的物流组织和管理,更要考虑全社会的整体系统。

(2) 电子商务将改变物流企业的竞争状态

在传统经济活动中,物流企业之间存在激烈的竞争,这种竞争往往是通过企业提供优质服务、降低物流费用等方式来进行的。在电子商务时代,这些竞争虽然依然存在,但其有效性却大大降低。原因就在于电子商务需要一个全球性的物流系统来保证商品实体的合理流动,对于一个企业来说,即使它的规模再大,也难以达到这一要求。这就要求物流企业相互联合起来,在市场中形成一种协同竞争的状态,以实现物流的高效化、合理化、系统化。

7. 电子商务将有助于物流基础设施的改善以及物流技术与物流管理水平的提高

(1) 电子商务将有助于物流基础设施的改善

电子商务具有高效率和全球性的特点,因而要求物流也必须达到这一目标。而物流要达到这一目标,良好的交通运输网络、通信网络等基础设施则是基本保证。

(2) 电子商务将有助于物流技术的进步

物流技术水平的高低是影响物流效率高低的一个重要因素,建立一个适合电子商务运作的高效率物流系统,对提高物流的技术水平有着重要的作用。

(3) 电子商务将有助于物流管理水平的提高

物流管理水平的高低直接决定和影响着物流效率的高低,也影响着电子商务高效率优势的实现。只有提高物流的管理水平,建立科学合理的管理制度,将科学的管理手段和方法应用于物流管理当中,才能确保物流的畅通,实现物流的合理化和高效化,促进电子商务的发展。

【小知识】 电子商务和物流有什么关系?

13.1.5 电子商务物流系统的内容

电子商务物流与普通物流在本质上并无不同,都是由仓储、运输、配送、包装等功能组成。其区别主要在于,由于电子商务缩短了供应链,且生产流程一般受订单驱动,故电子商务对配送物流在时间和效率方面的要求更高。为适应电子商务的需要,电子商务物流系统信息化程度一般较高,且大多具备较完善的物流信息系统。电子商务物流系统由物流作业系统和物流信息系统两个分系统组成。

1. 物流作业系统

(1) 运　输

无论是由网站经营者自己还是由第三方提供物流服务,都必须将消费者订的货送到消费者指定的地点。由于电子商务购物多是先付款,因此对商品的运输时间要求比较苛刻。

(2) 储　存

值得指出的是,电子商务企业建立库存的目的不是要在物流中心的仓库中储存商品,而是通过仓储保证市场分销活动的顺利开展,同时尽可能降低库存占用的资金,减少储存成本。在电子商务方案中,可以利用电子商务的信息网络,尽可能地通过完善的信息沟通,将实物库存暂时用信息代替,即将信息作为虚拟库存,目的是尽量减少实物库存水平但并不降低供货服务水平。

(3) 装卸搬运

这是为了加快商品的流通速度必须具备的功能。第三方物流服务提供商由于专业化经营的特点,有条件购置专用的装卸搬运设备,与电子商务企业自营物流服务相比,提高了装卸搬运效率,减少了固定资产的投入,优势十分明显。

(4) 包装功能

由于电子商务的特性,许多商品以直销的方式直接送到客户手中,在有限的时间内,必须对商品加以包装。好的包装能提升产品价值,使其具有更多附加值。

2. 物流信息系统

电子商务物流必须依靠信息技术来保证物流体系高效运转。物流系统的消息服务功能包括进行与上述各项功能有关的计划、预测、动态(运量、收发、存数)的情报及有关的费用情报、生产情报、市场情报活动。

从信息的载体和服务对象来看,物流信息系统分为商流信息服务功能和物流信息服务功能。商流信息主要包括进行交易的有关信息,如货源信息、物价信息、市场信息、资金信息、合同信息、付款结算信息等。在商流中,交易、合同等信息不但提供了交易的结果,也提供了物流的依据,是两种信息流主要的交汇处。物流信息主要是指物流数量、物流地区、物流费用等。物流信息中的库存量信息,不但是物流的结果,也是商流的依据。

信息服务功能的作用主要表现为:缩短从接受订货到发货的时间;库存适量化;提高搬运作业效率;提高运输效率;使接受订货和发出订货更为省力,提高订单处理的精度;防止发货、配送出现差错;调整要求和供给;提供信息咨询等。

【背景资料】

任务13.2 电子商务物流模式

物流模式指的是从一定的观念出发,根据现实需要,构建相应的物流管理系统,形成有目的、有方向的物流网络,采用某种形式的物流解决方案。电子商务条件下的物流模式,可以分成以下几种类型。

13.2.1 企业自营物流

由于国内的物流公司大多是由传统的储运公司转变过来的,还不能真正满足电子商务的物流需求,因此很多企业借助自身开展电子商务的先进经验也开展物流业务,即电子商务企业自身经营物流,简称为自营物流。自营物流是物流产业的基础。实际上,我国企业完善的分工协作体系还没有形成,所以现阶段发展物流产业应当在企业自营物流的基础上,通过理念的更新和结构的调整,通过流程的分解和供应链的分析,把企业自在的运作物流变成自觉的运作物流,从而促进分工的细化,激发物流服务的共同需求。没有企业参与制定的物流服务标准,没有企业构建的物流信息平台,物流产业是不可能发展的。当然,传统物流企业在推进物流产业化的过程中也是能够有所作为的,那就是在为工业企业提供物流服务的过程中,促进其物流功能的市场分离。为此,传统物流企业当前最重要的工作就是要了解企业的生产制造过程,了解物料和产品的物流特性,了解企业在供应链中的位置,发现企业物流服务的真实需求,通过服务的互动与工业企业结成市场竞争的战略联盟。

虽说是企业自营物流,但在该方式下,企业也会向仓储企业购买运输等服务,不过这些服务都只限于一次或一系列分散的物流功能,而且是临时性的纯市场交易服务,物流公司并不按照企业独特的业务流程提供独特的服务。一般来说,企业自营物流包含以下三个层次。

1. 物流功能自备

就如我们在传统企业中经常看到的那样,企业自备仓库、车队等,拥有一个自我服务的体系。其中又包含两种情况:一是企业内部各职能部门彼此独立地完成各自的物流使命;二是企业内部设有物流运作的综合管理部门,通过资源和功能的整合,专设企业物流部或物流公司,统一管理企业的物流运作。我国的工业企业基本上还处于第一种情况。但也有不少企业,特别是那些拥有知名品牌的大企业,已经开始设立物流部或对有关物流运作的职能部门进行整合,成立直属的物流公司。

2. 物流功能外包

业务外包是许多企业采用的一种经营方式,是指企业为了获得比单纯利用内部资源更多的竞争优势,将其非核心业务交由合作企业完成。一是将有关的物流服务委托给物流企业去做,即从市场上购买有关的物流服务,如由专门的运输公司负责原料和产品的运输。二是物流服务的基础设施为企业所有,但委托有关的物流企业来运作,如请仓库管理公司来管理仓库,或请物流企业来管理运作现有的企业车队。物流功能外包是企业业务外包的一种形式。

3. 物流系统组织

企业自己既不拥有物流服务设施,也不设置功能性的物流职能部门,而是通过整合市场资源的办法获得相应的物流服务,包括供应链系统的设计、物流服务标准的制定、供应商和分销商的选择,并聘请第三方物流企业来提供全程的物流服务。事实上,一般企业的物流运作都是前两个层次交叉的,即自营与外购相结合。能够上升到第三个层次的往往是那些控制了产品的核心技术,或是拥有知名品牌,或具有极强的研发能力和渠道控制能力的企业,如耐克、沃尔玛、戴尔、贝纳通和麦当劳等。如果企业有很高的顾客服务需求标准,物流成本占总成本的比重极大,而企业自身的物流管理能力很强时,企业一般不应选择外购物流服务,而应采用自营的方式。符合以下三个条件之一的企业不宜采用物流外包方式。

① 业务集中在企业所在的城市,送货方式比较单一。由于业务范围不广,企业组织配送所耗费的人力不是很大,所涉及的配送设备也仅仅限于汽车和人力,如果交由其他企业处理,反而浪费时间,增加配送成本。

② 拥有覆盖面很广的代理、分销、连锁店,而企业业务又集中在其覆盖范围内。这样的企业一般是从传统产业转型或者依然拥有传统产业经营业务的企业,如计算机生产商、家电企业等。

③ 对于一些规模比较大、资金比较雄厚、货物配送量巨大的企业来说,投入资金建立自己的配送系统,掌握物流配送的主动权也是一种战略选择。例如,亚马逊网站已经斥巨资建立遍布美国重要城市的配送中心,准备将配送主动权牢牢地掌握在自己手中。

企业自营物流模式的优点是便于控制,容易兑现对顾客的配送服务承诺。但是,信息交换和反应速度远远不能满足电子商务物流的需求,不能充分发挥电子商务的优势。同时,由于信息业务和物流业务是两个完全不同的业务,自营物流模式不符合物流专业化和横向一体化的趋势。显然,这种物流模式没有体现出电子商务物流的信息化、自动化,更不用说柔性化了,不利于企业电子商务的发展,并随着电子商务与物流的发展必然会被淘汰。同时,这种方式经营成本高,有时候物流成本甚至远高于产品本身的价值,而这个成本往往要由消费者负担。

13.2.2　第三方物流模式

第三方物流是指由物流劳务的供方、需方之外的第三方完成物流服务的物流运作模式。第三方就是指提供物流交易双方的部分或全部物流功能的外部服务提供者。从某种意义上说,它是物流企业独立运作的一种模式。

第三方物流是物流专业化的表征形式,随着物流业的发展而发展。物流业发展到一定阶段必然会带动第三方物流的发展,而且第三方物流的占有率与物流产业的发展水平之间有着非常规律的相关关系。发达国家的物流发展经验表明,只有独立的第三方物流占社会的50%,物流产业才能形成。所以说,第三方物流的发展程度反映和体现着一个国家物流业发展的整体水平。

第三方物流模式可以表现为各种第三方物流战略,重点是将两点(仓库、货运站)之间的货物位移与两端点延伸服务(如订货、取货、分拣、包装、仓储、装卸、咨询及信息服务等)紧密结合为一体,使货物从最初供应者到最终用户间各个物流环节成为完整的物流管理系统。

这种模式使企业能够实现资源优化配置,将有限的人力、财力集中于核心业务,提高企业竞争力。同时,第三方物流提供者利用规模经营的专业优势和成本优势,通过提高各环节效率,节省费用,使企业能从分离费用结构中获益,并借助完善的物流配送网络,为企业最大限度地减少库存,实现成本优势,甚至改进电子商务企业的企业形象。但是,由于电子商务企业与物流企业是相互独立的,会导致利益不一致的状况出现,影响企业间的合作。同时,实时信息系统功能还不完善,以致不能很好地体现电子商务物流的自动化特征。

根据我国的实际情况,在发展电子商务时,应积极推动物流企业采取以代理形式为客户定制服务的第三方物流模式。

13.2.3　企业物流联盟模式

物流联盟模式以物流信息化为基础,组建一个用户、零售商、供应商、第三方物流企业与物流核心企业之间的共同联盟。物流核心企业由供应链中的链主或虚拟企业担当。大宗物流由第三方物流企业完成,小宗物流依托零售商完成。在战略管理中,要求建立一个用户、零售商、第三方物流企业与物流核心企业之间的可靠接口,提供一个连接供应商与用户的物流配送业务过程,把联盟中的物流核心企业、第三方物流企业、供应商和用户更多地融入企业战略管理中,完善供应链协调制度,建立长期协议,开放沟通渠道并使信息共享,强调合作和持续改进,以强化和集成供应链,分享物流配送的风险和收益。物流联盟模式关系如图 13－1 所示。

物流联盟有各种各样的形式,一种形式是正式的一体化组织,另一种形式是在组织之间形成的、非常规的、松散的协作关系,不涉及所有权的转移或股权的分配。联盟成员之间信息共享的效果直接决定这个物流模式的管理效益。联盟成员往往不愿意与其他成员共享企业核心信息和敏感信息,因此在物流配送管理中加强信息的管理,构建信息支撑体系,建立集成化的物流配送信息系统,以压缩配送流程的时间,提高预测精度,促使联盟成员共享关键信息,屏蔽各联盟企业的敏感信息,从而协调好联盟成员间的关系。

物流联盟吸收了其他物流配送模式的先进思想和技术,打破了原有物流配送体系,合理地整合了各种资料,在生产企业已有的物流设备和销售网络的基础上,结合专业物流企业的物流

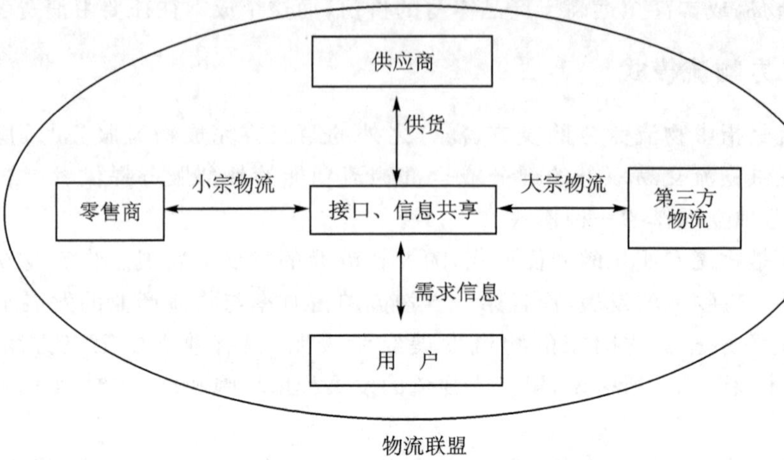

图13-1　物流联盟模式关系

理念和制度安排,共同建立企业的电子商务物流系统。这种物流配送充分体现了电子商务物流的信息化、自动化特点,提高了物流配送资源的利用率,避免重复建设,实现低成本、高效率、有质量的配送服务。同时,物流联盟还满足电子商务物流的动态性要求,提高了配送管理中的信息全面性、及时性和准确性,对变化的环境能做出快速响应,加强了各成员企业的联系,并强调与供应链中其他成员的合作,形成一个优化的整体供应链。

13.2.4　综合物流代理模式

1. 综合物流代理的含义

综合物流代理是一种代理形式的、客户定制物流服务的第三方物流模式,即由一家在物流综合管理经验、人才、技术、理念上均有一定优势的企业,对电子商务交易中供求双方的所有物流活动进行全权代理的业务活动。通过利用计算机和网络通信技术,该代理系统在互联网上建立了一个多对多的虚拟市场,根据物流一体化的原则,有效地对供应链上下游企业进行管理。在国外,许多专门从事第三方物流的著名企业,如美国的FedEx、UPS,日本的佐川急便,由于它们在物流管理、物流技术等方面的优势,早已成为物流业内著名的国际综合物流代理企业。综合物流代理使电子商务的交易双方完全从烦琐的、多方委托的物流业务中脱离出来,专心致力于电子市场的拓展和商务效率的提高。在我国,物流企业在数量上,供大于求,即供给数量大于需求量;在质量上有所欠缺,满足不了需求的质量;物流网络资源丰富,利用和管理水平低;缺乏有效的物流管理者。因此,我国物流企业十分适合发展综合物流代理模式。

2. 综合物流代理的主要思路

从事综合物流代理业务的主要思路为:不进行大的固定资产投入,低成本经营;将主要的成本部门及为产品服务的生产部门的大部分工作委托给他们处理,注重建立自己的销售队伍和管理网络;实行特许代理制,将协作单位纳入自己的经营轨道;公司经营的核心就是综合物流代理业务的销售、采购、协调管理和组织设计的方法与经验,并且注重业务流程创新和组织机制创新,使公司经营不断产生新的增长点。

3. 综合物流代理的内容

综合代理业务的主要内容如下:

(1) 物流策划

物流策划包括物流规划与模式设计，为客户设计整个物流流程等。即根据客户的生产及销售模式，全面规划物流服务模式、优化业务流程、整合物流供应链，支持灵活多变的市场营销策略，以降低物流成本，提供客户核心竞争力。具体包括设计物流系统、报表管理设计、选择承运人及货代人、仓储选择、咨询等业务。例如，宝供物流在为某企业服务时，营运管理部通过与对方物流部沟通，根据企业的要求与实际情况设计了一个全面的物流运作方案，将原有的全国20多个仓库以及管理机构简化至十几个，对原材料的采购、运输方式、仓库管理等进行一条龙规划，支持客户“零库存”策略，高效扩充分销渠道。

(2) 物流运作管理

物流运作管理即帮助客户管理具体的物流业务。具体内容有：确立各业务部门的作业分类、运作流程、标准作业程序以及各项作业的考核办法；为客户进行存货、仓储管理；为客户进行物流业务的绩效考核等。

(3) 为客户提供信息支持

为客户提供信息支持包括信息系统规划、信息技术支持和信息管理等。这主要是指将物流信息及时反馈给客户，使客户在第一时间掌握原材料、产成品等的库存及运输情况。这样可使客户随时掌握自己的物流现状，这一点在追求速度的市场经济中尤为重要。具体内容包括：通过信息系统实时管理和控制不同区域、不同仓库、不同类型、不同产品的库存；实现“客户电子订单、一体化运作”的电子商务初步目标，这样可以简化商务流程，提高业务运作效率；开发基于联盟化、集成化、网络化的物流综合服务信息平台，整合客户供应链并支持电子商务运作的新系统等。

13.2.5　电子商务虚拟物流配送模式

【典型案例】
京东物流抗击疫情的背后：“智能大脑”精准调度全网运力

电子商务下的虚拟物流就是“电子商务企业＋虚拟物流企业”的模式，其中虚拟物流企业服务于电子商务企业。图 13－2 所示为电子商务下的虚拟物流模式图。

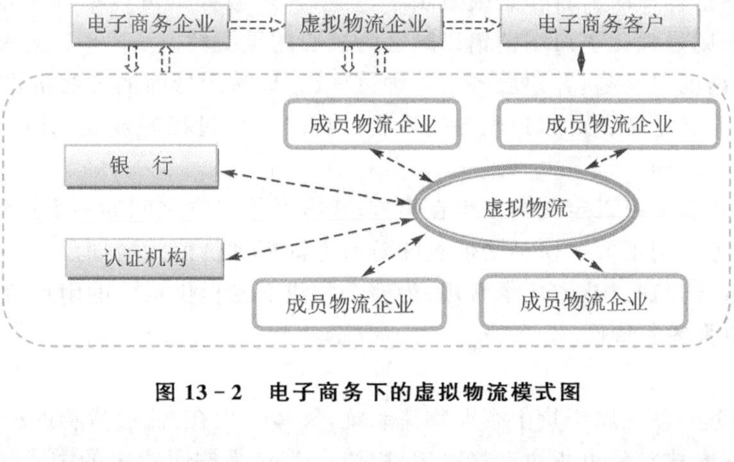

图 13－2　电子商务下的虚拟物流模式图

任务13.3 电子商务物流客户服务管理

随着“后工业社会”的到来,买方市场已经形成。市场环境、消费观念、质量意识和服务方式都发生了巨大改变,于是追求客户满意的营销观念应运而生。从20世纪60年代以来,客户服务战略一直是国家、企业、专业组织和世界贸易组织关注的重大课题。为了扩大美国的国际竞争力,1987年美国商务部设立了马尔科姆·波多里奇国家质量奖(Malcolm Baldrige National Quality Award)。在该奖项的评定指标中,与客户满意度直接相关的指标占60%,包括对顾客要求和期望的认知程度、顾客关系管理、顾客服务标准、对顾客的承诺、对质量改进要求的解决、顾客满意度的确认、顾客满意效果及顾客满意度比较等。

物流业本质上也是一种服务行业,由于各企业技术和管理方法的水平差距有限,物流企业的核心竞争力便体现在高水平的、与众不同的物流服务上,以吸引新客户,留住老客户。因此,企业必须重视提高物流客户服务水平和层次。目前,我国物流企业的竞争重点仍主要集中在服务价格上,服务内容的同质性十分严重,不利于竞争的多样性和有序性,也很难应对国际竞争者进入国内市场所带来的竞争升级。

13.3.1 客户服务的含义及特性

1. 客户服务的含义

受市场规模和经营范围扩大等因素的影响,企业依靠自身组织物流活动变得不经济,越来越多的企业倾向于将物流活动交给独立的物流服务企业,这意味着企业的物流功能在外化。物流由“活动”转变为“服务”,成为商品。物流企业提供给各种企业的是物流服务,而绝不仅仅是单个企业内部的物流活动。从某种意义上说,“服务”是物流的性质,而一流的客户服务已成为高水平物流服务企业的标志。客户服务不仅决定了现有的客户是否能继续维持下去,而且也决定了有多少潜在的客户能成为现实的客户。

那么,什么是客户服务呢?LaLonde、Zinszer曾做过多方面的研究。他们认为,客户服务可以是:①一种活动;②绩效水平;③管理理念。把客户服务看作是一种活动,意味着对客户服务要有控制能力;把客户服务看作是绩效水平,是指客户服务是可以精确衡量的;把客户服务看作是管理理念,则是强化了市场营销以顾客为核心的重要性。

LaLonde提出的定义是:客户服务是一种过程,它以费用低廉的方法给供应链提供了重大的增值利益。该定义说明了对客户服务的看法已趋向一种过程专业化,其中包括了供应链管理概念。

本书认为客户服务可以定义为发生在买方、卖方及第三方之间的一个过程,这个过程使交易中的产品或服务实现增值。这种增值意味着双方都得到价值的增加。从过程管理的观点来看,物流的客户服务是通过节省成本费用,为整个物流交易提供重要的附加价值的过程。

2. 物流客户服务的特性

(1) 从属性

物流客户服务必须从属于货主企业物流系统,具体表现在:流通货物的种类、流通时间、流通方式、提货配送方式都是由货主选择决定,物流企业只是按照货主的需求,站在被动的地位来提供物流服务。

(2) 即时性

客户服务属于非物质形态的劳动,生产的不是有形产品,而是一种伴随销售和消费即时发生的即时服务。

(3) 分散性

客户服务的对象大多数是不固定的,这些客户数量众多,且分布广泛,客户的需求在时间和空间两个方面都具有分散性,为需求的预测带来很大的不确定性。

(4) 可替代性

在专业化物流服务企业出现之前,很多企业都是自己承担运输、保管、配送等物流活动,具备一定的物流服务能力,也具备对专业化物流服务的替代性。

(5) 需求波动较大

物流客户服务的从属性、即时性、分散性和可替代性等特点,造成了物流服务的需求波动较大,使得产业的供需很难获得平衡,给物流经营和管理带来了一定难度。

13.3.2　客户服务程序构建

物流客户服务程序构建可按以下七大步骤进行:

① 分析顾客物流需求。要通过调查研究了解顾客的需求、行为方式与习惯,分析出客户对物流服务的需求和希望,对目标顾客的物流外包动因进行深入调查和分析。

② 收集相关信息,为制定物流客户服务战略做准备。由于第三方物流服务市场的产品就是服务,而且由于顾客需求的多样化,决定了客户服务最大的特点就是差异化,几乎没有完全相同的物流服务项目。因此,可以把物流外包动因这个变量作为物流市场细分标准。要尽可能收集更多信息,找出顾客真正的关注点,为顾客提供有针对性的服务。

③ 拟定客户物流服务战略的执行方案。根据所获取的信息和分析结论,选择客户服务策略,具体包括两方面的决策内容:一是为谁提供服务(细分市场和定位);二是怎样进行服务(服务模式选择),要列出多个备选方案。

④ 选出最佳的客户服务战略执行方案。通过定性和定量分析,从多个备选方案中选出最佳的客户服务方案。

⑤ 执行物流客户服务战略。根据所制定的客户服务方案实施。

⑥ 物流服务绩效评估。对方案执行情况进行绩效评定。

⑦ 反馈。根据实施过程中的反馈信息对物流客户服务做新一轮的改进。

13.3.3　基本客户服务能力及其衡量

基本客户服务能力是企业提供给一般顾客所应达到的最基本服务,主要从产品的可得性、运作绩效和服务可靠性三个方面加以衡量。

1. 可得性

可得性意味着拥有存货,能始终如一地满足顾客对材料或产品的需求。存货可得性越高,所需的存货投资就越大。可得性可以通过各种方式实现,最普通的做法是按预期的客户订货进行存货储备。存货储备计划通常是建立在需求预测的基础上,通常分为两类:一类是取决于需求预测并用于支持基本可得性的基本储备;另一类是满足超过预测数的需求量并适应异常作业变化的安全储备。一般来说,一个系统中的仓储设施数目越大,则支持给定层次的存货可得性所需的平均库存也就越大。

可得性的一个重要方面是服务商的安全库存政策。安全库存的存在是为了调整预测误差,并在安全储备的补给期间对递送延迟进行缓冲。一般而言,防止缺货的期望越大,安全库存的需要也越大;安全储备的负荷越大,平均存货的数量也越大。

可得性一般以下述性能指标来衡量:

(1) 缺货频率

缺货就是指库存产品不能满足客户需求时出现的货物短缺。缺货频率指的是企业出现缺货、无法满足客户订单的次数。例如,对超市的调查表明,在一周内的任意时刻,一般的超市都有8%的原计划上架的商品出现缺货。要注意的是,只有当客户需要的产品出现缺货时,才是真正意义上的缺货。产品出现缺货的统计数据是衡量企业在兑现产品可得性服务的承诺方面实际效果如何的指标之一。缺货频率并未考虑不同产品的可得性对于客户重要性的差异,但它仍是衡量存货可得性的起点。

(2) 满足率

满足率用于衡量缺货的程度或影响大小。因为一种产品缺货并不必然意味着顾客的需求不能得到满足。在判断缺货是否影响到服务绩效之前,首先要清楚顾客的真实需求。例如,如果客户对某种产品的需求是100个单位,而企业只有97个单位的库存,此时产品的满足率就是97%。企业需要认真考虑满足率对企业运作的影响,通常的做法是对一些客户订单在一段时间内的满足率进行绩效评估。企业可以通过特定的客户、产品以及商业区等方面的组合来评估满足率。满足率战略要求企业认真分析客户的实际需求以及这种需求对于客户运营的重要性。

(3) 订货完成率

对产品的可得性最准确的绩效衡量就是发出订货的完成率。它把完成客户订购的所有产品看作是可接受的绩效水平。如果订单中有一个产品未能及时有效到货,则这张订单在订货运输完成方面的记录为零。

将上述三个衡量产品可得性的主要指标综合起来,就形成了企业满足客户需求的库存战略。它们也是评估产品可得性是否与企业基本物流服务计划相结合的基础。传统观念认为,始终保持高水平的库存是提高产品可得性的有效手段之一。但是现在,企业运用新的战略,通过信息技术,在获取实际客户订单之前,就能了解客户的需求,因此无须高库存就可以实现高水平的服务。

2. 运作绩效

运作绩效是处理从订货入库到交付的全过程。多数顾客都希望快速交付,但是如果这种快速是反复无常的话,快速交付并无多大价值。因此,要实现顺利作业,服务商一般要先寻求实现服务的一致性,然后再提高交付速度。运作绩效一般可以从运作速度、持续性、灵活性以及故障的补救等几个方面来衡量。

(1) 运作速度

运行周期的运作速度是指客户产生需求、下达采购订单、产品送货直至把物料准备好,供给客户使用这一过程所需要的时间。完成整个运行周期所需花费的时间取决于企业物流系统的设计构成。在交通和运输技术高度发达的情况下,订货/交货周期可以缩短到几个小时。

多数客户都希望订货/交货周期能以很快的速度完成,这一点是很自然的。由于运行周期运作速度提高可以降低客户对产品库存的要求，因此，许多即时制和快速响应机制的物流战略都将速度看作是最基本的因素。与运行速度相对应的是成本。提供快速的服务通常会造成成本的增加，因为快速服务会造成运作总成本的提高，所以并不是所有的客户都需要最快速的服务运作。恰当的服务速度与适宜的成本相协调才是正确的选择，因此企业需要一套用以评估服务速度的相关价值体系，以更好地满足客户的期望。

（2）持续性

订货/交货周期的持续性可用运行周期按计划所规定的时间运行完毕的次数来衡量。多数企业的管理者在重视服务速度的同时，更加强调运作持续性的重要，因为持续性直接影响着客户对自身业务活动进行计划和实施的能力。如果订货/交货期发生变化，客户就需要建立安全库存来防止潜在的交货延误给自己造成的损失。这样，这种多变性就转变成了企业对安全库存的需求。

现在，越来越多的客户在下订单时提出了期望的交货日期，有的甚至在订货时就对送货事宜进行了明确具体的约定，所以运作的持续性就成了影响物流有效运作的基本因素之一。制定具体的订货条款时，企业需要对供应商运行周期的运作情况进行充分考虑。在实际运作中，客户经常提前很长一段时间就下订单，以补充存货，因此，客户很难理解为什么在早已规定的交货环节上会出现问题。客户判断供货商的实际运作是否连贯，就是看供应商以往是否按照客户规定的时间准时交货。因此，持续性的深层含义是：企业必须根据客户的需求来判定运行周期是否成功有效地得以完成，而不是看它是否符合企业单方面规定的时间标准。

（3）灵活性

灵活性指的是企业是否具备应付特殊情况、满足始料未及的客户需求的能力。例如，一家企业的标准客户服务模式是将产品装满拖车，发往客户仓库。可是，有时候客户希望企业能够以小批量的形式直接把产品运往各个连锁店。一家企业的物流服务是否具有竞争力，就是看其是否能够灵活地应付这种突发情况。通常，企业需要进行灵活操作的事件包括以下几方面。

① 基本服务协议内容的修改，如发送目的地的变更；

② 对特殊促销或市场营销计划的支持；

③ 新产品的引进；

④ 产品的回收；

⑤ 供应的停滞；

⑥ 对特殊客户或市场分区进行的一次性客户化服务；

⑦ 对物流系统中的货物实行客户化服务运作，诸如标价、混合以及包装等。

从许多方面来说，物流运作是否出色，取决于企业物流的灵活能力。

（4）故障的补救

企业发生运作故障是在所难免的，对企业来说，日复一日地连续提供标准服务十分困难。因此，企业应具有采取调整措施应对特殊情况的能力，以防止运作故障的发生。例如，在企业的分销中心，对订单进行处理时发现有某种关键物料出现了短缺，企业就可以从其他分销中心通过快运的方式将短缺的物料调配过来。在许多情况下，运作的故障会影响客户的正常运作，这时就要求物流企业的客户服务系统能够预见可能出现的故障或者服务中断，并有相应的应急计划来实施补救。

3. 服务可靠性

服务可靠性涉及物流的质量属性。对质量来说,关键是要精确地衡量可得性和作业表现。除此以外,服务的可靠性表现为:完好无损的到货、结算准确无误、货物准时运抵目的地、到货货物的数量完全符合订单的要求等。另外,服务的可靠性还包括企业是否有能力、是否愿意向客户提供有关实际运作以及订购货物的准确信息。有研究表明,公司向客户提供及时准确的信息的能力是公司能提供优质服务最主要的特征之一。越来越多的客户认为,企业应将运作中不完全到货这类信息提前通知客户。这类信息对于客户来说,比企业提供的完全到货信息影响更大。因为,谁也不愿意措手不及,如果他们可以提前收到通知,就可以针对不完全到货或延误到货做出调整,以避免损失。

13.3.4 物流增值服务

1. 物流增值服务的含义

随着竞争的加剧,在物流基本服务方面,不少企业都构建了不同的物流系统,且都能提供高水平的服务,以此提升客户忠诚度。但是,这种竞争是可模仿的。为了使竞争对手难以仿效,企业开始尝试以差异化战略来满足客户需求,从而导致客户期望不断提高。

与个性化服务一样,"增值服务"已成为当今各类服务组织所广泛采用的一个"行业名词",推行增值服务也成为服务组织提高产品吸引力、增强竞争优势的一个重要手段,而增值服务设计也成为服务产品改善性设计的又一重要内容。

增值服务就是价值增加的服务,或超出一般服务产品价值的服务。正因为物超所值,顾客才会垂青。那么,如何才能物超所值呢?必然是该服务的提供超出了一般服务范围,在一般服务的基础上加入了附加值,而这种附加值来源于附加服务的提供。由此可以总结出增值服务的概念:增值服务是一种通过向顾客提供与核心服务产品相关的附加服务而增加服务产品价值的完全服务产品提供方式。从产品整体观念的角度来看,增值服务体现了组织的竞争力。创新、超出常规、满足客户需要是增值性物流服务的本质特征。增值服务能够巩固业务上已经做出的安排,很容易举例说明,但难以实际推广,因为其顾客是特定的。增值服务可以分为以下4类:

(1) 增加便利性的服务——使人变懒的服务

一切能够简化手续、简化操作的服务都是增值性服务。简化是相对于消费者而言,并不是说服务的内容简化了,而是指为了获得某种服务,以前需要消费者自己做的一些事情,现在由商品或服务提供商以各种方式代替消费者做了,从而使消费者获得这种变得简单,而且很好用的服务,这当然增加了商品或服务的价值。在提供电子商务的物流服务时,推行一条龙的门到门服务、提供完备的操作或作业提示、免培训、免维护、省力化设计或安装、代办业务、24小时营业、自动订货、传递信息和转账(利用EOS、EDI、EFT)、物流全过程追踪等都是对电子商务销售有用的增值性服务。

(2) 加快反应速度的服务——使流通过程变快的服务

快速反应已经成为物流发展的动力之一。传统观点和做法将加快反应速度变成单纯对快速运输的一种要求,而现代物流的观点却认为,可以通过两条途径使过程变快。第一条途径是提高运输基础设施和设备的效率,如修建高速公路、铁路提速、制定新的交通管理办法、将汽车的行驶速度提高等。这是一种速度的保障,但在需求方对绝对速度的要求越来越高的情况下,也变成了一种约束,因此必须想其他的办法来提高速度。第二条途径是优化电子商务系统的配送中心、物流中心网络,重新设计适合电子商务的流通渠道,以此来减少物流环节、简化物流过程,提高物流系统的快速反应性能。这也是具有重大推广价值的增值性物流服务方案。

(3) 降低成本的服务——发掘第三利润源的服务

根据前面的分析,在电子商务发展的前期,物流成本将会居高不下。有些企业可能会因为根本承受不了这种高成本而退出电子商务领域,或者是选择性地将电子商务的物流服务外包出去,这是很自然的事情。因此,发展电子商务一开始就应该寻找能够降低物流成本的物流方案。企业可以考虑的方案包括,采用第三方物流服务商、电子商务经营者之间或电子商务经营者与普通商务经营者联合,即采取物流共同化计划。同时,如果是具有一定的商务规模和销售量的电子商务企业,如珠穆朗玛和亚马逊,可以采用比较适用但投资比较少的物流技术和设施设备,或推行物流管理技术,如运筹学中的优化技术、单品管理技术、条形码技术和信息技术等,提高物流的效率和效益,降低物流成本。

(4) 延伸服务——将供应链集成在一起的服务

延伸服务向上可以延伸到市场调查与预测、采购及订单处理;向下可以延伸到配送、物流咨询、物流方案的选择与规划、库存控制决策建议、货款回收与结算、教育与培训、物流系统设计与规划方案的制作等。关于结算功能,物流的结算不仅仅只是物流费用的结算,在从事代理、配送的情况下,物流服务商还要替货主向收货人结算货款等。关于需求预测功能,物流服务商应该根据物流中心商品进货、出货信息来预测未来一段时间内的商品进出库量,进而预测市场对商品的需求,指导订货。关于物流系统设计咨询功能,第三方物流服务商要充当电子商务经营者的物流专家,因而必须为电子商务经营者设计物流系统,代替它选择和评价运输网、仓储网及其他物流服务供应商。关于物流教育与培训功能,物流系统的运作需要电子商务经营者的支持与理解,通过向电子商务经营者提供物流培训服务,可以将物流中心经营者的要求传达给电子商务经营者,也便于确立物流作业标准。

以上这些延伸服务自然具有增值性,但也是最难提供的服务。现在,能否提供此类增值服务已成为衡量一个物流企业是否真正具有竞争力的标准。

2. 物流增值服务的内容

(1) 承运人型增值服务

承运货物运输的快运公司、集装箱运输公司最适宜从事此类增值服务。例如,从收货到递送的货物全程追踪服务,电话预约当天收货,车辆租赁服务,为对时间敏感的产品提供快速可靠的服务,为对温度敏感的产品提供快速可靠的服务(如冷藏、冷冻运输),配合产品制造或装配的零部件、在制品及时交付,被客户退回的商品回收运输服务,运输设备的清洁或消毒等卫生服务,信誉好的承运人甚至可以为客户提供承运人的评估选择,运输合同管理服务等。

(2) 仓储型增值服务

拥有大型仓储设施的仓储物流企业可以考虑下列增值服务:材料及零部件的到货检验;材料及零部件的安装制造;提供全天候收货和发货窗口;配合客户营销计划进行制成品的重新包装和组合,如对不同产品捆绑促销是提供商品的再包装服务;满足客户销售需要而提供的成品标记服务,如为商品打价格标签或条形码。对于超市型客户而言,这种服务很有市场。又如,退回商品的存放并协助处理追踪服务;为食品、药品类客户提供低温冷藏服务,并负责先进先出。

(3) 货运代理型增值服务

货运代理型增值服务主要内容包括订舱、租船、包机、包舱、托运、仓储、包装;货物的监装、装卸、集装箱拼装拆箱、分拨、中转及相关的短途运输服务;报关、报验、报检、保险;内向运输与外向运输的组合;多式联运、集运等。

(4) 信息型增值服务

以信息技术为优势的物流服务商可以把信息技术融入物流作业安排当中。例如:向供应商下订单,并提供相关财务报告;接受客户的订单,并提供相关财务报告;利用对数据的积累和整理,预测客户需求,提供物流咨询服务;运用网络技术向客户提供在线数据查询和在线帮助服务等。

(5) 金融担保服务

即把企业的原材料、半成品、成品库存等动产资源作为质押物,向银行申请货物抵押融资。即在货物运输或仓储过程中,将货权转移给银行,银行根据市场情况按一定比例提供融资。当生产商、贸易商或运输商向银行偿还融资金额后,银行向负责运输或仓储的机构发出放货提示,将货权还给原货主。货物抵押融资可以增加企业流动资金,降低进出口商品的费用,从而降低企业的生产成本,加速资金的流动,使经营进出口商品的物流企业更加具有竞争力。

(6) 第四方物流增值服务

即向客户提供全面意义上的供应链解决方案,对第三方物流企业的管理和技术等物流资源进行整合优化,对物流作业流程进行再造,甚至对其组织结构进行重组,为客户的物流决策提供咨询服务等。

【典型案例】创捷供应链信息流增值服务

实　训

实训目的

加深认识电子商务物流模式,并了解各种物流模式的现实运用。

实训内容

① 了解物流模式在电子商务企业中的应用。

② 了解各种物流模式的运用。

实训课时

4课时。

实训步骤

① 上网搜索某一电子商务企业的物流模式的运用,并分析其物流模式。

② 写出实训报告。

③ 教师总结。

检查标准

① 用实例说明物流模式的运用。

② 按格式要求写出实训报告。

③ 交流实训报告。

思考与练习

一、单项选择题

1. 下列不是第三方物流模式优势的是（　　）。
A. 集中精力发展核心业务　　B. 有限的资金投入
C. 经营更加灵活　　D. 避免管理上的困难

2. 小企业受到资金、人员和管理等方面的限制，需要把资源用于主要的核心业务上，就适合把物流管理交给（　　）公司。
A. 第一方物流　　B. 第二方物流　　C. 第三方物流　　D. 物流联盟

3. 下列不是物流客户增值服务的优点的是（　　）。
A. 提高竞争力　　B. 加强供应链
C. 增加物流成本　　D. 提高客户忠诚度

二、多项选择题

1. 物流客户服务的特性包括（　　）。
A. 从属性　　B. 即时性　　C. 分散性　　D. 可替代性

2. 综合物流代理的内容包括（　　）。
A. 物流策划　　B. 物流运作管理
C. 为客户提供信息支持　　D. 空间布局

3. 第三方物流的优势包括（　　）。
A. 集中精力发展核心业务　　B. 减少投资
C. 降低运营成本　　D. 实现资源优化配置

4. （　　）的企业适合选择自营物流模式。
A. 业务相对集中　　B. 资金雄厚
C. 规模较大　　D. 致力于核心业务

三、简答题

1. 为什么说电子商务为物流业创造了巨大的发展空间？
2. 怎样理解电子商务和物流之间的关系？
3. 电子商务物流模式有哪些？它们的优缺点各是什么？
4. 可行的物流增值服务项目有哪些？

参考文献

[1] 王仲君,王臣昊.物流学导论:概念、技术与应用[M].2版.镇江:江苏大学出版社,2016.

[2] 雷勋平,殷辉.现代物流管理学[M].合肥:中国科学技术大学出版社,2016.

[3] 吴清一.现代物流概论[M].2版.北京:中国物资出版社,2005.

[4] 刘华.物流管理基础[M].北京:清华大学出版社,2008.

[5] 汝宜红.物流学导论[M].北京:北京交通大学出版社,2004.

[6] 郑玲.配送中心管理与运作[M].北京:机械工业出版社,2008.

[7] 宋文官.物流基础[M].北京:高等教育出版社,2006.

[8] 田源,李伊松,易华.物流运作管理[M].北京:清华大学出版社,2007.

[9] 田源.物流管理概论[M].北京:机械工业出版社,2011.

[10] 霍红,牟维哲.物流管理学[M].北京:科学出版社,2013.

[11] 顾东晓,章蕾.物流学概论[M].北京:清华大学出版社,2012.

[12] 黄中鼎.现代物流管理[M].上海:复旦大学出版社,2005.

[13] 崔介何.物流学概论[M].北京:北京大学出版社,2010.

[14] 吴彬,孙会良.物流学基础[M].北京:首都经济贸易大学出版社,2006.

[15] 邓丽明.新编企业物流管理[M].北京:北京理工大学出版社,2009.

[16] 张梅,唐臣.物流管理基础[M].广州:华南理工大学出版社,2012.

[17] 刘元洪.物流管理基础[M].重庆:重庆大学出版社,2009.

[18] 周在青.物流管理概论[M].上海:上海交通大学出版社,2008.

[19] 程艳霞.现代物流管理概论[M].武汉:华中科技大学出版社,2009.

[20] 国家质量技术监督局.中华人民共和国国家标准物流术语:GB/T 18354—2001[S].北京:中国标准出版社,2001.

[21] 黄志宁.物流管理基础[M].北京:冶金工业出版社,2008.

[22] 李严锋,张丽娟.现代物流管理[M].大连:东北财经大学出版社,2009.

[23] 凌守兴.电子商务物流管理[M].上海:华东理工大学出版社,2009.